建 立 善 待 眾 生 的 正 見

為 動 物 請 命

BY

MATTHIEU RICARD

PLAIDOYER POUR LES ANIMAUX

VERS UNE BIENVEILLANCE POUR TOUS

馬修・李卡德——著

范兆延——譯

獻給貝瑪旺嘉仁波切和吉美欽哲仁波切，
這兩位堅持不懈的動保人士，已拯救數百萬動物免於淪為人類食物。

獻給珍．古德（Jane Goodall），
以及所有勇敢為動物發聲並保護牠們的個人和團體。

動物是我的朋友……，
我不會吃我的朋友。

——蕭伯納（George Bernard Shaw）

人無法將心一分為二：一個愛護動物，一個愛護人類；
人只有一顆心或是沒有心。

——阿爾方斯・德拉馬丁（Alphonse De Lamartine）

目次

｜推薦序。彭啟明｜

吃蔬食，為自己也為地球

因為一場非常殊勝的因緣，我現在是一個百分百完全的蔬食主義者。很多人看到我壯碩的身材，很難想像我是吃素的。

茹素這幾年來，只吃蔬食並不影響我的生活，例如我仍然保持高度有氧及重量訓練的運動習慣。而且有趣的是，倘若標示不明的食物中含有一點肉的成分，我的味覺就好像人工智慧檢測機一樣，很自然的就會發現。

很多朋友問我，吃素是因為宗教因素嗎？的確，在台灣的佛教徒很多，提到佛教徒皈依時，常常會提到「我皈依佛法，誓言不再殺生」，多數亞洲的素食主義者也都和這有關聯，無法每天吃素者，換成初一十五吃素，同樣代表虔誠尊重生命不殺生的習慣，也是傳統的習俗。而有的宗教雖然沒有嚴格限制，但多數都有對動物不殘忍的習慣。

但其實對我而言，吃素有更深層次的原因，也就是：對地球的熱愛。近幾年來，溫室氣體的排放，造成全球暖化下的氣候變遷快速；地球上人口快速成長，也造成肉類需求增加，所需要豢養的牲畜也越來越多。國民所得和吃肉量也有關聯，收入越高，吃越多的肉類，因此全球耕地正面臨大面積的被開發，甚至給牲畜的作物耕地，擠壓到原來的糧食供應鏈。

別輕忽畜牧業所帶來的危機。除了牲畜飼養過程中會造成溫室氣體增加，倘若遇到極端氣候事件，當某地區的農作物減產，很容易就造成糧食作物價格大漲。過去幾年許多國家的動亂，也都和氣候影響糧食產量與價格有關，肉類需求的大幅成長，干擾了傳統的糧食供應。這也正是為什麼許多國家的有志之士，很努力的在推廣吃蔬食運動，不僅是從宗教觀點出發，更兼具對氣候變遷、環保的努力。

何況，不吃肉、無屠殺，將人類同理心擴及動物，對我們自己的健康也很有幫助。例如許多的運動員，都是吃蔬食的，反而有更好的體力與耐力。健康檢查報告中，吃蔬食者和吃肉者的血液含量也有很大差異，可以有效減少許多不必要的疾病發生。

聯合國氣候會議 COP24 在波蘭召開時，我主持過一場記者會，有位梵諦岡天主教的神父特別來問我，如何跨宗教讓更多的神父一起來享受蔬食的美好？因為大家都知道吃蔬食的好處，但習慣要改變，需要很大的覺悟。

食物與營養過剩所造成的浪費，在台灣的確是一個嚴重問題，這多少和台灣許多標榜「吃到飽」的自助餐有關。尤其是肉類，很多人有種「沒吃肉好像沒吃飽一樣」的錯誤觀念。根據統計，全球吃肉的國家中，歐美國家吃肉的量較多，美國與澳洲平均每人一年吃一百公斤的肉。相較之下，印度人平均吃肉較少，約三公斤，是全球肉食消費最少的國家之一。台灣人平均吃肉將近七十公斤，和歐美平均值相近，是亞洲最高。雖然很多朋友說台灣吃素的人口很多，也有很多蔬食餐廳，但台灣人吃肉的量實在太大，仍有很大的進步空間。

本書從各個面向探討動物和我們的關聯，尤其是閱讀了書中關於動物的權利和人類的責任，讓我更加深信吃蔬食的好處，也讓我推廣蔬食的使命更堅定。我願意在各個宣導吃蔬食的機會，讓大眾知道本書作者所要表達的懇切訴求。

本文作者為氣象達人。

| 推薦序。劉慧君 |

能量飽滿，就有能力善待萬物

閱讀這本書，讓人不禁肅穆和悲傷。

作者費心費時費力整理、探查、綜述道德倫理與科學事實、統計數字，從營養學、經濟學、心理學、生態學、政治學、社會學、法學，羅列了人類凌虐動物的方式和觀念，並鏗鏘有力的駁斥各種似是而非的說法。我們也曾在媒體、網路看到許多動物受苦受難的情況，同樣引發了我們的罪惡感、愧疚感、悲憫心，但是，為何我們仍然無法善待所有動物？

我們不忍動物被屠殺，但還是想吃魚和肉。理智上我們知道人類不需要吃肉，我們也不想吃肉，卻仍然習慣張嘴吃下去。

道理我們懂，但是我們做不到。

若說只有發自內心的意願，人們才會改變自己。那麼，意願要從哪裡來？力量從哪裡來？

作者在書裡的論述，主要是為了讓已經秉持良心的人們，能夠在充斥於我們社會的各種謬論中保持清醒，並且能夠回應。作者提醒我們：動物確實會疼痛，擁有我們感到驚嘆的各種長才，也和我們一樣能夠學習、發展智慧，更是整個生態系的一部分；然而，我認為就算動物不會感到疼痛、沒有智力、無利於人類的需求，我們一樣不應該、也不需要傷害動物——牠們本來就和我們一樣，生來就是為了體驗生命，體驗牠所在身體裡所能感受到的一切可能性。

作者建議讀者擴展同情心，將動物視為自己的「鄰居」。然而，事實是：

一，我們不是沒同情心，而是壓制不了對於肉食的喜愛、渴求和需要，也沒法將同情心擴展得更廣。讀完這本書，即使我們目睹了動物畜養和宰殺的慘況，對於大多數人而言，仍然無法斷然改變自己的行為。如此日復一日，有多少兆億的動物依然無法自由生長、安然享受生命。怎麼辦？

二，即使我們盡力拓展了同情心，但還是有好多人聽不進去。世界上能夠獲利的活動這麼多，為什麼要靠著殘殺動物賺錢？為什麼人在某些方面沒有同理心和慈悲心？為什麼人會如此意念矛盾、無法完全一致？

三，即使我們自己在飲食上改變了、生活也更簡樸，卻仍然無法阻止塑膠和各種尖銳物品、數不清的當代科技文明產物流向大海、存於土地，損及動物的健康。我們不免要問，難道我的所作所為只是徒勞？

這三個問題，我願意在這裡提出一些小小的看法。

關於第一點，在數千人曾經參與的數十場食氣體驗活動中，我們發現，童年以來太多的心理壓力，以及對於身心發展的無知，使我們忽視呼吸、能量流動的重要性，因此大多數人的身體，很容易就被自己的情緒、恐懼及壓力所影響，使身心呈現無力感。種種情緒感受在我們的內心裡，往往會以動植物的圖像來發出訊息，不同的動植物具有不同象徵，例如豬代表圓滿、牛代表勤奮、雞代表溫暖的陽光等等。

當你接收到這樣的動植物訊息時，深呼吸、清理堵塞、穩定中軸，使天地能量得以流動元氣支持你，並從植物果實中獲得真正的食物能量。當體內能量飽滿，堵塞處所發出的無力感自然會消失，你便不會再一直想透過吃肉，來補充你所需要的、由動物所象徵的力量。

換言之，我們要做的，不是順著情緒本能直接去吃動物，而是召喚出內心裡動物所象徵的能量，為我們所用。我們應該觀察和欣賞動物展現的生活智慧，學習牠們在浩瀚的生態系裡如何扮演自己的角色。我們從中感應、轉化，再運用到自己的生活裡。

要讓身體充滿能量，不再需要吃肉，這是一個循序漸進的過程。我通常會建議學員們，先了解動物經歷了怎樣的生命歷程。動物代表天地的善意，來補足我們的無力感，至少，讓我們先對牠們深深感謝吧。

當然，有些同學在冥想時，會看到動物快樂的來當他的食物，這是很正常的現象，是他們當下心神的真實狀態，我們必須尊重，不必予以苛責。當我們能夠心靈放鬆自在，才能進入更深的靜觀。

也有些同學，能夠平靜的看著動物是如何承受著痛苦，能夠平靜的在飲食中和動物形成一體。這種感應將能帶領我們體會自然萬物如何相互效力，以及大自然無所不在的愛，並將這種萬物一體感延伸到日常生活之中。

一旦我們能夠對身心負責，就可以真正將能量送到全身每個角落。我們的同情心也能像小芽一般成長、影響他人，改變我們和動物的關係，與動物一體共生。

關於第二點，來自我們對死亡的無力感。對於人自然的驚險，我們通常傾向最低限度的思考與生活，不會更深的去體會如何與大自然合作、發揮潛力。我們往往放任初級本能的驅使，想要透過控制和凌虐，來克服內心的不安，扮演自以為的上帝，來主宰他者生命。

作者所指出的殘酷事實，提醒了我們什麼？試想想，擁擠的雞籠，像不像我們擁擠的工廠、死氣沉沉的辦公室？對動物施打藥物來控制生產和體能，像不像我們教育自己和孩子的方式？我們對待動物的手段，不就是整個人類社會對待自己的方式？

今天，有更多的人為提高自己的能量水平而努力，但我們仍需要更多人一起行動。

至於第三點，我相信雖然無法立刻看到結果，但是每一步、每個小進展都是累積，不管是環保或動保都是如此。讓我們學習了解身心運作，讓身體充滿能量，我們會自然傾向素食，不需要再指責和辯論，也不再需要深陷在罪惡感和愧疚感之中。自主決定素食、了解身心運作、讓身體充滿能量——這，就是自我負責。

請讓我們一起深呼吸，以最深切的心意感謝這世界的所有一切。我相信，當我們照顧好自己、能量飽滿時，就會有力量去善待他人及萬物。這本書提醒我們，人類有多麼脆弱、多麼容易逃避，勇敢去面對與改變，我們可以從這裡踏出新的一步——就從我們自己開始。

本文作者為自然食氣導引師、自主學習推廣者。

｜前言｜

在這彼此依存的世界裡，我們都是有知覺的生命

有些人天生就有同情心，從小就對周遭的生命自然表現出善意，包括對動物。我並不是那樣的人。

我生長在布列塔尼的一個家庭，十四歲以前常常去釣魚。另外我也記得很小的時候，曾與同學們用放大鏡聚集日光，炙烤螞蟻。今天回想起來，我覺得很羞愧，但更不安的是，當時的我竟認為這是很正常的事情。

五歲時在墨西哥，父親帶我去看鬥牛。那是個節慶，音樂激越昂揚，每個人似乎都覺得鬥牛是很棒的一件事。為什麼我沒有哭著離開？是因為缺乏同情心、缺乏教育，或是缺乏想像力嗎？以前我從沒想過要站在魚、螞蟻、公牛的立場想想看。難道我是個鐵石心腸的人？或者當時我只不過是沒有去想，眼睛還沒睜開？

我花了好一段時間，才開始有所覺悟。

離水的小魚，在魚鉤的盡頭閃耀著光芒

小時候有幾年，我和祖母住在一起，她擁有人們理想中一位祖母所應具備的所有優點。而且和許多我所認識的稱職家長或好孩子一樣，她非常熱中釣魚。放假時，她常會前往湖邊或勒夸西克（Le Croisic）碼頭垂釣，度過整個午後時光，且身邊總是伴著一群仍戴著比古丹人（Les Bigoudens）白蕾絲頭飾的布列塔尼老太太。這群善良的人，怎麼會動念想要傷害其他生命？在魚鉤的盡頭，離水的小魚蹦跳著，身上閃耀著光芒。當牠們在簍籃裡窒息、眼神變得呆滯的時候，那一刻當然令人很難過，但我會立刻別過頭，不去面對。

幾年後，我十四歲那年，一位女性朋友突然點醒了我：「什麼？你會去釣魚！」她當時的語氣，加上驚訝、嫌惡的表情，已足以說明一切。

「你會去釣魚？……」突然之間，我眼中的釣魚有了不同的面貌：魚被鐵鉤刺穿了嘴，拉出生存的環境，在空氣中喘不過氣來，就像人類溺水一樣。我釣魚時為了吸引魚兒上鉤，不也曾刺穿了一隻當活餌的蠕蟲嗎？犧牲一條生命，只為了更輕易的傷害另一條生命？過去這麼久以來，我怎麼能對眼前的現實、眼前的這些痛苦無動於衷？我心一沉，從此再也不釣魚。

的確，與世上種種慘絕人寰的悲劇比較起來，我對小小魚兒的憐憫之心或許顯得微不足道，但對我來說，那是第一個觸發點。

二十歲時，我很幸運認識了一些西藏的心靈導師，從此生命中的每個時刻都受到他們啟發；他們的教誨，是聚焦在愛的正道與廣人平等的慈悲。

過去有很長一段時間，我都不懂得設身處地、為他人著想，但是在這些導師的開釋之下，我開始盡可能向其他生命敞開思想和心胸，學習無私的愛。我學著用同理心，去思考人類的處境和動物的處境。這條路往後當然還很漫長，但我持續督促自己，希望進一步領悟我所受到的教誨。

如今，對於那些輕率的用各種方式害動物受苦的人（就像是從前的我），我已經不再有譴責的念頭。確實，看著很多日常物品和消費品（包括食物，以及有時能救人一命的藥品），我們很難聯想到這些產品製造時，多半會讓動物受苦。另外，文化傳統也深深影響我們對動物——人類在地球上的同伴——的看法。有些社會發展出共同的思維模式，認定所有動物都是為了服務人類而存在。然而，有些文化傳統則始終認為，每個生命都必須得到尊重，無論是不是人類。

精神分裂症式的道德標準，史上規模空前的動物屠殺

本書是我前一本著作《擁護利他主義》（*Plaidoyer pour l'altruisme*）[1]理所當然且必要的延續之作，目的是為了進一步說明，我們有種種理由和道德上的迫切性，將利他主義擴及一切有知覺的生命，無論其數量或本質如何。世界各地的人類無疑都有許多痛苦，即使窮盡一生，我們也只能安撫

其中微不足道的一小部分。儘管如此，關心地球上其他七百七十萬個物種的動物，並非不切實際，也非不適當，因為大部分時候，並沒有在人類福利和動物福利之間做取捨的必要。我們生活在一個本質上彼此依存的世界，每個生命的處境，無論其性質為何，都與其他生命的處境息息相關。因此，重點不在於「只」關心動物，而是「也要」關心動物。

這樣的做法，不是要將動物人性化，或將人類動物化，而是將我們的善心同時擴及兩者。這種推己及物的做法，是我們對周遭事物負責任的表現，而不是因為世界上的資源有限，所以才需加以分配。

本書也期許喚起大家的意識：儘管動物的世界令我們感到驚奇，但我們仍犯下人類歷史上規模空前的動物屠殺。每年有多達六百億的陸生動物和上兆的海洋生物被宰殺，以供人類消費。

此外，這些大規模殺戮及其必然的後果——富有國家對肉類的過度消費，引發了本書將會提到的全球失控：助長饑荒問題，加劇生態系統的失衡，同時危害了人體健康。

工業規模的肉類生產和海洋的過度捕撈，無疑是最主要的問題，但是人們整體上對動物的不尊重，同樣會導致大量的動物遭到殺害或受苦，包括用於實驗的動物、走私的野生動物，還有休閒式狩獵、釣魚、鬥牛、馬戲，以及其他淪為工具形式的動物。此外，人類的生活方式對生物圈的影響甚巨：按照目前的速度，到了二〇五〇年，將會有三〇%的動物物種從地球上消失[2]。

我們對於人類加諸動物的危害一無所知（少有人去過工業化飼養場或屠宰場），同時又維持著某種精神分裂症式的道德標準，於是我們一邊呵護自己的寵物，一邊又大啖數百萬計的屠宰豬肉——然而，這些豬其實和寵物貓狗一樣，都擁有相同的感知能力，能感受痛苦，而且同樣聰明。

本書旨在呼籲改變我們和動物之間的關係，這樣的呼聲不僅是道德上的規勸，同時也有國際上諸多權威演化論者、倫理學家、哲學家的作品當根據。書中所提到的研究，說明大部分的動物物種都具備豐富的智力和情感，卻往往遭到忽視。這些研究還證明了連續體（continuum）的存在，能夠連結所有動物物種（包括我們在內），幫助我們追溯地球現今物種的演化歷史。人類和其他動物物種擁有共同的祖先，後來經歷了漫長的階段和細微的變異，最後發展成為智人（*Homo sapiens*）。在這緩慢的演化過程中，並沒有任何「魔幻時刻」賦予我們與之前眾多人科物種全然不同的特殊本質，也沒有理由可以證明我們有主宰動物的絕對權力。

人類與動物之間最顯著的共同點，就是感受痛苦的能力。如今已經來到二十一世紀，我們對於加諸於動物身上的無窮痛苦，為什麼仍視而不見？牠們所蒙受的多數苦難，既非必要，也並非無可避免。除此之外，更沒有任何道德論據支持我們，可以毫無必要的對任何生命強加痛苦和死亡。

| 第1章 |

傲慢的人類，其實很難無動於衷

人類與動物關係簡史

生命的演化往往是在合作、競爭和漠視之間追求平衡，又不斷推翻這樣的平衡。相互依存的原則支配著整個生物圈：各物種的植物和動物共同演化，為了生存而密切依賴彼此。這種相互依存的現象，有可能是同物種成員之間、也可能是不同物種之間的合作或競爭，視情況而定。捕食行為確保了一個物種的存活，但卻必須犧牲其他物種。不過非常多的物種因為合作並沒有好處，或是不必直接與對方競爭以求生存，於是都只是忽視或刻意迴避彼此。

演化過程中，動物展現的行為日益複雜，尤其是表現出領域性、活動節奏彼此同步、片利共生（對其中一方有利，而對另一方無害的跨物種個體合作）、寄生、群居性的生活、群聚生殖（雌性動物聚集在同一處繁殖地，但只照顧各自的幼體）、合作生殖（成體動物彼此合作，照顧所有的幼體），最後發展出最精密複雜的社會組織：真社會性（eusocialité）。其特徵是具有階級化結構，協調合作並交換資訊、成員之間的角色分工且專業化（女王、工人、戰士）、具有生育階級和其他不育階級，以及不同世代同居於單一「巢穴」之中，由成年者共同照顧年幼者。這些真社會性物種包括蜜蜂、螞蟻、白蟻、鼴鼠，和某些蝦類。

動物社會的複雜化，促使文化開始出現，這些文化透過知識和習俗，在不同世代間累積傳承，並在人類物種中達到高度複雜性。隨著智力的發展（尤其是人類），設身處地為他人著想的能力引發了情感同理心（empathie affective，與他人情感產生共鳴）和認知同理心（empathie cognitive，對他人的心理狀態感同身受），而個體彼此間，還可以在欣賞彼此價值和互惠的基礎上，建立長久的關係。

從採集和狩獵，到農耕和宰殺

人類歷史的前百分之九十九都是仰賴採集和狩獵為生，不斷遷徙。早期社會系統以合作為基礎而形成，少有財產，且幾乎無階級區分。最原始的人類社會是小規模且分散的群體，彼此相距遙遠，幾乎沒有理由對彼此開戰。在狩獵與採集的這個階段，有關征戰的考古證據很缺乏，意味著在人類史前時期的大部分時間裡，戰爭十分罕見，或是沒有發生[1]。這與歷史書和媒體有時所刻畫的形象完全不同：歷史書和媒體通常更著墨於悲劇和衝突，而不是日常生活的真實面貌。大自然不是只有英國詩人丁尼生（Alfred Tennyson）所描述的「血紅的尖爪與利牙」[2]，大多數生物的生活環境其實相當平靜，雖然偶爾出現的暴力片段可能令人驚心動魄。即使是野生動物，其狩獵時間也只占一小部分。英國動物行為學家雪莉．史多姆（Shirley Strum）曾表示：「攻擊性並不如人們所想的那樣，在演化過程中具有全面和重要的影響。」[3]

在最後一次冰河時期，北半球多數地區都覆蓋著厚達數公里的冰川，阻礙了大規模人類社會的形成和農業的發展。然而，當時的平均溫度僅比現在低攝氏四到五度，這顯示乍看之下微不足道的溫度差異，就可能孕育出截然不同的生活環境。

大約一萬兩千年前，地球進入全新世（Holocène）初期，此時氣候變得非常穩定，人類開始耕種、儲存物資和食物，同時馴化動物。先是家狼，然後是狗，接著是綿羊和山羊，都紛紛成為馴養動物。九千年前，亞洲某些地區馴化了牛和豬，然後是馬、駱駝和家禽，最後是三千或四千年前在埃及的貓。而在美洲大陸，人類馴化了駱馬、羊駝、火雞和天竺鼠。馴化的還有植物，許多源自野生植物的品種誕生了：歐洲的小麥和大麥、亞洲的稻米，以及新世界的玉米、馬鈴薯和豆類[4]。

社會開始階級化，領導者出現，農耕、宰殺動物、以物易物、貿易等行為遍布全球各地。隨著不同文明相繼出現，人類學習在陌生人所組成的社會中生活。於是他們建立了社會規範和契約，保護自己免於受騙上當，並促進社會成員之間的交流。私人糾紛和恩怨演變成群體間的組織化戰爭，而恢復並維繫和平的國際公約也於焉誕生[5]。

不超過一萬年前，就在狩獵兼採集者開始定居、農業興起之前，地球的人口數約在一百萬到一千萬之間[6]。此後，隨著人口暴增和科技進步，當初只想追求成功和舒適生活的種種手段，逐漸發展成今天的樣貌：單一作物栽培導致土地過度開發、前所未有的森林砍伐[7]。最後，動物飼養轉變為工業化生產，導致每年有數以千億計的動物失去性命。到了一九五〇年代，我們驚訝的發現自己邁入了「大加速」時期，來到了人類世（Anthropocène，意即「人類時代」），此時人類活動對整個地球造成了重大的衝擊。

的確，自一九五〇年以來，全球人口（從一九五〇年的二十五億增加到今天的七十億）、二氧化碳與甲烷排放、森林砍伐、農藥和化肥的使用、淡水的消耗量等等，都不僅規模增加，速度也急劇加快。如此把地球復元的能力一再逼到極限，也將生物圈帶入危險的境地[8]。其中，生物多樣性的消失尤其嚴重。按照目前的態勢，到了二十一世紀末，所有的哺乳動物、鳥類、兩棲動物，有高達三〇%都將面臨滅絕危機[9]。比起沒有重大災害（例如造成恐龍滅絕的那種）發生時的平均速度，二十世紀人類活動所造成物種滅絕的速度，增加了一百到一千倍。一般預計，這個數字到了二十一世紀還要再乘以十倍；而且這些滅絕是不可逆的。

在《物種政治學》（*The Politics of Species*）一書中，雷蒙．科比（Raymond Corbey）、安妮塔．朗朱（Annette Lanjouw）及許多作者都談到了「互敬共存」，強調人類可以和所有物種共享資源和空間，並尊重彼此的需求。這種說法認可了動物的道德與社會價值，並隱含了關懷、體諒、尊重、顧及他者需求的含意[10]。

虎之道、熊之道和人之道

人類定居之後，便可以有系統的馴養動物，也開始會宰殺其中一部分，這表示人與動物的關係已經不同於狩獵時期。對獵人來說，即使他很了解某種動物的行為，但動物並不是家畜，而是陌生的獵物。根據賓州大學動物倫理學教授詹姆斯．塞佩爾（James Serpell）的觀察，只有在馴養動物的文化中，才會有主張「動物比人類低賤」的論點。這種論點不僅顯示人類對宰殺動物感到不安，也意味著人類將宰殺行為一廂情願的合理化。以狩獵與採集為生的民族不會將動物當成劣等生物，而是視為與人類平等，甚至更加優越；雖然動物與我們不同，但卻擁有與我們相似的思想和情感[11]。根據動物行為學家多米尼克．萊斯特爾（Dominique Lestel）的記載，馬來西亞原住民仄旺人（Chewong）不是把世界劃分為人類和非人類。他們認為每個物種都有自己的世界觀，因此這些原住民對世界的看法是依循著「虎之道」、「熊之道」和「人之道」而形成的。對他們來說，每個物種的感知就如同人的感知一樣，都是真實有據的，人類只要透過想像力和同理心，就能揣想動物的真實處境[12]。

從許多文化中可以觀察到，由於人們認為自己的感知與動物相似，因而形成了一套信仰體系，他們追溯家庭、氏族、部落的起源，認為自己的祖先是某種神話動物。這種將動物擬人化的觀點，為狩獵民族提供了一個概念框架去理解獵物，與之產生共鳴，並預測其行為。但另一方面，這種感知難免會引發以下的道德衝突：如果將動物視為同類，那麼殺牠就跟殺人無異。

以西伯利亞獵人為例，他們相信馴鹿有思考的能力，甚至認為牠們會說話。許多狩獵部落都有這種情況，特別是在生活條件惡劣、資源稀缺的地區[13]。他們有時會認為，有個至高無上的神靈可以控制獵物的捕獲量。英國人類學家提姆・英戈爾德（Tim Ingold）就曾指出，即使將馴鹿視為自願的犧牲品，宰殺的過程也馬虎不得，以免冒犯馴鹿的靈魂，或危及未來的捕獲量。獵人得到動物的肉、毛皮、骨頭等實體，但是其靈魂是不朽的，會永遠在死亡和重生之間不斷循環[14]。這些民族也常有罪惡感，覺得宰殺動物就必須贖罪。在某些非洲部落，獵人還會透過儀式來淨化自己因殺戮而玷汙的良心。在其他地方，有些獵人則會乞求動物原諒，不要記恨[15]。

我們把動物當成僕役和奴隸，不把牠們視為跟我們同等

傳統飼養者所面臨的道德困境比獵人更為嚴重，因為他們和動物之間的關係不同。獵人對獵物的習性和性格瞭若指掌，但是他們從來沒有機會與獵物相處互動，因此不太可能對特定獵物產生依戀。反觀傳統社會，農人每天都會接觸自己飼養的動物，於是逐漸產生感情。宰殺或折磨牠們都必

然會引發內疚和自責的情緒，因為這嚴重背叛了先前建立起來的信任感。

一旦馴化之後，動物就成為人的僕役和奴隸，只能任憑主人擺布。根據歷史學家凱斯．托馬斯（Keith Thomas）的說法，貶低我們飼養的動物，就可以把我們加諸牠們的待遇予以合理化[16]。達爾文的意見也是如此，他曾說：「我們把動物當成奴隸，不喜歡把牠們視為跟我們同等。」[17]就這樣，人類證明了他們可以根據是否對自己有利，而選擇性的採用或不採用其道德標準。狗咬死兔子時，無須去辯駁自己行為的正當性；貓玩弄半死不活的老鼠時，也不會表現出任何悔恨。這些行為及其造成的痛苦，本來就是掠食者與獵物之間的既有關係。但對人類來說，問題就沒有這麼簡單了[18]。雖然也有例外，但是大致而言，人類很難完全無動於衷的殺死或傷害動物。矛盾的是，這種態度的根源似乎是因為我們難以將動物和人類自己明確區分開來。確實也有許多研究表明，大多數人都傾向於將家畜和寵物視為自己的孩子，予以照顧、餵養，保護牠們遠離危險和惡劣天候，幫牠們梳洗，並在牠們生病時悉心照顧[19]。

在工業化的畜牧業中，是把幾萬隻家禽或幾千頭豬關在大型棚舍裡。而人類原先對殺害單一動物的排斥感，就這樣在去個體化和大規模快速屠宰中被稀釋，取而代之的是血腥的數字。法國社會學家兼畜牧學家喬瑟琳．波爾謝（Jocelyne Porcher）曾記載一名殺豬的屠夫告訴她：「豬隻被迅速載上卡車，迅速運送、迅速屠宰，然後迅速被吃下肚，事實就是如此。」[20]波爾謝根據這位屠夫二十四年的資歷，算出光是他一個人，就宰殺了六百萬到九百萬頭豬。美國一家大型雞肉連鎖商的一名員工也現身說法：「你一口氣就殺掉幾千、幾萬隻毫無反抗能力的家禽，一個晚上要宰七萬五千到九萬隻雞。你是劊子手。」[21]

這一切顯然多少會對人們的道德價值產生影響。根據美國研究者伊麗莎白・費雪（Elisabeth Fisher）的說法：「人類藉由照顧和餵養，先是和動物建立友誼，然後再殺死牠們。要能下得了手，就勢必得扼殺自己對動物的一部分感情。……奴役動物似乎也成了人類奴役同類的範本，特別是大規模剝削俘虜而來的女性，做為生育和勞動的工具。」[22]美國哲學家查爾斯・派特森（Charles Patterson）也曾引用西元前四世紀蘇美人的例子，指出他們會閹割男性奴隸，讓他們像家畜一樣工作[23]。

動物是為了人類的利益而被創造出來的？

始終活在良心不安之中，是很不舒服的。人類既然為了自己的利益而利用其他生物，就必須為這種剝削行徑找出道德依據。某些宗教所主張的人類中心論（anthropocentrisme），其根據就是神的旨意。根據基督信仰和伊斯蘭教的主流觀點，動物沒有「靈魂」，活在世上只是為了供人類使用。上帝按照祂的形象造人，並「讓他們管理海裡的魚、空中的鳥、地上的牲畜及一切爬蟲」[24]。正如同作家米蘭・昆德拉（Milan Kundera）的看法：「那當然了，寫出《創世記》的是人類，而不是馬。」[25]

大致而言，基督信仰和伊斯蘭教對動物少有關愛。儘管猶太教的儀式性宰殺相當野蠻，猶太教傳統卻自稱十分關心動物的苦難。猶太教經典《妥拉》（*Torah*）記載：「禁止對任何生物施加痛苦；相反的，我們有責任減輕每一生物的痛苦。」[26]猶太教重要文獻《塔木德》（*Talmud*）也寫道：「以人道方式對待動物十分重要。」[27]根據一些《妥拉》專家的說法，上帝會允許人類吃肉，是因為在大洪水過後人類身體虛弱，但在理想情況下，人類應當奉行素食主義[28]。

亞里斯多德也聲稱動物存在是為了服務人類，還為奴隸制度辯解。據他說：「植物的存在是為了動物的利益，野生動物的存在是為了人類的利益。……由於大自然從不做任何無用或徒勞的事，因此不可否認的，所有的動物確實是為了人類利益而被創造出來的。」[29]

在古羅馬的世界，人類中心論才是王道。西塞羅（Cicéron）說：「很顯然，成群的動物是為了人類的需求而被創造出來，有些是為了供人役使，有些則是為了提供食物。」[30]看到偉大的思想家如此輕易表達這種獨斷的觀點（「很顯然……」），卻不願對自己的主張提出任何證據，實在令人匪夷所思。

西元三世紀新柏拉圖學派哲學家波菲利（Porphyre de Tyr）曾寫下多篇讚揚素食主義的專論，他提出過一個論點：鱷魚吞噬人類，而且對人類毫無用處；所以人類是為了鱷魚的利益，才被創造出來的嗎[31]？要是有一天，比人類更聰明、更強大的外星生物碰巧降落在地球上，聲稱他們的上帝創造出人類，就是要供他們所用的，我們應該做何回應？除此之外，假如他們發現人肉美味至極，而無法不去吃人的話呢？這就是米蘭．昆德拉在《生命中不能承受之輕》（*L'insoutenable légèreté de l'être*）一書中所想像的片段：

我們把這權利視為理所當然，因為我們身處於階級的最頂端。但只要有第三方加入，例如一位來自其他星球的訪客，而他信奉的神曾說：「你將統治宇宙所有星球的生物。」此時《創世記》原本視為理所當然的一切，就立刻畫上問號了。或許一個被火星人抓去當成拖車牲畜的人類，或是被某個銀河系居民串起來燒烤的人類，此時會想起過去晚餐盤中慣常切來吃的小牛排，然後對牛道歉（太遲了！）。[32]

殺人者形同殺害自己，而食用屠宰動物的肉，等於吃下死屍

基督透過他的一生和他的教導，表明愛要普及所有人類，包括敵人，因此他下達以下戒律：「你要愛鄰人，像愛自己一樣。」[33]然而，當代學者雷南．拉盧（Renan Larue）在其淵博的史學著作《素食主義及其敵人》（*Le végétarisme et ses ennemis*）[34]指出，基督教思想之所以少見善待動物的主張，是因為福音書中的基督似乎很少關注動物處境。

猶太教艾賽尼派信徒（Les Esséniens）的確提倡茹素，而且在他們的外經福音書中，收錄了據

說是出自耶穌之語：「我由衷告訴你們，殺人者形同殺害自己，而食用屠宰動物的肉，等於吃下死屍。」[35]但是，這些記載似乎不符合耶穌在正典福音書中對待動物的方式。比方說，有名男子走向耶穌，乞求他驅逐自己體內的魔鬼[36]，於是耶穌命令魔鬼們離開這位可憐人的軀體。魔鬼們提出交換條件，要耶穌讓他們進入一群在山腰上吃草的豬群。獲得耶穌的允許後，這群魔鬼附身在兩千頭豬身上，然後就從陡峭的山坡衝入海中溺斃。若是這段敘述確有其事，那麼對耶穌來說，為著魔者驅魔似乎比兩千頭豬的性命更重要。同樣的，基督復活之後出現在門徒面前，從岸上指引他們應在何處撒下漁網，然後將送來的漁獲烤熟，連同麵包分送給眾人[37]。

聖奧斯定（Saint Augustin）曾對禁止折磨和殺害動物的摩尼教徒表示，素食主義的道德基礎是荒謬且錯誤的，因為「基督曾表示這純粹是迷信」。他還強調，上帝之子從未殺人，就算面對的是一群罪人；但他曾經宰殺動物，即使牠們完全無辜。「如果祂認為人類與動物皆為社會的一分子」[38]，基督就不可能殺牠們。因此，人類對動物非但沒有任何責任，甚至必須避免過度氾濫的同情心。他最後總結說：「根據造物主公正無私的安排，牠們的生死聽由我們決定。」[39]

聖道茂（Saint Thomas Aquinas）後來也證實，「愛鄰如己」與動物無關。在卡特里派教徒（Les Cathares）因戒除食肉和所有動物產品而遭到迫害之後，聖道茂思忖道：「沒有思考能力的生物，是否也應當為我們所愛？」[40]不，他回答，動物不是我們的鄰人，因為牠們沒有和人類相同的理智，而且欠缺靈性。他認為，反對虐待動物唯一可能的理由，就是這樣可能助長人類互相殘殺，但是讓動物受苦並沒有任何過錯。

這成了羅馬天主教會的官方立場，例如教宗庇護十二世（Pius XII）曾拒絕批准一個防止虐待動物的社團成立，因為這個舉動意味著人類對這些低等生物有責任[41]。有很長一段時間，治療動物遭到嚴格禁止，因為藥物專供人類使用，用在低等生物身上是可恥的[42]。西方世界的第一所獸醫學校，是法王路易十五在位時期於里昂創立，其目的不是保護動物本身，而是要避免牠們感染牛瘟等傳染病，造成農民的巨大損失。因此，獸醫的首要職責，是藉由照顧動物的健康來改善農村經濟[43]。

對於東正教信徒來說，每年有多次守齋期，有時禁止食用動物來源的產品，有時甚至不得穿戴或使用任何源自動物的物件。但沙漠教父和東正教所有修會之所以提倡素食主義*，僅是出於禁欲的理由。基於道德的素食主義則會受到教會神父的譴責，包括聖奧斯定和聖伯爾納鐸（Saint Bernard de Clairvaux）在內的許多人，都曾嚴格區分「好的」素食者（禁欲苦修）和「壞的」素食者（鼓吹對動物有同理心，不予以宰殺）[44]。

一群野蠻人把狗釘在桌上，進行活體解剖

在哲學界中，動物處境最黑暗的時期之一，是笛卡兒（René Descartes）提出了「動物機器」（animaux-machines）的理論。他認為動物不僅是為了人類的利益而存在，而且牠們也沒有任何感覺：

> 動物只是單純的機器，是自動化的裝置。牠們無法體會快樂、痛苦，或其他任何感覺。雖然遭到刀割時會喊叫，或者被烙鐵炙燙時會奮力掙扎，但這並不代表牠們在這些情況下會感到疼痛。牠們受到與時鐘相同的原理所支配，如果牠們的行為比時鐘更複雜，那是因為時鐘是由人類製作的機器，而動物則是由上帝所創造、更加複雜考究的機器。[45]

這種視動物如機器的觀點，使得當時的科學家對於實驗動物所遭受的痛苦視而不見。於是十七世紀，在法國皇港（Port-Royal）修道院一個天主教嚴厲教派楊森派（Jansenism）的研討會上：

> 他們冷血無情的毆打狗，還嘲笑那些以為狗會疼痛而為之憐憫的人。……他們將那些狗的四條腿釘在木板上，進行活體解剖，以觀察血液循環這個重要的討論議題。[46]

伏爾泰反對這樣的做法：

---

*編按：沙漠教父是指三至六世紀隱匿於埃及和法國西南部沙漠、曠野中修道的苦修者，第一位是被稱為隱修士之父的聖安東尼（St. Anthony）。

> 一群野蠻人抓住這條一直向人類示好的狗，將牠釘在桌上進行活體解剖，好觀察腸繫膜靜脈。你在牠身上發現了**各種和自己相同的感覺器官**。機械論者們，請回答我，難道大自然在這隻動物體內配置了所有的感覺器官，只是**為了要讓牠沒有感覺**？牠擁有神經，難道只是為了什麼都感覺不到？千萬別認為自然界會存在這種毫無道理的矛盾。[47]

康德在其著作《倫理學講義》中的觀點，與聖道茂一致，他表示：

> 動物沒有自我意識，因此牠們只是達到目的之手段。此一目的就是人類。所以人類對動物沒有直接責任。……我們只是因為對人類有直接責任，因而才對動物有了間接責任。[48]

甚至連當代的存在主義者也有這樣的觀念，尤其是沙特（Jean-Paul Sartre）。他寫道：

> 動物的自由完全不是個問題，畢竟狗唯一展現出來的自由，就是牠要不要來親近我，其餘的就只是食欲、情緒、生理反應。無論是轉身離開我，或是咆哮吠叫，牠都不過是再次掉入了決定論或是本能的黑暗深淵中。[49]

還有哲學家尚馬里・梅耶（Jean Marie Meyer），他宣稱：「只有人類自身才能構成『目的』，也因此只有人類才有資格獲得『尊重』。」[50]

本書第六章將會提到，如今科學已證明許多動物擁有自我意識。此外，除非服膺神造論的觀點，否則沒有理由認為動物是因為人類而存在。

是什麼樣的行徑，用其他生命的死亡來滋養一個生命……

理性主義者史賓諾莎（Baruch de Spinoza）同樣認為動物是工具，他在《倫理學》中寫道：

> 禁止殺害動物的法律多半是源於空洞的迷信和婦人之仁，而不是建立在合理的論據上；……沒有理由放棄對我們有用的東西，所以只要符合我們的利益，就沒有理由不去利用動物……[51]

本質上，就像詹姆斯・塞佩爾所寫的：「兩千多年來，歐洲的宗教和哲學一直被一種信念所支配：相信某種超自然和無所不能的存在，將人類置於道德的台座上，地位遠遠高於其他的天地萬物。基於這個觀點，我們人類對其他生物實行絕對的控制，甚至認為牠們存在的唯一理由是服務人類的私利。……早期基督徒認為，動物被創造出來只是為了人類的利益；笛卡兒則認為，動物無法感受痛苦，這兩種論調都只是同一主題的不同變體而已。而且這兩者都為人類提供了殺戮許可，可以利用或剝削其他生命形式，而不受懲罰。」[52]

自古代以降的數百年來，西方世界出現了一些聲音，呼籲我們關注對待動物的傲慢和殘忍，並對於利用動物來滿足人類之私深表反感。希臘數學家畢達哥拉斯（Pythagore）不僅是素食者，也拒絕穿戴皮革或羊毛；提亞納的阿波羅尼烏斯（Apollonius de Tyane）曾表示，他「從來不想穿著由動物毛皮製成的衣飾，拒絕食用肉類以及任何剝奪生命而得來的祭品」[53]。雷南．拉盧也解釋，出於道德考量而拒絕動物獻祭，等於是質疑宗教秩序，以及與之密切相關的政治權威[54]。畢達哥拉斯建議用蜂蜜、焚香、歌唱，以及其他不流血的物品，來取代血腥的祭品，因為他認為血腥的供養並不能取悅本應仁慈的神靈。包括畢達哥拉斯的弟子奧菲斯（Orphée）在內的素食主義者，其立場遭到了各方撻伐和嘲諷。將謀殺概念擴及所有生物的主張，引起劇作家歐里庇得斯（Euripide）和亞里斯多芬（Aristophanes）的訕笑，就連偉大的柏拉圖都稱之為「幼稚」[55]。在西元初年，不吃肉被視為迷信，羅馬皇帝提比略還下令禁止。儘管如此，由於畢達哥拉斯的聲譽，使得他吃素的見解獲得前所未有的尊重。

古羅馬詩人奧維德（Ovid）也有相同的思考脈絡，認為肉是墮落的食物。他在《變形記》（*Métamorphoses*）中寫下：

你有穀物；有垂掛的蘋果；
還有藤蔓上成熟的葡萄；
你有芬芳的香草植物；有爐火燒煮得柔軟的蔬菜；
還有牛奶和充滿百里香氣味的蜂蜜。
大地充滿富饒的物產，溫柔而持續的供應，
你的食物無須殺戮或流血……
可嘆啊，要我們的肉身吃下其他肉身，
用吞下其他身體來養胖我們貪婪的身體，
用其他生命的死亡來滋養一個生命，
這是多麼錯誤的行徑啊！[56]

你怎麼有勇氣，用嘴唇碰觸死去野獸的屍體？

數十年後，希臘作家普魯塔克（Plutarque）在其著作《論食肉習俗》（*Sur l'usage des viandes*）中極力擁護奧維德的主張，並譴責世人食用動物之肉，同情心淪喪：

您問我畢達哥拉斯為什麼不吃動物的肉；我倒是驚訝的想問您，是出於何種動機或勇氣，人們會去接近一塊死去的肉，用嘴唇碰觸一隻死去野獸的血腥屍體，將死屍送上餐桌，把那些在前一刻仍在咩叫、咆哮、行走和觀看的生命給吞下肚？這些人的雙眼怎能忍受死亡的面貌？怎麼忍心目睹脆弱的動物遭到宰殺、剝皮和撕扯？……[57]

我們無視於某些動物披掛著美麗的色彩，也不在乎牠們歌聲動人，或生活單純簡樸或風采和聰穎；而是殘酷且嗜血的宰殺這些可憐的動物，害牠們無法享受天光，奪走大自然賦予牠們的微小生命。此外，我們真的相信牠們的吶喊只是毫無意義的聲音，而不是懇求和合理的抗議嗎？[58]

普魯塔克還嘲笑那些認為人類天生就是肉食動物的人士：

人類的身體結構，與自然界所創造出來的肉食動物明顯不同：沒有鉤形的嘴喙、尖銳的指甲、鋒利的牙齒，也沒有強健的胃和體液去消化大量的肉……如果你堅持吃肉是天性使然，那麼首先，你就得親手宰殺你要吃的動物。我說親手，是指不用切肉刀、菜刀或斧頭，而是像狼或熊或獅子一樣去獵殺，用你的利齒去咬死一頭公牛，用你的嘴咬住野豬，用你的手撕扯羔羊或野兔，然後在牠還活著的時候吃下，就像野獸一樣……面對生肉……沒有人願意張口就吃，而是會將其煮熟、炙烤，用柴火和配料進行加工，改變它、掩飾它，消滅殺戮的可怕面貌，好讓受到混淆和欺騙的味覺不曾排斥此一陌生的軀體。59

在天主教的思想家裡，有幾位例外。阿西西的聖方濟（Saint François d'Assise）以同情動物聞名，他曾要求「世上所有的兄弟們，請尊重、崇敬和榮耀一切生命；或更確切的說，是存在於世間的所有萬物」。他曾向鳥兒佈道，將一條別人送他的活魚放生。有個知名的傳說是，他曾說服古比奧城（Gubbio）的狼，不再殘殺人類和牲口。不過聖方濟的各種傳記中，都沒有提到他是素食者。同樣的，神父、哲學家尚．梅里耶（Jean Meslier）也反對迫害動物：

人類殺害、擊昏、屠宰無害動物的行為，是非常殘忍而野蠻的。因為牠們就跟我們一樣，可以感覺到受傷和疼痛。雖然新崛起的笛卡兒派人士一再徒勞、錯誤、荒謬的認為動物純粹是沒有靈魂、沒有任何感情的機器……這些是荒謬的觀點、有害的信念、可憎的學說，因為這顯然是打算抑制人們面對這些可憐的動物時，所可能產生的仁慈、溫柔和人性……那些善待動物、同情其苦難與痛苦的國家是有福的；但是那些殘忍對待動物、暴虐相向、熱中殺害牠們並嗜食牠們肉體的國家，都會受到詛咒。60

然而，梅里耶神父不太能代表基督教思想，因為他後來反常的成了一位無神論者。他甚至認為基督徒對待動物的冷漠和殘忍態度，不啻證明了他們所信奉的上帝並不存在，或是充滿惡意[61]。

人類沙文主義：只要對人類有利，就一定沒錯

在英格蘭，已知的第一場支持保護動物的講道，是由聖公會牧師詹姆斯・格蘭傑（James Granger）於一七七三年所發表，引發了全國論戰。格蘭傑牧師表示，布道之後，有些他的會眾還以為他瘋了[62]。漢弗萊・普里馬特（Humphrey Primatt）牧師則把糟蹋某些人與糟蹋動物相提並論：

白人……不能仗著自己的膚色，就去奴役或壓迫黑人。……同樣的，人類也沒有虐待或折磨動物的天賦權利[63]。……無論是以兩條腿或四條腿走路，無論頭部是朝著地面或面向前方，無論身體光裸或有毛髮覆蓋，無論是否有尾巴、有角、耳朵是長或圓；也無論我們是否像驢般嘶鳴、像人一般說話、像鳥一樣啼叫，還是像魚兒一樣沉默，大自然從未意圖將這些差異當作有權行使暴虐和壓迫的基礎。[64]

到了現代，英國聖公會神學家和牧師，同時也是牛津大學第一任倫理、神學和動物福利講座教授安德魯・林澤（Andrew Linzey）出版了多本與傳統教會立場相左的書籍，主張賦予動物真正的權

利。在名為〈動物權利〉（Animal Rights）的文章中，他開門見山的質疑一般對《創世記》的見解：

人類沉淪於某種偶像崇拜，想像著上帝優先關心的只有人類。這實在是荒謬至極。為什麼上帝創造黃蜂？當然不是為了供我們使用。那恐龍呢？我們怎麼可能利用牠們？對我來說，發現上帝有其他的事要操心，著實令我鬆了一口氣。[65]

在另一本名為《動物福音》（*Animal Gospel*）的書中，林澤抨擊了人類沙文主義：

一旦你開始質疑動物所遭受的暴虐對待——無論是為了休閒的殺戮，或是殘酷的出口貿易，或是（以最近發生的事件為例）對成千上萬隻海豹進行令人髮指的屠殺，取下牠們的陰莖，在歐洲和亞洲當作壯陽藥出售——你就會一次又一次碰到這個人類沙文主義的信條：只要是對人類有利，那就一定沒錯。[66]

對林澤來說，這意味著「動物不應被視為人類可支配的商品、資源、工具，或有用的物品。如果人類要求支配天地萬物，那麼就只能是一種服務性質的支配；沒有服務，就沒有支配。從神學教義來看動物權利，人類必然是服務性物種，人類被賦予（或甚至是犧牲掉）權力、機會、特權，以服務比較弱小、受苦的物種」[67]。

林澤因而成了「主動同情弱者，反對弱肉強食法則」的倡導者，而且他擁護坎特伯里大主教羅伯特・朗西（Robert Runcie）的看法，認為上帝「不允許鄙視其他生命」。如果「整個宇宙是用愛創造出來的」，如果「以愛造就的事物都是寶貴的」，那麼根據林澤和朗西的看法，基督徒就不可以對動物抱著純粹人類沙文主義和功利主義的觀念[68]。

教會最高層人物在態度上也有所轉變。不同於之前的教宗，若望保祿二世呼籲基督徒要尊重動物，並鼓勵成立動物保護協會。同時，他也十分關注環保議題[69]。而教宗方濟各（Pape François）則在他的通諭《願上主受讚頌》（*Laudato si'*）中解釋說：

> 只要真心敞開胸懷，接納世間萬物，這種博愛的精神就能包容一切。……人心獨特，那種促使我們虐待動物的不幸，不必多久，就會顯現在我們與他人的關係中。

他指出，加諸任何生命的殘忍行徑，「都是違背人性尊嚴。」接著，他又繼續闡釋：「教義問答……堅定的一再重申人的力量有其限度。」而「使動物蒙受不必要的痛苦、糟蹋牠們的生命，違背了人性尊嚴」[70]。

在猶太教，有些猶太人充分意識到，工業化飼養將動物矮化為「物品」或「生產機器」，因此認為素食主義或甚至是純素主義，是一種不可或缺的道德處方。二十世紀初期，巴勒斯坦的第一任首席拉比艾薩克・庫克（Isaac Kook）相信上帝愛所有的生命，原本打算讓人類吃素。庫克認為屠宰是一種可恥的行徑，且無論是剪羊毛或擠牛奶，都是不道德的行為。對他來說，吃素是一種責任[71]。大英國協猶太教會的首席拉比強納森・薩克斯（Jonathan Sacks）本人就奉行素食，而愛爾蘭前任首席拉比，同時也是「國際素食猶太社群與生態學會」名譽主席的大衛・羅森（David Rosen）也是素食者。他除了對工業化飼養模式大加撻伐之外，還認為現代商業生產模式對待動物的方式十分殘忍，因此在這些環境下生產的肉品不能被視為猶太潔食。「此外，」他還強調，「生產肉品所造成自然資源的浪費和對環境的破壞，構成猶太教義中充分的道德論證，足以說服信徒遵循素食主義。」[72]以《猶太飲食戒律》（*Jewish Dietary Laws*）一書風靡美國猶太界的博學作家山繆・德瑞斯納（Samuel H. Dresner）表示：「食用猶太潔食認證的肉品是一種妥協……，最理想的情況是不吃肉，因為要獲得肉品，就必須殺死動物。」[73]當我們更清楚猶太潔食的屠宰方式對動物來說有多殘忍——就像紀錄片《地球上的生靈》（*Earthlings*）所呈現的畫面[74]——我們就必然會贊同他的觀點。

他才往前走近幾步，所有的動物便紛紛逃離

在穆斯林的世界裡，素食幾乎是特例，不過有些信徒認為，歸根結柢，素食才是遵守伊斯蘭教

戒律最理想的方式，因為動物也是上帝創造的，人類應該對之有同理心，而把動物當成機器去飼養，並不符合清真教義。在《伊斯蘭教的動物》（*Les animaux en Islam*）一書中，博學的哈菲茲·巴席爾·阿哈邁德·馬斯里（Al-Hafiz Basheer Ahmad Masri）強調，伊斯蘭教義勸信眾對動物表達慈悲[75]。他特別引用先知穆罕默德的話：「凡是同情一隻麻雀並網開一面之人，真主將在最後審判日憐憫他。」[76]對於打獵和娛樂性質的競技：「據說先知曾表示：勿將有生命者視為目標。」以及「真主的使者禁止鼓勵動物攻擊彼此。」[77]馬賽的大穆夫提蘇易卜·班慶克（Soheib Bencheikh）認為*，在宰牲節期間犧牲一隻羊，「既不是伊斯蘭信仰的支柱，且與祈禱或齋戒月的禁食比較起來，也不具有必要性。」他進一步指出，穆斯林法律允許「在居民無法飽食的地方，以布施取代宰殺牲口，其實更符合節日蘊含的分享精神」。

另外，某些蘇菲派教徒擁有茹素傳統，他們提倡素食主義，特別是在靜修期間，藉此淨化身體和心靈，同時作為掌握「內在自我」（nafs）的途徑。然而，落實吃素最成功的典範，似乎是來自一位女性，那就是西元七一七年出生於巴斯拉（Basra）的拉比雅·阿德維亞（Rabia al Adawiyya）。她是偉大的蘇菲派神祕主義者，大半生都在伊拉克的沙漠裡冥思。她的傳記作者描述，拉比雅成天生活在瞪羚和羚羊的環繞下，動物都毫無畏懼的接近她。一則家喻戶曉的小故事記載，有一天，一位偉大的蘇菲派導師哈桑·巴斯里（Hassan al-Basri）前來探望隱居的拉比雅。他才往前走近幾步，所有的動物便紛紛逃離。哈桑很驚訝，向她詢問原因。「你中午吃了什麼？」她反問他。「炸洋蔥加培根。」他承認。「所以你吃了牠們的肉！那牠們逃離你，又有什麼好驚訝的呢？」她說。

我們在自己的土地上曾經寧靜而安全……

伊斯蘭教有一段鮮為人知的歷史：西元十世紀，一群刻意匿名的穆斯林哲學家以「精誠兄弟社」（Ikhwan al-Safa）之名，創作一篇名為《精靈王審理動物控告人類一案》（*The Case of the Animals versus Man before the King of the Jinn*）的故事。這篇文章描述動物代表們出庭陳述，表示自從人類出現以來，就害牠們落入了悲慘的命運。動物代表們悲慘的向人類控訴牠們所蒙受的虐待和屠殺：

> 我們在自己的土地上曾經寧靜而安全，忙碌的一同生活，以上帝賜予的美食好水餵養我們的孩子。……然後亞當成為人間總督……，他的後代數量大增……。於是，他們〔人類〕從動物界裡抓走綿羊、牛、馬、驢和騾子。他們奴役我們，殘暴地迫使我們耕地、〔從井中〕汲水、轉動磨坊的磨粉機、搬運〔貨物〕……有些落入他們手中的同伴遭到殺害，腹部被剖開、肉體被

---

*編按：穆夫提（mufti）指的是宗教學者，精通伊斯蘭教法，有權頒布伊斯蘭教令；而「大穆夫提」則是伊斯蘭教國家提供法律意見或解釋伊斯蘭教法的最高宗教法官。

> 切塊、骨頭被碾碎、眼睛被摘下。然後我們被插在肉籤上烘烤，遭受我們不知該如何形容的可怕折磨……儘管行徑殘暴，但亞當的孩子們卻宣稱這是他們不可侵犯的權利，說他們是我們的主人，而我們是他們的奴隸……但除了蠻橫暴力之外，他們沒有提出任何證據或解釋。[78]

十一世紀一位奉行素食主義的穆斯林哲學家麥阿里（Abû-l’Ala Al-Ma’arri）曾表示：「日後面對真主的審判，如果我最大的罪名只有拒絕肉食，那麼我將會心滿意足。」[79]

十六世紀，印度蒙兀兒帝國偉大的穆斯林君主阿克巴（Akbar）非常景仰耆那教及其非暴力教義，於是下達多道皇室敕令，禁止屠宰動物和捕魚，並鼓勵子民每年至少六個月不進食肉類。

如今，該是穆斯林和猶太教當局挺身而出，改革清真和猶太教屠宰制度的時候了，免得屠宰場不斷上演殘酷的殺戮過程。總之，唯一阻礙改革的，就是經濟上的理由，因為比起同時設置兩條生產線——一條符合清真規範，另一條則是正常（如果屠宰場裡發生的情況可以視為「正常」）——單一的屠宰線當然更省成本。

根據二〇一一年一份交給法國農業部的報告指出：「儘管清真或猶太潔食肉品的需求約占屠宰總量的一〇%，不過據估計，遭到儀式性屠宰的牛和羊比例，卻分別高達總屠宰量的四〇%和六〇%；本來應該只是少數例外，如今卻很普遍。」[80]但是，法國境內並非所有的猶太人都吃猶太潔食，也不是所有的穆斯林都食用清真肉品。因此，動物未經電擊就遭到割喉宰殺的比例如此之高，的確令人震驚。

如果屠宰場具備先進設備和熟練人員，在遵守動物保護規範的狀況下，一小時可以屠宰六十五頭牛。牛隻被帶進屠宰場後，電擊致昏、清除內臟、懸吊並放血。但如果採用儀式性的屠宰方式，因為沒有將動物先電擊致昏，必須將牛隻固定後在其意識清醒下予以宰殺。根據歐盟執委會的數據，被宰殺的牲口需要超過兩分鐘才會失去知覺，然後再清除內臟、懸吊起來。如果按照規定來，宰殺一頭牛大約要花三分鐘，也就是每小時大約可以宰殺二十頭牛。但是大多數屠宰場負責人必須將速度維持在每小時屠宰三十到四十頭牲口，才符合經濟效益。因此，他們必須加快速度，無法等動物完全死去，就先懸吊和切割；於是動物保護規定就這樣一再遭到踐踏。根據法國動物屠宰援助機構（OABA）的調查，只有五％的屠宰場按規定行事，半數有輕微違規的紀錄，而超過三分之一有重大違規。曾任OABA督察員長達十五年的尚路克．鐸柏（Jean-Luc Daub），以及管理該機構達七年的弗雷德里克．弗洛因德（Frédéric Freund）都證實了確有此事。

透過適當的人員培訓，的確可以改善這些情況。二〇一三年一月生效的歐盟法規已經將培訓制度化，此後歐洲所有屠宰場的操作員，都必須接受相同的理論和實務訓練。根據弗洛因德的看法，屠宰場所面臨的多數問題將因此逐漸減少，而符合法規標準的屠宰比例，將會從五％增加到二〇％。儘管如此，大多數屠宰場仍舊積習難改，主要原因是缺乏配合意願。事實上，當屠宰場有經費改善設施時，他們寧可將這些資源用於改善衛生條件，但主要是顧及消費者而不是動物處境（例如採用更好的屠宰方式或固定隔間，換掉不夠靈光的電擊鉗）。

由於缺乏系統性的觀察，我們很難確定在切割屠體時仍有意識的動物占了多少比例，但是在沒有昏迷的情況下，慘遭割喉和切割的動物，感受到的痛苦肯定難以名狀。

鐸柏和弗洛因德也證實，政府督查人員從來不會在一大清早進行突擊檢查[81]。然而，屠宰場恰好就是在凌晨四點半到上午八點之間，進行當天所謂的儀式性屠宰。於是當督察的獸醫在上午八點之後來察看時，屠宰已經進行到後端比較沒有問題的一般流程了。

你所殺動物的鮮血，在你腳下匯聚成一片血沼

關於人與動物的關係，探討西方文化觀點的著作很多；相較之下，就比較少書籍探討東方文化中截然不同的觀點，特別是印度教、耆那教和佛教。

印度是目前全世界素食最普遍的國家。要注意的是，印度的素食不能吃蛋，但是可以吃乳製品。據估計，素食者占印度人口的三五％，相當於四億五千萬人。近年來，印度還針對以純素成分製作的食品，建立了一套方便識別的標識系統。

印度教涵蓋各式各樣的信仰運動，對素食主義各有不同的見解。印度文明開端的吠陀時期（約西元前一五〇〇～前五〇〇年）並不崇尚素食，反而在吠陀信仰中規定要以動物進行血腥的獻祭儀

式。不殺生的觀念，以及隨之必然出現的素食主義，似乎是在佛教、耆那教以及印度教《奧義書》的共同推動下，於西元前七至六世紀才出現，從根本上挑戰當時仍在採行的動物獻祭。從該時期的一些印度教文本中，可以發現以下經文：

你所殺害之動物的鮮血，
在你腳下匯聚成一片血沼。
如果這種方式能幫助我們飛升至更高境界，
那什麼行為才該被打入地獄？

同樣的，成書於西元前三世紀到五世紀之間的史詩《摩訶婆羅多》（*Mahābhārata*）宣稱：

動物的肉就像我們親生孩子的肉……這些純真而健康的生物，是基於對生命的愛而被創造出來的，這點還需要我強調嗎？但現在呢？屠宰坊裡的可悲罪人卻想殺害牠們。正因為如此，哦，堅戰陛下，要知道，拒絕吃肉才能抵達天國和幸福的至高聖堂。不殺生是所有原則之首，也是所有懺悔之首，同時還是所有仁慈表現中，至高無上的真理。[82]

將近西元一世紀時，著名的《摩奴法典》（*Manu-dharma-shastra*）對於食用肉類採取一種矛盾、複雜的態度。這部法典中的規則，似乎不斷在食用肉類和無條件茹素之間來回擺盪。肉類（包括乳牛的肉）如果是來自儀式上獻祭的牲口，則可供最高兩階的潔淨種姓食用。除此以外，今生加諸動物的苦難，來世將得到相同報應：「今生我所食用的動物，將在來世吃下我的肉身。」[83]但是，另一方面，這部法典中又譴責吃肉，呼籲眾人憐憫動物的痛苦：「要得到肉，就必須殺害具有生命氣息的生靈；殺死這些生靈，將讓你墮入地獄。所以要避免吃肉。凡是仔細觀察過肉的來源，留意生靈遭到捆綁和宰殺方式的人，都應當放棄食用一切肉類。」[84]幾百年來，高級種姓都加強教導這些法則：時至今日，婆羅門階級（尤其是擔任祭司者）都嚴守素食主義。

到了大約西元二世紀，彙整種種性靈和道德法則的《瑜伽經》將素食主義奉為基本規範（主要是潔淨的種姓階級），因而更強化尊重所有生命形式的觀念。此外，印度南部一位西元一或二世紀的織布工哲學家、屬於濕婆派主流的提魯瓦魯瓦（Thiruvalluvar），曾在其著作《古臘箴言》（*Tirukkural*）中寫道：「那些食用動物肉體來滋養自己肉身的人，怎麼可能實踐真正的慈悲呢？」[85]

毗濕奴派也堅持嚴格茹素，尤其是信奉毗濕奴化身黑天為主的流派。濕婆派的眾多分支則對於素食主義各有不同看法，並自行劃定吃肉或不吃肉的飲食規範。

在印度教中，生活在拉賈斯坦邦（Rajasthan）沙漠地區的比什諾伊派（les Bishnoïs）社群，對動物最慈悲，也最尊重所有的生命形式（無論動植物）。這個社群約有六十到八十萬人，由印度教智者詹畢什瓦．巴關（Jambeshwar Bhagavan）於十五世紀建立。他教導二十九條信念（bishnoi，印地語的意思是「二十九」），其中包括早晚靜坐、寬恕和同情。比什諾伊派信徒非常照顧動物，會為年老和生病的動物建造收容所。在地方節慶期間，會刻意不在夜裡點火，以免昆蟲受到火光吸引而撲火自焚。此外，他們也避免砍伐樹木。在十六世紀時，有數百名比什諾伊信徒試圖阻止強大的久德浦爾（Jodhpur）大君伐木，並在這場領先時代的環保抗爭中付出性命。瞪羚和羚羊受到村民保護，免於遭受原住民獵人的攻擊。他們餵養、庇護這些動物，讓牠們可以無憂無慮的在村裡行走。穀物收穫的一成用於餵養動物，且不會以任何方式剝削動物[86]。

二十世紀上半葉，以非暴力原則爭取印度獨立的聖雄甘地，為素食主義提供了新的契機。他一再堅持素食主義與非暴力之間的關係，兩種態度都必然會獲致利他的結果。「我永遠不會同意為了人類的身體，而犧牲一隻羔羊的生命。」他表示，並補充說：「我認為越是弱勢的生命，就越有權利受人保護，遠離人類的殘暴。」[87]

避免昆蟲撲火自焚，只能在日出的四十五分鐘後點燃爐火

在所有主要宗教中，只有耆那教始終嚴格規定吃素，而且對動物嚴守非暴力原則。耆那教創建於西元前六世紀至前五世紀，在古印度時期廣為流傳，至今仍擁有約五百萬名信徒，經常對印度社

會發揮巨大的影響力。

耆那教徒根據非暴力（即不殺生）原則，不准以動物獻祭，也禁止動物競技活動、狩獵、捕魚，以及食用肉類。他們建造許多動物收容所，並在德里開設一家鳥類慈善醫院[88]，可收容多達六千隻禽鳥。這家醫院的所有工作人員都是義工，醫師們穿著潔淨的白袍，忙著治療一隻患有肺炎的老公雞，或幫另一隻切除癌症腫瘤，或協助一隻鳶或鴿子的骨折癒合。如果無法治癒並予以放生的話，醫院會照顧到這些禽鳥死去為止。

耆那教徒把這種態度推到極致，甚至行走時都留意不踩到昆蟲或爬行動物，視之為本分。他們的僧侶會以布口罩蒙住嘴巴，避免呼吸間吞下剛好飛過的昆蟲；同理，他們也會過濾飲水，甚至不吃生長於地下、有長條根莖的蔬菜（馬鈴薯、胡蘿蔔等），只因為害怕會傷害到地底下的生物（蚯蚓或其他昆蟲）。

在保守的耆那教家庭裡，每天晨間煮早餐的爐火，只能等日出四十五分鐘後再點燃，以避免昆蟲撲火自焚；同理，在日落之前的四十五分鐘，就必須停止煮食。

我們必須像對待自己一樣，保護他人免於受苦

根據佛教的教義，所有生命都具有「佛性」，即使看似沒有智能的生命也潛藏著佛性，動物就

是如此。人類的特性，就在於有能力充分發揮自己的佛性。這種巨大的優勢，的確使得人類具有寶貴價值。有了這樣的理解之後，佛教徒更不可蔑視其他的生命形式，而是應該更慈悲的看待那些比自己愚昧的生命，並努力撫慰其痛苦。因此，以佛教徒的觀點，是絕不可以利用人類的智慧去剝削其他生命。

在記載兩千五百年前釋迦牟尼佛講道的《楞伽經》中，我們可以讀到：

> 切虛空地中眾生，見食肉者皆生驚怖……當知食肉眾生大怨，是故菩薩修行慈悲，為攝眾生不應食彼。[89]

佛教徒出家後，必須謹守五戒，不殺生就是五戒之一。而不殺生的對象，顯然也包括動物在內。我們可以據此推測，佛教拒斥一神論宗教的主張，並不認為人類誕生是為了高居萬物之上，而其他生物的存在都是為了滿足人類口腹和娛樂等需求。佛教認為，一切眾生都有生存和不受苦的基本權利[90]。

西元七到八世紀的印度佛教大師寂天（Shantideva），在一段著名經文中歸結此一思想：「既然我們都想追求幸福，我有何特權可獨以獲幸福？既然我們都害怕痛苦，我有何特權可以獨獲保護，而排除其他人？」[91]對此，達賴喇嘛評論如下：

我們必須像對待自己一樣，保護他人免於受苦，並關心他們的福祉，就如同我們在乎自己的福祉。當我們保護自己的身體時，會將之視為單一的整體，保護身體的所有部分。同樣的，眾生也構成了一個整體，擁有相同的痛苦和喜悅，因此這一整體的所有部分，都須以同樣方式加以對待。[92]

如何定義「有感知的生命」？

所謂「有感知的」生命，指的是有知覺的生物，可以分辨幸福與痛苦，也可以從幾種不同的對待方式中，分辨出哪些對自己的生存有利，哪些又是有害的。同時，這些生物能夠因而做出適當的反應，也就是說，會逃避或遠離那些阻礙其生存的情況，尋求有利其生存的環境。例如在藏傳佛教中，就以「*'gro ba*」這個詞來代表眾生，其原意為「走動」，意味著「走向」有利於自己的環境，並「遠離」可能傷害自己的環境。

無論是否具有主觀意識，蚯蚓的天性就是求生存，不必具備能形成「痛苦」、「存在」、「有限度」等概念的智力。因此，微小動物對於一種潛在有害刺激做出逃離的本能反應，以及花朵因向光性而面向太陽的純機械式反應，這兩者佛教是明確區分開來的[93]。植物的運動完全由外界支配，自己無法選擇，而且在任何特定時間裡，植物只能有單一的運動方向。植物的新陳代謝反應是立即性的，動物則能夠延緩其發生。

以最原始的生物體來說，這類反應顯然不能反映出一種對「幸福」或「痛苦」的思考過程或主觀體驗，但仍然是一種**連續性**過程的一部分：在此過程中，逐步複雜化會促成神經系統的出現，因而能感知到疼痛，然後有了對疼痛的主觀意識。了解到這種連續性的存在，應該會引導我們明白所有生命的價值，並予以尊重。

慈悲為懷的有情眾生不可吃肉

並不是所有的佛教徒都是素食主義者，而且佛教文本也並未一面倒的譴責肉食。不過某些大乘佛教經文的立場毫不含糊，例如在《楞伽經》就提到，為了不成為恐懼的根源，慈悲為懷的有情眾生不可吃肉。……肉類乃猛獸的食物，不宜食用。……為了買肉而造成殺生的人，與殺害動物者的罪過一樣：

> 若一切人不食肉者，亦無有人殺害眾生，由人食肉，若無可食處處求買，為財利者殺以販賣，為買者殺，是故買者與殺無異。[94]

同樣的，佛陀在《大般涅槃經》中表示，吃肉會摧毀大慈悲：「夫食肉者斷大慈種。」並建議追隨者戒除葷食，要把吃肉想成是吃親生子之肉：「應觀是食如子肉想。」許多藏密上師也譴責食肉之舉[95]。

佛陀去世的一百五十年後，信奉佛教、採納素食的阿育王頒布多道善待動物的諭令。尤其是，他還特地下令在石柱上銘刻文字，囑咐臣民善待動物，並禁止在其領土上以動物獻祭[96]。

中國和越南的佛教徒都嚴守素食主義。西藏人生活在高原上，廣闊的草原僅適合牧養犛牛、山羊、綿羊。直到近年之前，在這種環境下放棄吃肉，意味著只能食用奶油、酸奶（夏季），以及烤過的青稞磨成粉的糌粑[97]。這些條件使得西藏人民（多數以遊牧為生）必須仰賴牲口過活，而大多數的藏人也都嗜肉。

儘管如此，他們很清楚自己的行為違反道德，於是努力彌補，只宰殺僅供生存必需的牲口數量。而流亡到印度或尼泊爾的藏人社區，有越來越多的藏族寺院不允許膳房準備葷食。

對於一般的佛教徒來說，遵守素食主義或純素主義（尤其是在工業化國家），是對動物表達慈悲的一種方式。不同於印度教的素食者，佛教徒不認為肉品本身「不潔」。食用自然死亡的動物，原則上沒有什麼過錯。

此外，許多佛教徒會定期購買待宰動物，然後在自然環境或安全的收容所放生。例如藏族隱士夏布卡（Shabkar，十八世紀至十九世紀）在自傳中提到，他一生挽救過數十萬隻動物的性命。在西藏，性命被人「贖回」的動物，可以和其他牲口一起安心度過餘生。虔誠的佛教徒至今仍經常這麼做。在佛教徒占大多數的不丹，全國上下都禁止狩獵和捕魚。

遠來印度，驚訝不已的歐洲旅人

羅馬時期的詭辯家雅典人菲洛斯特拉德（Philostrate d'Athènes），在他為提亞納的阿波羅尼烏斯（Apollonius de Tyane）所寫的傳記中，描述這位西元一世紀的新畢達哥拉斯學派哲學家，在造訪過巴基斯坦塔克西拉（Taxila）的婆羅門之後，就成為素食的倡導者。他表示：「大地供養人類所需的一切，凡是與天地萬物共存而得喜樂者，便無須索求其他。」而食肉的人，他繼續說道：「對大地之母的呼喊充耳不聞，磨利屠刀對付自己的骨肉。」阿波羅尼烏斯說，這就是「印度婆羅門的教誨」[98]。

另外，西元四至五世紀的隱修士聖哲羅姆（Saint Jérôme）表示，婆羅門的例子值得基督徒追隨。與此同時，海倫波里斯（Helenopolis）教區的主教帕拉迪烏斯（Palladius）虛構婆羅門托缽僧丹達密斯（Dandamis）拒絕亞歷山大大人帝禮物的情節，想像前者回絕說：「大地供養我一切，就像母親餵孩子喝奶。」然後諷刺的補上：「寧可被當成餵養野獸的飼料，也不要讓自己成為其他動物的墳塚。」[99]

英國歷史學家特拉姆．史都華（Tristram Stuart）在其著作《不流血的革命》（*The Bloodless Revolution*）一書中，描述許多歐洲旅行家自十七世紀開始，重新發現了印度文明，並對不殺生的非暴力主張十分著迷。他們驚訝的發現印度竟然有動物醫院和老年動物收容所，這在當時的歐洲是難以想像的。這些旅行家見證了印度社會盛行素食，以及對所有動物慈悲為懷，連最卑微的動物也不例外。傑哈．布斯凱（Gérard Busquet）也在著作《聖牛與癩痢狗》（*Vaches sacrées et chiens maudits*）中提到，歐洲旅人看到鹿、羚羊、鶴、鸛等野生動物在村莊及田野裡安詳漫步，感到驚奇不已。在西方社會，除了家中飼養的禽畜之外，對所有野生動物都是無情的圍捕和消滅，因此這些西方旅人無法理解南亞特有的宗教和文化所孕育出來的這種態度[100]。

有的旅人嘲笑這些習俗，但也有一些人對這種西方完全不了解的道德體系印象深刻。一個如此先進且尊重動物的文明，徹底挑戰了基督教那種人類至上的觀點。這種意料之外的眼界大開，引發了歐洲的良知危機。許多知識分子深受東方道德準則所吸引，多本著作也向普羅大眾推廣這些觀點，當時引發的熱議，也預言了今日有關素食主義及對待動物方式的辯論。

兩場運動，一切生物都是「世界公民」

兩場運動在歐洲出現了。

首先是主張「科學的」素食主義，認為它比葷食更健康。十七世紀的三位偉大哲學家，笛卡兒（本書之前提過，他以最無情的觀點將宰殺動物合理化）、皮埃爾・伽桑狄（Pierre Gassendi）、法蘭西斯・培根（Francis Bacon）都同意，素食是最適合人類的飲食。培根整理出許多歷史上知名的素食者，皆以特別長壽而聞名：猶太教艾賽尼派信徒、斯巴達人、印度教徒，以及許多基督教苦修者。

第二場運動是宣揚對動物的同理心，認為牠們和人類一樣是有感知的生命。英格蘭商人及作家托馬斯・特萊恩（Thomas Tryon）曾驚恐的目睹基督教同鄉成天在巴貝多島的種植園裡鞭打奴隸，後來也成為動物權利的堅定捍衛者。他在一六八三年出版的作品中，透過一位婆羅門和一位法國人之間的虛構對話來宣揚他的理念，獲得熱烈迴響[101]。書中讚揚了婆羅門偉大的道德情操、善良節制，以及對動物生命的尊重，並在結論中表示，對動物缺乏同理心，最終也將對人類缺乏同理心。

特萊恩反對英國政治哲學家霍布斯（Thomas Hobbes），後者宣稱人類之所以有權役使動物，是因為他們有這個力量，也就是「強權即公理」。但特萊恩則提出賦予動物獨立於人類利益之外的生存權，並對英國國會進行遊說，希望能承認「人權，以及世上無人保護、無法自衛的無辜生物的權利」[102]。他還將一切生物都稱為「世界公民」。

《土耳其間諜》（*L'espion turc*）是一套七冊的書信體小說（第一冊在一六八六年以法文出版，作者據傳是喬瓦尼・保羅・馬拉納〔Giovanni Paolo Marana〕），描述一名東方間諜馬哈茂德發現歐洲種種歷史和風俗的經歷[103]。這部大受歡迎的小說，對既有的宗教信仰提出無情而諷刺的控訴，同時也抨擊基督徒如何利用聖經，將他們對動物的「貪婪、殘忍和傲慢」合理化。這部作品也帶動了歐洲素食主義的盛行。

盧梭的作家友人伯納丁．德聖皮埃爾（Bernardin de Saint-Pierre），以及偉大的瑞典博物學家林奈（Carl von Linne）都是堅定的素食主義者。林奈的立場與他的法國同行布豐（Georges-Louis de Buffon）全然相反，後者認為殺害動物是「合法且無惡意」的行為[104]。

我們將眼前散發惡臭的血腥景象，看成是上帝的祝福

同時，大學者牛頓希望將上帝「愛鄰如己」的命令延伸到動物身上。伏爾泰對此也大加讚揚，表示人們在認可動物具有感覺的同時，卻仍讓牠們蒙受痛苦，無疑是自相矛盾[105]。就像之前提到過的，對於那些認為上帝允許人類任意支配動物的人士，伏爾泰講話從不拐彎抹角：

到頭來一切都太清楚了，在屠宰場和廚房裡不斷上演的這場噁心大屠殺，對我們來說似乎並不是罪惡，而且恰好相反，我們將眼前往往散發惡臭的這些血腥景象，看成是上帝的祝福，甚至還有禱詞感謝祂帶來這些死亡。還有比持續用死屍來餵養自己，更令人髮指的行徑嗎？[106]

叔本華曾受到印度和佛教等不同思想的啟發，對動物也懷抱著憐憫之心，並對康德、笛卡兒，以及猶太基督信仰傳統中的人類中心論立場，提出抨擊：

> 人們表示動物沒有權利；我們說服自己說人類對待動物的行為完全無涉道德，或是用這種道德的語言來說，認為我們對動物沒有責任。這種令人反感、粗暴且野蠻的教義，源自於猶太信仰，且為西方所獨有。然而在哲學裡，這樣的說法卻是罔顧證據，建立在人與動物之間具有絕對差異的假設上。[107]

在未發表的〈論素食〉（On the Vegetable System of Diet）一文中，英格蘭偉大詩人雪萊（Percy Bysshe Shelley）表示，為了食用動物的肉而使其受苦，「有損人類社會和平。」[108]在題為〈麥布女王〉（Queen Mab）的詩作中，雪萊想像有一天人類可以「不再殺害與他對視的羔羊，並停止吞噬其肢體的恐怖行徑」[109]。身為領先其時代的環保人士，雪萊還強調：「富人們大啖的肉品，說穿了就是從窮人嘴邊偷來的麥子。」原因是養肥一頭乳牛所需植物營養素的數量，如果用於種植糧食，將能收穫十倍的作物。他認為隨著人口增長，人類終必養成吃素的飲食習慣，才能滿足日益增加的需求。

英格蘭經濟學家馬爾薩斯（Thomas Robert Malthus）也同意雪萊的觀點，認為放棄肉食是明智的做法。一八八一年，劇作家蕭伯納受到雪萊作品的啟發，成為素食主義者；不久之後，俄國大文豪托爾斯泰也跟進。曾為動物權利發聲的許多思想家——伏爾泰、沙夫茨伯里伯爵（Earl of Shaftesbury）、邊沁（Jeremy Bentham）、彌爾（John Stuart Mill）、蕭伯納——也都是熱忱的人權鼓吹者。倫敦經濟學院研究員柯林．塔奇（Colin Tudge）在二〇〇三年進一步引用這些概念，說明如果全世界肉類產量持續攀升，可耕土地將會不敷所需[110]。

人類傲慢的認為，自己是一件偉大作品

在面對各種生命形式的相互關係上，達爾文徹底改變了我們的看法，他巧妙的指出，幾百萬年來的物種演化，顯示出來的不過是物種朝向彼此之間的漸進式轉變。這使得我們的觀點出現了巨大的變化，達爾文闡明了人類和動物之間，遠非人們所想的那麼截然不同：

> 我們已經看到，人類引以為傲的感覺和直覺，還有諸如愛、記憶、專注、好奇、模仿、推理等各式各樣的情緒和能力，也能在低等動物上觀察到雛形，甚至有時已是發展完備的狀態。[111]

達爾文在日記中還寫道：「人類傲慢的認為自己是一件偉大的作品，不愧是神的傑作。但若將

人類看成是從動物基礎上所創造出來的，才是較為謙卑且我認為更接近真實的看法。」[112]這是第一次有人大力主張人與動物之間的區別，僅僅是程度和種類的差異而已，本質上並無不同。達爾文也關注動物的福利和尊嚴，他特別強調：

人道對待低等動物，是人類與生俱來的高尚美德之一，這也是道德觀念發展的最後階段。唯有關心全體有感知的生命，我們的品德才能臻於最高境界。[113]

就像叔本華所說的，十九世紀開始有了保護動物的運動：「歐洲也不例外，隨著每一天過去，動物權利的觀念也逐漸覺醒。」[114]他的結論是：「對動物的同理心，與人性良善密切相關，因而我們可以說，任何對動物殘忍的人，都不可能是個好人。」

到了二十世紀，在六〇年代末和七〇年代，一場新的動物保護運動出現，並一路累積動能，持續至今。這場運動促成了西方社會對動物的態度發生重大轉變。首先是露絲．哈里森（Ruth Harrison）的《動物機器：新工廠化畜牧業》（*Animal Machines: The New Factory Farming Industry*）一書出版，此書繼半世紀前厄普頓．辛克萊（Upton Sinclair）的《魔鬼的叢林》（*The Jungle*）之後，再次描述工業化飼養始終未見改善的惡劣環境。不久之後，「牛津團」（Oxford Group）成立，以心理學家理查．萊德（Richard Ryder）為首，集結了十幾位知識分子和名人。萊德出版了一些反對虐待動物的文章和小冊子，其中在一九七〇年發表的手冊中，他創造了「物種歧視」（speciesism）這個新字，以呼籲世人注意我們對待動物的態度，其實與「種族歧視」（racism）或「性別歧視」（sexism）的心態並無二致。他描述自己「靈光乍現」的發想：

> 一九六〇年代反對種族歧視、性別歧視和階級歧視的種種革命，差一點就要將動物排除在外。我對此十分憂心。當時的倫理學和政治學，根本完全忽略非人類。每個人似乎都只關心要消弭對人類的偏見。難道他們沒有聽說過達爾文嗎？我也討厭種族歧視、性別歧視和階級歧視，但是為什麼要到此為止？身為一名醫院的科學家，我相信有數百種其他動物都像我一樣，受到恐懼、痛苦和煩惱所煎熬。我們必須做點事。我們有必要在人類的命運和其他物種的命運之間，建立休戚與共的觀念。一九七〇年的某天，我在牛津附近的桑寧威爾老宅裡泡澡，腦海裡突然浮現出一個新詞：「物種歧視！」我很快寫出一本小冊子，然後在牛津當地發放傳閱。[115]

一開始，沒有人注意到這本小冊子，直到有一天牛津大學的學生彼得・辛格（Peter Singer）聯繫理查・萊德，提出「動物解放」（animal liberation）的概念。一九七五年，他將此一概念出版成書，獲得全球迴響，而書名《動物解放》也成為這場運動之名[116]。來自各界的聲音充實了論辯的內涵，尤其是動物權利的首要理論家湯姆・雷根（Tom Regan），以及靈長類動物學家珍・古德和法蘭斯・德瓦爾（Frans de Waal），他們更進一步說明動物能夠感受非常複雜且多樣化的情緒，包括同情在內。另外，美國作家強納森・薩法蘭・弗耳（Jonathan Safran Foer）也是其中的一分子。

環境與動物保護的非政府組織興起

二十世紀末的重要現象之一，就是各種非政府組織相繼出現，在環境、發展、人道救援、人權及動物權等領域，積極參與社會和政治生活。國際綠色和平組織的創始人之一雷米・帕蒙提耶（Rémi Parmentier）表示[117]：「在保護動物的非政府組織中，必須區分在大多數情況下彼此立場一致、但有時又相互衝突的兩個派別：一個派別的使命，是在環保的考量下保護生物多樣性（綠色和平組織、世界自然基金會〔WWF〕、環境調查協會〔EIA〕[118]、樂施會〔Oxfam〕等等）；另一個派別的任務，則是保護動物生存的既有樣貌（國際愛護動物基金會〔IFAW〕、海洋守護者協會〔Sea Shepherd〕是其中兩個具代表性的例子）。歸根究柢，無論其訴求是要保護與人類共存的動物，還是保護維繫地球眾生的生態系統，兩種派別都以各自的方式，呼籲我們對人類本位主義的既有信念提出質疑。」

在法國，動物保護協會（SPA）成立於一八四五年，隨後是鳥類保護聯盟（LPO）和野生動物保護協會（ASPAS）。反對虐待動物——尤其是反對集約化飼養、狩獵、使用動物作為實驗或娛樂對象——的非政府組織，則有善待動物組織（PETA）、碧姬・芭杜基金會、三千萬朋友基金會、一種聲音（One Voice）、L214、反鬥牛聯盟等等。

仁慈、無私之愛、同理心等特質，都無法與不公不義共存。限縮利他主義的涵蓋範圍，不但會影響利他的數量，也會影響品質。如果利他主義只應用於某些生物（例如人類自己），結果只會削弱其效果。

的確，我們還有很多工作要做，但不可否認的，西方世界已經日漸意識到，我們不能一面聲稱自己贊同良善、毫不偏袒的道德價值，同時又將地球上大多數有感知的生命排除在道德範圍之外。

第2章

眼不見，心不煩

一切似乎都很甜美，但，這是真的嗎？

我們可能還要花很多時間、精力、資源，才能終止人類對同類的各種暴力、虐待和歧視。不過到了今天，這類惡行已經越來越遭到唾棄，比起以往更讓人難以接受。

至於在動物受虐方面，大部分仍遭到世人的忽視、默許，甚至贊同。為什麼？因為絕大部分的虐待都發生在工業化飼養場和屠宰場裡面，一般人根本看不到。而且食品工業實施某種心照不宣的嚴密審查制度，以確保不會有任何令人驚駭的畫面流出那些凌虐的圍欄。

今天在富裕國家，我們看到的動物並不是我們食用的動物。美國的一項研究發現，大部分居住在城市地區的五歲兒童並不知道他們吃的肉是哪裡來的。對於「你會吃動物嗎？」這個問題，大多數的小孩都大聲回答「不會！」彷彿吃動物的這個念頭令他們很震驚[1]。事實上，兒童幾乎天生就對動物有同情心，而且對身邊的動物非常關愛。

就像哲學家弗洛朗絲・博蓋（Florence Burgat）所強調的，重點是要認清「我們面對的不同意見：有些人認定有必要去殺死、了斷一條生命，還很想繼續這樣殺下去；然而在生產線終端享受『成品』的人，卻無法或不願贊同這個主張」[2]。

托爾斯泰一家人都厲行吃素，他女兒曾說起一位葷食的姨媽受邀來家中吃午餐，事先就表明了她非吃肉不可。等到要上餐桌時，她發現自己的椅子上綁著一隻活雞，餐盤旁則擺了一把鋒利的刀子[3]！事實證明，人類多半都不願意殺害彼此[4]，但是殺死動物也同樣令人不安。消費者若是回想起動物生前的模樣，以及被送上餐桌前所經歷的各種折磨，就有可能會產生排斥感。而為了避免這樣的狀況，動物的肉都是包裝成無害的工業製產品，這樣消費者看到食物時，情感上就不會聯想到失去生命的動物。劇作家保羅・克羅岱爾（Paul Claudel）早在一九四七年就注意到這個現象：

> 我年輕時，街上到處都是馬和禽鳥，如今都消失了。大城市居民看到的動物，都只是肉鋪裡賣給他們的死肉。……現在，一頭牛就等於是一間活體實驗室……喜歡到處閒逛的母雞被關在籠子裡，用科學的方式強制餵食，下蛋的行為成了數學公式。……現在，動物只是有用的機器，也是儲存肉品的活倉庫……[5]

許多孩子是在父母的堅持下，才開始習慣吃肉。再加上食品業努力對一般大眾隱瞞現代農場的本質，使得真相被藏在一道不透明的屏障後頭。在描繪農場動物的圖畫書和動畫裡，牠們愉快的嬉戲，在寬闊的地方溫柔的照顧自己的孩子，一切似乎都很甜美。

眼不見、口不說，還要把問題藏起來

除了極少數例外（例如德法公視Arte播出的紀錄片《告別牛排》〔*No Steak*〕）[6]，電視台從來不會播出工業化飼養的日常實況。一些經歷百般阻撓才拍攝完成的優秀紀錄片，例如《地球上的生靈》（*Earthlings*）、《食品帝國》（*Food Inc.*）和《溫柔的愛我》（*LoveMEATender*）[7]，都從未在公共頻道上播放。每一次《地球上的生靈》導演尚恩・曼森（Shaun Monson）聯繫電視台，希望播放這部作品時，得到的回答都是：影片畫面可能會令兒童和敏感觀眾感到不舒服。二〇〇九年，世界最大的善待動物組織ＰＥＴＡ已經準備好，要付給美國ＮＢＣ電視台兩百萬美元，在感恩節當天晚上播出一支其實相當無害的廣告。畫面呈現一家人正準備食用傳統的火雞，父親要小女兒負責飯前禱告，於是小女兒說出了火雞被宰殺前所遭受的種種殘忍對待。畫面從頭到尾都只有用餐的一家人，但電視台仍然拒絕播出這支廣告[8]。

這並不是因為媒體和電視台擔心畫面可能令敏感觀眾心靈受創。其實媒體一直持續在播出戰爭、攻擊和天然災害的畫面，除了提供必要訊息之外，在某些情況下，也是希望喚起我們的同情心，鼓勵大家向受害者伸出援手。還有恐怖電影，兒童當然不宜觀賞，但它們卻在電視上經年播放，安排節目的人員似乎對此毫不介意。

在富裕國家，除了鄉下那些接觸大自然的小型飼養主、獵人和漁民之外，肉類來源動物所受到的對待一概都被小心隱瞞起來，一切作為都是為了不讓消費者知情。食品產業利用我們喜歡吃肉、想吃更多以及越便宜越好的事實，在供給與需求的交互影響下，確保整個產業擁有豐厚的利潤。

這些廠商聲稱他們對自己的所作所為無愧於心。但如果他們真的心安理得，又何必這麼努力遮掩？其實他們非常清楚，消費者一旦目擊大規模飼養場和屠宰場的真實情況後，需求就會急劇下降。所以也難怪，這些企業的管理人員都很有計畫的拒絕記者和其他人士拜訪，並確保其廠區像軍營一樣戒備森嚴。

為了報導，這些記者別無他法，只好使用隱藏式攝影機，這表示他們會因播出未經授權的畫面而挨告。例如法國的動物保護團體 L214 協會，就因此吃上很多官司。也因此，無論是動物被關在獸欄或籠子中，還是整個屠宰流程的畫面，都無法在法國播出。如果屠宰業不想讓一般大眾知道他們違反動物福利規章的種種行為，那他們就一定能如願。

正如動保人士艾默里克．卡隆（Aymeric Caron）所說：「有人看過學校的戶外教學安排去參觀屠宰場嗎？從來沒有。為什麼？這種迫使我們對孩子沉默以對、閉口不談人類如何虐待動物的羞恥心，究竟來自哪裡？對兒童的純真眼睛來說，宰殺、電擊、掏空內臟的畫面，是否太過噁心？答案是肯定的。」[9]肉品業者還會費心安排所謂的「參觀日」，聯合六、七家屠宰場在週六下午開放民眾參觀，而且可想而知，他們事前會徹底打掃過。但所謂的參觀，只不過是去停工時的場地，在動物缺席的情況下，展示廠房和屠宰線。

簡而言之，我們很少想到這些問題，是因為我們一直沒有機會了解情況有多嚴重。對此，哲學家伊莉莎白・德封特內（Elisabeth de Fontenay）表示：

> 我們對這類常態和日常殘酷的根本性失憶，有一個非常簡單的名稱：漠視。我們並非嗜血或虐待狂，只是冷漠、被動、厭倦、漠不關心、毫不在乎、自我保護、間接幫兇、滿口仁義道德。我們成了如今這樣的面貌，是一神論文化、科學技術、經濟需求無情勾結的結果。這裡再次強調，雖然我們不知道他人替我們所做的安排，也未獲告知，但這完全只是藉口。對於總是一再聲稱自己天生具有良知、記憶、想像力和責任心的我們來說，不知情反倒是罪加一等的墮落。[10]

以動物實驗為例，這類機構的安排設計，就是要防止一般大眾看到動物活著進去、死著出來。彼得・辛格的報導指出，美國有一份關於動物實驗的操作指南，建議實驗室安裝焚化爐，因為目睹數十隻動物屍體像一般垃圾一樣被丟棄，「肯定不會為研究中心的形象加分。」[11]

虛假廣告：充滿詩意的田園，過著快樂生活的豬羊牛雞……

一如喬瑟琳．波爾謝所指出的，與禽畜飼養相關的大企業，根本沒資格被稱為「農場」[12]，他們不只是掩蓋業內真相而已，還推出誤導民眾的廣告宣傳。肯德基在他們賞心悅目的廣告中，聲稱自己「關心雞的福利和人道待遇」，同時「合作的供應商必須遵守品牌所建立的嚴苛標準，並認同我們維護動物福利的主張」。令人難過的是，這些都是騙人的花言巧語。根據強納森．薩法蘭．弗耳的調查報導，肯德基的兩大供應商、同時也是全球規模最大的禽類肉品公司（每年宰殺將近五十億隻動物）泰森食品（Tyson Foods）和朝聖者的驕傲（Pilgrim's Pride），其內部員工會將活雞的頭擰斷，朝雞的眼睛啐菸草汁，用噴漆把雞頭染色，暴力的踩踏雞隻，抓起雞朝牆上扔，扯掉牠們的嘴喙[13]。很不幸的是，這些失控行為比一般想像的更常見。

美國另外一家大型雞肉公司法蘭克．普度（Frank Perdue），推出許多充滿田園詩意的廣告，聲稱他們「農場」裡的家禽備受呵護，「過著非常快樂的生活」[14]。著名動物保育人士亨利．史匹拉（Henry Spira）曾在《紐約時報》以全版篇幅揭露，該公司的雞舍長度僅一百四十公尺，卻要容納二十七萬隻雞。其大量生產的體系，每星期就要宰殺六百八十萬隻雞[15]。

哲學家尚弗朗索瓦．諾德曼（Jean-François Nordmann）曾提到一家諾布列（Noblet）熟食店的廣告看板，上頭描繪一名小女孩安慰一隻胖豬：「不要哭，胖胖豬，你要去的地方是諾布列喔！」[16]

動物畫家蘇．寇（Sue Coe）則描述洛杉磯規模最大的肉類和毛皮加工廠——約翰氏屠宰場與肉類包裝廠（John's Slaughterhouse & Meat Packing Plant）——廠內牆上畫滿了田園詩般的鄉村風景，裡頭有幸福的豬和牛群蹦跳著。在點綴鬆軟白雲的藍天下，是一片綠油油的場景，裡頭有玩耍的孩童、友善的狗、一處擁有美麗紅色穀倉的農場、開滿花的樹上棲滿鳥兒，還有在綠色牧場上嬉戲的動物。就連廠房的窗戶上，都畫滿了這樣的景色，因此完全看不到屠宰場內部。

是什麼讓知名乳酪品牌「微笑乳牛」（la vache qui rit）上的那隻乳牛笑得那麼開心？是因為還來不及用母乳餵養自己的孩子，小牛就立刻被抓走並宰殺？還是因為在狹窄的獸欄裡困居數年之後，牠總算可以「除役」，同樣要走向死亡？

其實在這些大型廠房內，蘇．寇寫道：

> 就算天空是藍的，但誰看得到？裡頭一根草也沒有，令人窒息的高溫散發出肉的臭味。……豬完全不像壁畫所描繪的那樣欣喜若狂。可惜啊，「農場主人」約翰沒能提供一些音效，來掩蓋淒厲的叫聲……
>
> 成群的豬在難以形容的驚逃中被拖行，留下那些無法再行走或已經死亡的同伴。有的豬口鼻滴下血，有的豬則是脊骨斷裂。有時牠們被遺棄在高溫中好幾天，沒有飲水，直到死亡或被拖進屠宰場為止……整個過程都被隱藏了。動物的肉如今和氣泡飲料、廁所馬桶清潔劑、切片麵包

一樣，成為一種消費品。

弗洛朗絲・博蓋還提及另一個品牌，它「使用山羊和小羔羊的照片推廣乳酪，照片一旁還有關於母子情深的評註。事實上，該品牌的乳酪來自工業化飼養的牲口。經過人工授精的母山羊會不斷生產，以盡可能提供最多的奶水。然後（這是過程中最惡毒且不道德的地方），廠方會將牠們產下的羔羊帶走，有時是剛出生，有時是在出生的幾週後，以一歐元的賤價出售給肉販，將體型仍小的羔羊塞入雞籠裡運送」[17]。

屠宰場的牆壁不是玻璃牆，何況有誰會想要看？早在一百多年前，美國作家愛默生（Ralph Waldo Emerson）就說過：「你剛吃過晚飯，就算屠宰場隱身在遙遠的幾公里之外，你也仍是共犯。」

認知失調：為什麼我們愛狗疼貓，卻吃著豬肉、穿著牛皮？

有時，我們照料飼養的家畜，將牠們看作是自己的孩子；有時，我們會為了娛樂而獵殺牠們；還有時，我們會為了愛漂亮而穿上牠們的毛皮。我們若無其事的轉換各種態度，好像這只是些無足輕重的選擇，但對動物來說，這可是生死交關的問題。美國社會心理學家梅樂妮・喬伊（Melanie Joy）透過著作《盲目的肉食主義：我們愛狗卻吃豬、穿牛皮？》（*Why We Love Dogs, Eat Pigs, and*

Wear Cows），呼籲大家花些時間加以反思[18]：

想像一下以下情景：你獲邀參加一場優雅的晚宴，和其他賓客圍著一張精心擺設的餐桌而坐。室內溫暖，燭光閃現在水晶玻璃杯上，席間談笑風生。廚房裡傳來食物的誘人香氣，你整天都沒有吃東西，肚子快餓扁了。彷彿等了好幾個小時，女主人終於從廚房裡端出一鍋熱騰騰的美味燉肉。肉、調味品以及蔬菜的香氣瀰漫室內。你舀了很大一份，在吃了好幾口軟嫩的燉肉之後，向女主人問起這道燉肉的做法。

「我很樂意跟你分享，」她回答說，「首先準備兩公斤半的黃金獵犬肉，充分醃過，然後……」**黃金獵犬？**你當場愣住，立刻停止咀嚼，同時會意到對方剛才所說的意思；你嘴裡的肉是**狗肉**。

那現在呢？繼續吃？還是因為得知盤裡是黃金獵犬的肉塊，剛吃下幾塊肉的你感到噁心？你會把肉挑掉，只吃佐餐的蔬菜嗎？如果你和大多數美國人一樣，一知道自己剛剛吃的是狗肉，你的感受會自動從愉悅轉變為某種程度的噁心。

多數西方人都很愛自己的狗，幾乎視之為家庭成員，但在某些亞洲文化中卻非如此。亞洲人不僅吃狗，還用最殘酷的手段對待牠們。尤其是在中國、越南和柬埔寨，每年都有數百萬隻貓狗被宰來吃。根據中國民間的說法，如果在殺狗之前先折磨牠一番，狗肉會因此更美味。所以在宰殺切塊或活活浸入沸水燙死之前，往往會先把狗的後腿吊起來痛打。有時還會活剝狗皮，由上而下剝除，就像脫衣服一樣。法國動保團體 One Voice 的調查人員表示，他們曾在一家餐館裡看到有人用木棍打狗，狗兒蜷縮呻吟，直到失去知覺。接著，餐廳員工將牠移到人行道上放血，狗血流到狗籠下方，籠內擠滿了等著被宰的恐懼犬隻[19]。雖然如今有越來越多的中國人譴責這些殘忍行徑，但不少地區還是有吃狗肉的習慣。

根據心理學家亞伯特・班度拉（Albert Bandura）的說法，人類選擇性啟用或停用道德標準的能力，有助於解釋為什麼有些人可以時而殘忍，時而有同理心[20]。這種停用機制有幾種方式可以執行，其影響也會逐漸累積，直到當事人將不道德的行為視為實現高尚目標的手段，並無視其行徑所造成的痛苦。伴隨這種認知失調而來的，還有對其行為所引發的痛苦漸漸麻木不仁。

哲學家馬丁・吉伯爾（Martin Gibert）得出以下結論：「令人驚訝且頗為沮喪的是，歸根結柢，我們都同意動物倫理的問題確實存在，但是沒有人質疑飼養場和屠宰場有多麼殘忍。沒有人會因為培根很美味，就深信虐待並殺害像豬這樣有感知、有智慧的社會性生物在道德上站得住腳。如果再納入環保方面的考量，那麼我們每個人就應該要吃純素，或最起碼要推動純素主義。因此問題在於：為什麼結果不是如此呢？」[21]

語言瑣碎化：我們用繽紛的辭藻掩蓋人類的暴行

工業化飼養系統所謂的「照顧仔豬」，實際上是指在沒有麻醉的情況下剪掉仔豬的尾巴，因為仔豬不會感到「疼痛」，只會產生「傷害感受」（nociception）。想像一下，有人要切下你的小指頭，同時提醒說：「別擔心，這只會引發傷害感受而已。」曾獲得諾貝爾生醫獎的英國學者薛林頓（Charles Scott Sherrington）在一九〇六年創造的術語「傷害感受」，是指有可能威脅生物體的有害刺激（包括力學、化學或冷熱刺激）所引發的迴避本能，同時也指這些刺激所引發的純生理反應。相反的，「疼痛」則是指傷害感受伴隨著一種由認知和情感因素所支配的感覺。不過，伊莉莎白・德封特內對此表示：

> 不幸的是，法國這方面的問題是由國家農業技術研究院（INRA）出面主導大部分的研究工作，目的在降低飼養和屠宰技術造成的疼痛。直到最近，這所農技研究中心的研究員仍拒絕承認動物會疼痛，堅稱牠們只會有傷害感受。我們千萬不能仰賴畜牧學家單方面去解決這些問題。來自許多不同物種的個體，有其主觀性的環境與世界，而且有時會與我們的主觀世界相互衝突。[22]

在「合理化飼養」的原則下，會淘汰掉生產力欠佳的牲畜（有時還極為殘忍），例如增肥速度不夠快的豬隻，就以所謂的「技術性屠宰」[23]處理掉。若是直白說出這些事，可能會傷害消費者的感情，毀掉企業的良好聲譽。至於母雞，在每年產下三百顆蛋之後，下蛋速度就會開始放慢而被迫「除役」，但這個過程遠遠不如軍人待遇那麼好，因為牠們會被加工成為雞湯塊、義大利餃子，或貓狗的肉罐頭——這些老母雞的品質往往很糟糕，沒資格成為「法式燉雞盅」的食材。

我們總是用冷冰冰的術語去描述動物的情緒和反應。根據彼得・辛格的說法，這些詞彙可以幫助理科學生（他們不是虐待狂）持續進行實驗，不會對所利用的動物產生同情心。所謂的「滅絕」技術，是指電擊或長時間剝奪動物的飲食；而「負面刺激」則是指強迫動物盡其所能的逃避造成痛苦的情況[24]。另外，用於研究的動物，有時被稱為「用於研究的標準化生物工具」（引用一位獸醫的說法）。這一類的詞彙顯然改變不了動物的本質——牠們是有感知的生命。誠如英國哲學家瑪麗・米吉里（Mary Midgley）所言：「鳥兒絕對不是機器而已，牠根本就不是機器。因為沒有人將牠製造出來。」[25]

作家瓊安・當內爾（Joan Dunayer）解釋，在英語中，提及動物的正確語法形式（除了寵物之外）並不是「他」或「她」，而是中性的代名詞「它」（it），指的是物品。在法語中，我們會問漁夫或獵人：「你有抓到什麼東西嗎？」但從來不會說：「你抓到了誰嗎？」這種普遍用法，說明我們對非人類生物的看法有多麼狹隘。如果餐廳經理問你：「您覺得這個人的肉滋味如何？」你一定當場就沒了胃口[26]。

神經科學家、哲學家喬治・夏普杰（Georges Chapouthier）留意到，為了掩飾現實，人們使用了大量的中性詞彙，企圖掩飾一個可能令人不快的想法：說穿了，人類就是在食用屍體。送上餐桌的東西被好心的喚作「菲力」、「腱子心」、「沙朗」，好讓買家或消費者忘記自己所食用的「主菜」是一塊肉。「這種掩飾有時可能是象徵性的，」夏普杰寫道：「例如攜犬打獵或鬥牛比賽這類野蠻競技就是如此。過程中繽紛、喧囂的場面，使得人類對動物的折磨消失不見，只讓人看到一場象徵性的對抗：一邊是聰明、美麗的高等生物（人類），另一邊則是卑鄙、邪惡的低等生物（動物）。這裡，象徵性的觀點再次試圖讓人們忘掉真相，並加以掩飾。」[27]

我們吃的不是屍體，而是「屠宰肉」；我們不是「殺害」用於科學研究的動物，而是「清理實驗室耗材」。我們把動物稱為「野獸」、「家禽家畜」或「畜生」。當一個人行為粗暴無禮時，他成為「禽獸」；當他和善時，就是有「人性」。夏普杰對此做出結論：「我們用繽紛的辭藻，掩蓋了人類的暴行。」

如同美國哲學家布萊恩・路克（Brian Luke）所指出的：「我們花了大量社會精力去防堵、摧毀及克制自己對動物的同理心，好讓活體解剖、飼養和打獵得以持續下去。」[28]肉品企業的高層和消費者也同樣使盡全力，去掩蓋他們將活物加工為商品的過程是如此不堪的事實。

難道轉頭不看，就可以接受嗎？當我們討論動物議題和對待牠們的方式時，劇作家尚克里斯多夫．巴伊（Jean-Christophe Bailly）在《動物面》（*Le versant animal*）一書中曾指出，我們的表述「不僅沒有說服力，反而引起了某種尷尬，有點像是我們粗心大意越了界，掉進某個不合時宜或甚至是傷風敗俗的處境」[29]。誠實而勇敢的面對這種尷尬，同時喚起每個人潛在的人性，不是更好嗎？

孩子口中的真相：媽媽，我只想吃馬鈴薯和米飯

路易茲．安東尼奧（Luiz Antonio）是一位三歲的巴西男童，媽媽在他的餐盤裡放了一塊章魚。他端詳了一會兒，然後與媽媽展開一段蘇格拉底式的對話。他講完每句話會停頓思索一下，再繼續往下推理，講得明確又清楚：

路易茲：這塊章魚……不是真的吧？

媽咪：對。

路：嗯，很好……牠不會說話、也沒有頭，對嗎？

媽：牠沒有頭。切下來的這個，只是牠小小的腳。

路：啊？可是……牠的頭在海裡嗎？

媽：頭在魚市場裡。

路〔困惑貌〕：是市場的先生割的嗎？就像這樣？〔路易茲比出切割的手勢〕

媽：是的，他割的。

路：為什麼？

媽：好讓我們可以吃啊，不然就得整隻吞下去。

路：可是為什麼呢？

媽：為了吃進肚子裡啊，親愛的，我們也會把牛、雞切成一塊一塊的。

路：啊？雞？可是沒有人會吃雞啊！

媽：沒有人會吃雞？

路：沒有啊……牠們是動物！

媽：真的嗎？

路：真的！

媽：那麼……我們吃義大利麵疙瘩和馬鈴薯好了。

路：呃……我只想吃馬鈴薯和米飯。

媽：好吧。

路：章魚是動物……

媽：是啊。

路：魚是動物……雞是動物……牛是動物……豬是動物。

媽：是啊。

路：所以，我們吃動物的話，牠們會死掉！

媽：嗯，對啊。

路：可是為什麼？

媽：這樣我們才可以吃牠們啊，親愛的。

路：可是為什麼牠們必須死？……我不要牠們死掉……我要牠們活得好好的。

媽：很好，所以我們以後再也不吃動物了，好嗎？

路：好！……這些動物……應該要照顧牠們……不是吃掉牠們！

媽：〔沉默，然後溫柔的笑了〕說得對，小可愛。那就吃馬鈴薯和米飯吧。

路：好極了……你為什麼要哭？

媽：我沒有哭……是你讓媽咪很感動。

路：我做了什麼好事嗎？

媽：〔她邊哭變笑〕快點吃吧，你可以不用吃章魚，好嗎？

路：好！

這段兩分四十秒的影片有數百萬人點閱[30]，我們看到路易茲沒有懼色，持續他毫無破綻的說理：他愛動物的同時，就沒辦法接受動物被殺害，只因為自己要吃。路易茲那些話之所以有力，是因為沒有人會指控一個三歲的孩子，說他是被動保團體利用的極端分子。

但是，難道一定要由孩子來揭露真相嗎？難道大多數的大人沒有能力推敲出這個道理，還是他們早已把這個道理扔到心虛的陰暗角落了？又或者是因為他們同理心的視野越來越狹窄了？

「我不願意消化這些臨終的痛苦。」法國當代作家瑪格麗特．尤瑟娜（Marguerite Yourcenar）在小說《苦煉》（*L'Œuvre au noir*）中如此寫道。許多孩子不想吃肉，當他們突然明白盤子裡的肉就是日常遇到且喜愛的動物時，都會很震驚，但他們的父母會以健康為理由，要求他們吃肉。小路易茲與媽媽對談到尾聲時，媽媽才因為兒子看清事情真相、說理正確而感動到掉下眼淚。

位女性友人告訴我，有個小女孩目睹他們家心愛的豬遭到宰殺，看到牠挨了爸爸一刀後鮮血直流，便大聲喊道：「爸，爸，快叫媽咪拿ＯＫ繃來！」

靈長類動物學家、也是黑猩猩專家珍．古德曾告訴我，她五歲的姪孫知道雞肉是從哪裡來的之後，就毫不猶豫的決定以後再也不吃雞肉了。後來有天他去參觀水族館時，再次表示：「我以後再也不要吃這些漂亮的魚了。」他繼續參觀，來到另一區，那裡的魚比較沒有那麼色彩鮮豔，他看了好一會兒，然後下了結論：「你知道嗎？其實我不會再吃任何魚了。」

但勝利的往往是父母，孩子們只能慢慢習慣。我們終究會習慣一切：將殘酷瑣碎化、麻木看待他者的痛苦、與自己直接或間接造成的痛苦保持距離，並將某些傷害他者的行為孤立出來，採用另一套跟平常不同的道德標準。於是，人類就可以繼續做那些理應受到良心譴責的事情，不會因為這些行為而憎恨自己。

| 第3章 |

人人都是輸家

工業化飼養對貧窮、環境及健康的影響

對於那些喜歡吃肉、也毫不在乎全球每年要宰殺數十億動物來供應肉食的人來說，即便不去考量道德問題，為了自己和後代子孫著想，也應該要關心過度消費肉類所帶來的影響，以及工業化飼養與過度捕撈的後果[1]。動物是首當其衝的受害者，即便為我們自己著想也要加以保護：如果每年有超過六百億的陸生動物和多達一兆的海洋動物遭到宰殺，以供我們食用，人類和環境也會跟著受害。每年有七億七千五百萬噸的玉米和小麥，以及兩億噸的大豆（占全球產量的九〇%），原本可以養活產地國家的人民，卻用來餵養已開發國家的產肉牲口，此舉只會讓全球的赤貧人口原本就不穩定的生計更加惡化[2]。

此外，根據聯合國的政府間氣候變化專門委員會（GIEC）及糧農組織（FAO）的多份綜合報告所引述的科學研究結論[3]，無論是來自看守世界研究中心（Worldwatch Institute）或其他機構，都指出工

業化禽畜飼養所占用的資源比例之高，對環境造成了重大的負面衝擊，不利於現在人類的健康及未來世代的處境。我們可以從以下這些數字判斷：

- 全球人類活動的溫室氣體排放量，畜牧業就占了一四．五%，僅次於營建業[4]，並領先交通運輸。
- 生產一公斤肉要消耗十公斤的糧食，而這些糧食原本可用來養活糧食產地的窮國人民[5]。
- 全球六〇%的可耕地被用於畜牧業。
- 所有食物生產用水中，僅畜牧業就占了四五%。
- 少吃肉可以避免全球一四%的人口過早死亡。

人類世：不可逆轉的失衡？

工業革命之前，人類對環境的影響有限，而且很容易被大自然吸收，將人類活動的副產品回收再利用。後來，隨著農業和畜牧業的發展，緩慢的改變了地球，但人類還不至於有能耐造成全球性的大動盪。

然而到了今天，人類活動已經造成了嚴重的生態干擾，使得地球變化的腳步越來越快。尤其是自一九五〇年以來的「大加速」，讓地球進入了一個新的時代：人類世（Anthropocène，字面意思是「人類的時代」）。這是有史以來第一次，人類活動徹底改變了（且到目前為止，是破壞了）維繫地球生命的整個體系。我們並沒有「決定」去過度開發地球，但隨著人類的繁榮，這些變化幾乎是在不知不覺中逐漸發生。如同演化生物學家賈德・戴蒙（Jared Diamond）在《大崩壞》（*Collapse*）一書中所敘述的，許多原本昌盛的社會因為環境過度開發而先後衰敗、消亡[6]。如果這種過度開發的行為擴及整個地球，會有什麼樣的後果？我們已經知道有些後果將會十分慘痛。

二〇〇九年，瑞典學者約翰・羅克斯特倫（Johan Rockström），以及包括諾貝爾獎得主保羅・克魯岑（Paul Crutzen）在內的其他二十七位國際權威科學家，聯名在《自然》（*Nature*）雜誌發表一篇文章[7]，文中指出，若超過地球容忍極限，將可能對人類造成毀滅性的後果。然而，只要能維持在某種限度以內，仍然有可能保有一個安全空間，讓人類持續繁榮。

但是時間所剩不多，針對地球體系的復原力及其複雜動態的研究已明確指出，一旦超過已知的「臨界值」，就有可能發生不可逆轉的失衡。今天，全世界最重要的生態系統中有三分之二已遭到過度開發[8]。根據生態系統暨生物多樣性經濟學（ＴＥＥＢ）研究主任帕旺・蘇克德夫（Pavan Sukhdev）的說法：「我們正在消耗地球的過去、現在和未來。」[9]生物圈已經進入一個危險地帶，食品產業和生產乳肉製品的工業化飼養，都是最主要的風險因子。

目前全球的**可耕地**中，有將近三分之二用於畜牧（三〇%是牧場，三〇%用來生產這些動物所需的飼料）[10]。根據聯合國糧農組織統計，畜牧業已造成當前七〇%的森林砍伐。綠色和平組織的一份報告估計，亞馬遜地區有八〇%的森林砍伐，是由於牛隻數量增加所致[11]，而我們知道，熱帶雨林是生物多樣性的焦點地區，地球上的近半數物種都來自熱帶雨林。

富國吃肉，連累窮國

算式很簡單：一公頃的土地可以養活五十位素食者或二位葷食者。生產一公斤肉所需的土地面積，可以用來生產兩百公斤番茄，或一百六十公斤馬鈴薯，或八十公斤蘋果[12]。根據法國高等農業學院前院長、經濟學家布魯諾．帕門蒂耶（Bruno Parmentier）提出的另一項估計，一公頃的肥沃土地用於種植蔬菜、水果和穀物，可以養活三十人；但如果拿來生產雞蛋、牛奶或肉類，則只能供養十個人[13]。

要從集約化飼養的牛肉中攝取一卡路里的熱量，必須貢獻八到二十六卡路里的植物性糧食，而這些糧食其實可以直接供人類食用[14]。如果種植燕麥，每公頃提供的熱量比生產豬肉要多出六倍，比生產牛肉多出二十五倍。由此可知，**肉類卡路里的生產效率少得可憐**。難怪法蘭西斯．拉佩（Frances Moore Lappé）會將這種農業稱為「事倍功半的蛋白質工廠」[15]。

之前提過，畜牧業每年消耗七億七千五百萬噸的小麥和玉米，其數量足以養活十四億的赤貧人口[16]。一九八五年，衣索比亞鬧饑荒期間，就在人民死於飢餓的同時，政府仍持續出口穀物供英國養牛[17]。在美國，有七〇%的穀物用於餵養牲畜，而在印度則只有二%[18]。

於是吃肉成為富有國家的特權，而貧窮國家卻要為此付出代價。三十年來，全球肉類消費急劇成長，但營養不良的人口也增加了一倍。根據聯合國糧農組織及反飢餓行動組織（Action Against Hunger）的調查，儘管全球生產食物的熱量數足以養活所有人，但仍有九百多萬人營養不良，每六秒鐘就有一名兒童餓死[19]。對此，法國農業技術研究院研究主任，同時也是該領域的權威專家喬瑟琳・波爾謝表示：「工業化禽畜生產的目標只是在追求利潤，別無其他使命。其首要目標並不是為了『養活世界』，這與許多畜產業者的說詞明顯不同。我們都很清楚，只要這些產業透過廣告，鼓吹我們的孩子在下午的點心時刻吃香腸……，那麼他們的利益對象絕對不包括全球營養不良的九億人口；這些產業感興趣的顯然是『吃得起』的階級。」[20]

人民越富裕，肉類消費量就越高[21]。法國每人每年平均食用八十五公斤的肉，美國人是一百二十公斤，而印度人只有二・五公斤。平均而言，富有國家的肉類消費量是貧窮國家的十倍[22]。全球肉類消費量在一九五〇至二〇〇六年間增加了五倍，成長率是人口的兩倍，這個趨勢如果持續下去，消費量將在二〇二五年再翻倍[23]。雖然過去十年來，由於紅肉有礙健康的壞名聲，富有國家的紅肉消費量逐漸下滑，但禽肉消費量卻急劇上揚。以美國屠宰場來說，每年屠宰的牲畜數量在一九七五至二〇〇九年間減少了二〇%，但宰殺雞隻的數量則增加了二〇〇%[24]；在法國也可以觀察到同樣的趨勢。相反的，開發中國家的肉類消費量在四十年間增加為三倍，中國的成長尤其驚人，特別是中產階級。現在，在中國的大城市裡出現了專門供應肉品的餐廳，而且幼兒也餐餐吃肉。過去二十年來，中國雞肉的消費量增加了五〇〇％，牛肉則增加了六〇〇％[25]。

每一年，全球有超過三分之一的穀物產量用於禽畜飼養，還有四分之一的漁獲被加工成魚粉，用來餵養牛、豬和家禽[26]。比利時魯汶大學和美國史丹佛大學教授埃里克・蘭賓（Eric Lambin）對此表示：「人畜之間的穀物消費競爭，導致穀物價格上漲，並對赤貧人口造成悲劇性的後果。」[27]

全球有二十八億人口的每日生活費不到二美元，其中有四分之一必須飼養禽畜以維持生計，而且這些飼養活動也對經濟發展有很大貢獻，這些事實都必須列入考慮，但並不足以推翻剛才表達的觀點。這些規模很小的動物飼養沒有大規模生產，不可能帶動肉品生產的大幅轉向。真正要負責任的是那些大規模、準工業化的集約式農場，以及供應這些農場穀物的單一作物栽種[28]。儘管如此，貧窮人口中的小農也或多或少造成了居住土地的劣化，只是手段和過程要溫和得多。長遠來看，發展出保存地力和植被的生態農法，比較能保障他們的生計[29]。

生產五百公斤牛肉用掉的水，足以浮起一艘驅逐艦

淡水是稀有的珍貴資源，地球上的水只有二・五％是淡水，其中近四分之三蘊藏在冰川和終年不化的積雪中[30]。許多貧窮國家要取水十分困難，人們（主要是婦女和兒童）往往要步行數公里才

能抵達供水點。

據估計，全球半數的飲水用於生產肉品和乳製品。在歐洲，五〇%以上的汙水來自集約式畜牧業，包括魚類養殖在內。在美國，八〇%的飲用水用於畜牧業。依據情況不同，生產一公斤肉所需的水量，是生產一公斤小麥的五至五十倍[31]。美國《新聞周刊》（*Newsweek*）很有想像力的描述這個用水量：「生產五百公斤牛肉所用掉的水量，足以浮起一艘驅逐艦。」[32]記者艾默里克．卡隆在《拒絕牛排》（*No steak*）一書中，以算式量化影響程度，算出要生產一公斤的牛肉，平均需要相當於一個人天天淋浴的全年用水量，也就是一萬五千公升[33]。

養殖業的需求正在耗盡豐富的地下水，而這是全球許多乾旱地區賴以維生的水源。按照目前的速度，到了二〇五〇年，工業化飼養所使用的淡水量預估將增加五〇%[34]。然而，目前飲水短缺的問題已經危及了全世界：全球有四〇%分布於二十四個國家的人口，正遭受水資源短缺之苦，無論是量或質皆是如此[35]。每年有超過二百萬名的五歲以下兒童，死於不乾淨的飲用水和食源性病原體所引起的嚴重腹瀉。如今，有七〇%的淡水資源已經劣化或遭到汙染[36]。

畜牧業與氣候變遷

以集約式畜牧來生產肉品，對環境的衝擊尤其嚴重；生產一公斤牛肉所排放出來的溫室氣體，是生產一公斤小麥的五十倍[37]。從數量上看，集約式飼養、肉類生產及畜牧業的其他副產品（羊毛、蛋、乳製品），是溫室氣體排放的第二大來源，占人類活動溫室氣體排放量的一四・五％[38]。這個數字包括肉類生產週期各階段所排放的氣體：砍伐森林建立牧場、生產和運送肥料、農業機具的燃料、生產生長激素和飼料添加劑、牲畜消化系統排出的氣體、將牲畜運往屠宰場、機械化屠宰、肉類處理和包裝，以及供銷運輸等等。總的來說，肉類生產的畜牧業影響全球暖化的程度，大於整個運輸產業（占溫室氣體排放量的一三％），且僅次於建築物和人類居住地的總體能源消耗。

溫室效應主要是由甲烷、二氧化碳及氧化亞氮這三種氣體所造成。甲烷特別活躍，其氣體分子導致溫室效應的效果是二氧化碳分子的二十倍，而全球一五％到二〇％的甲烷排放與畜牧業有關。兩個世紀以來，大氣中的甲烷濃度已經翻了不止兩倍。雖然近年來的增加速度已經趨緩，但情況很可能無法維持太久，並極有可能到二〇七〇年再翻升一倍。

反芻動物牛、乳牛、水牛、綿羊、山羊及駱駝是甲烷最重要的來源之一（與人類活動有關的甲烷排放量是三七％）。甲烷是由反芻動物消化系統中的微生物發酵所產生，在呼吸過程中透過打嗝呼出，或以腸胃脹氣的形式排出。另外，這些動物的固體排泄物、糞肥的分解及堆肥發酵都會產生甲烷[39]。光是一頭乳牛每天產生的甲烷，就高達五百公升[40]！

至於二氧化碳，肉類產業的擴張使得大氣中的二氧化碳濃度大幅增加。原因在於：工業化的肉類生產要仰賴農業機械化來製造所需的大量禽畜飼料、生產和使用以石油為原料的化肥以及森林砍伐，都會產生大量的二氧化碳。氧化亞氮是暖化作用最強的溫室氣體，強度是二氧化碳的三百二十倍。它也是一種穩定的化合物，可在大氣中存在一百二十年之久。其主要排放源為氮肥的施用、氮肥在土壤中的分解過程，以及牲畜的排泄物。人類活動所排放的氧化亞氮，有六五％來自畜牧業。氧化亞氮約占溫室氣體總量的八％[41]。

如果從可供應的熱量來考量，在所有食物生產中，生產牛肉和羊肉所造成的農業碳排放量最高。據估計，截至二〇五〇年，在農牧業所產生的溫室氣體排放量中，牛羊肉的生產將占一半，但人類僅能從中攝取三％的卡路里。

此外，牛津大學的研究人員還計算了六萬五千名英國人的碳足跡，包括兩千名純素食者和一萬五千名素食者。結果發現，對於像多數英國人一樣、每天食用超過一百克肉品的人來說，每日的碳足跡為七．一九公斤二氧化碳；中等消費者（五十至一百克肉品）為五．六三公斤；而素食者僅有三．八一公斤，純素食者則為二．八九公斤。因此，普通肉食者對全球暖化造成的影響是純素食者的二．五倍[42]。從這個角度來看，所謂的「有機」肉品，對環境的傷害並不亞於工業肉品，甚至在碳足跡和土地使用方面更是有過之而無不及。

二〇一〇年的一份聯合國報告指出，已開發國家對於食用肉類的旺盛需求，將隨著人口在二〇五〇年逼近九十億大關時，達到臨界點。聯合國政府間氣候變化專門委員會在二〇一四年春季發表的報告中表示，如果不解決食物生產的碳排放問題，那麼與畜牧業相關的溫室氣體排放量將可能在二〇七〇年翻倍。光是這一點，就無法落實當前的氣候目標。根據學者費德里克・赫德努斯（Fredrik Hedenus）的說法，這樣的排放量很可能無法將全球升溫控制在攝氏兩度以內[43]。赫德努斯在結論中表示，如果想要將全球暖化控制在攝氏兩度以下，那麼改變飲食習慣、減少肉類和乳製品的攝取，將會非常關鍵。

動物排泄物

一頭牛每年平均排出二十三噸糞便[44]。光是在美國，工業化禽畜飼養的排泄量就是人類排泄量的一百三十倍，即每秒四萬公斤。動物糞便汙染水源的程度，比其他工業的所有汙染源還嚴重[45]。以史密斯菲爾德食品公司（Smithfield Foods）來說，他們每年宰殺三千一百萬頭豬，幾乎汙染了北卡羅萊納州境內的所有河川。

動物糞便還會產生大量的氨氣，汙染河川和海岸線，並導致藻類（尤其是綠藻）入侵，使得水生生物無法存活。畜牧業糞便的主要汙染還包括氮磷汙染，西歐的大片地區、美國東北部、東南亞沿海地區以及中國的廣大平原，如今都積存著大量的氮[46]。這些過剩的氮和磷會經由淋溶或滲透作用，汙染地下水、水生生態系統及濕地[47]。

密集捕撈的後果

密集捕撈的方式日益精進（聲納、長達數公里的抗撕裂魚網及漁獲加工船），導致許多魚類日漸稀少或甚至滅絕，對生物多樣性造成巨大衝擊。今天，各國漁民在世界各地的海域搜尋漁獲，把淺海的魚種捕撈殆盡後，漁獲加工船的漁網便降得更深，甚至開始搜刮過海洋底部。深海拖網捕撈正在毀掉耗時數萬年才形成的脆弱生態多樣性[48]，而這一切只是為了要提供廉價的漁獲給富有國家的大型連鎖銷售商，絲毫無助於養活全球的飢餓人口，也完全不在乎這些行動所造成不可逆的生態惡化。許多漁船遺落的漁網在海中漂流，不斷困住魚類和海洋哺乳動物。根據估計，這些漁網需要數百年的時間才能在水中分解。

此外，全球實際的漁獲量遠高於對外聲稱的數量。舉例來說，根據不列顛哥倫比亞大學海洋生物學家丹尼爾．波利（Daniel Pauly）和他的同事估計，中國每年的漁獲量為四百五十萬噸，很大一部分是在非洲沿海地區捕獲，但中國向聯合國糧農組織報告的數字卻僅有三十六萬八千噸[49]。此外，還有無數的非法漁船無視於合法漁民必須遵守的配額規定，造成海洋魚群數量加速枯竭。

由於純粹的商業考慮以及不合時宜的法規，商業性捕撈也造成了巨大的浪費。每年有七百萬噸的漁獲無法使用，還有為數眾多的海洋哺乳動物、海龜、海鳥被漁網困住[50]。一般捕蝦的底拖網作業收網後，會將其他的混獲（bycatch，作業中意外捕撈到原本就不打算要的魚種，包括已死亡或垂死的魚）都丟回海中，比例高達八〇%到九〇%。而且這一類的混獲中，有許多是瀕臨絕種的海洋生物。以重量來算，蝦類僅占全球海鮮消費的二%，但捕蝦造成的混獲量卻占了全球混獲量的三三%。對此，強納森・薩法蘭・弗耳在《吃動物：大口咬下的真相》（*Eating Animals*）一書中表示：

我們很少去思考這個問題，因為我們往往不願知道真相。如果食品標籤上標示需要殺害多少動物，才能享用我們想吃的食物，會如何呢？比如在印尼蝦的外包裝上標明：「為了提供半公斤的蝦，有十三公斤的其他海洋動物遭到殺害並被扔回海中。」如果捕撈的是鮪魚，則有一百四十五種非目標物種會因此送命[51]。

我有一個朋友是綠色和平組織的創始人之一，曾多次參與彩虹勇士號（Rainbow Warrior）的行動*。她告訴我，在加州和墨西哥外海作業的大型捕鮪船，會使用直升機尋找海豚群。看到海豚躍出水面時，就表示所在之處有覓食的鮪魚群。漁民會派出幾艘橡皮艇，協助在指定區域撒下巨網，接著將漁網口的束繩像荷包一樣收緊，於是捕獲鮪魚的同時，也會捕獲大量的海豚。最後，強大的絞盤會將這些漁網拉到船上，而通常都是位於鮪魚上方的海豚先遭漁船的絞盤絞碎。

因此，停止海洋這種「生態滅絕」刻不容緩。海洋是地球最珍貴的生態系統之一，也是平衡地球生態最有效的工具之一，但今天卻淪落到「經濟資源」甚或垃圾場的處境。

食用肉類與人體健康

許多流行病學研究發現，吃肉（尤其是紅肉和加工肉類）會增加罹患大腸癌、胃癌及心血管疾病的風險。

歐洲癌症與營養前瞻性調查（EPIC）針對五十二萬一千人所進行的一項研究顯示，紅肉攝取量最多的人，罹患大腸癌的風險比攝取量最少的人高出了三五%[52]。

二〇〇七至二〇〇八年的聯合國人類發展報告指出，只要每天減少紅肉攝取量一百公克，罹患大腸癌的風險可降低約三〇%。紅肉消費大國（如阿根廷和烏拉圭）是全球大腸癌罹患率最高的國家[53]。食用加工肉類，則可能增加罹患胃癌的風險。

根據哈佛大學教授潘安（An Pan）、胡丙長（Frank Hu）等人二〇一二年所發表的另一項研究發現，在抽樣調查多年追蹤的十萬多名研究對象中，每日食用肉類會導致男性心血管死亡風險增加一八%，女性則為二一%，而癌症死亡率則分別增加一〇%和一六%[54]。由此可見，嗜食紅肉的消費者只須以全穀物或其他植物性蛋白質取代肉類，即可將早死率降低一四%。

---

*編按：彩虹勇士號為綠色和平組織擁有的船，航行於全球海域，進行反對捕鯨、反對核試驗、反對砍伐原始森林等環保議題的宣傳與抗爭活動。

由於生物累積的現象，肉類的農藥殘留量是植物的十四倍，乳製品的農藥殘留量則是植物的五倍[55]。持久性的有機汙染物會累積在動物的脂肪組織，然後進入人類的飲食當中。養殖魚類的魚肉中也可發現這類有機汙染物，因為餵魚的飼料中也包括了動物蛋白質。這些有機汙染物的分子不僅具有致癌性，其毒性也可能傷害胎兒，影響幼兒神經系統的發育[56]。

在美國，八〇％的抗生素是專門用來維繫工業飼養禽畜的性命，直到牠們遭到宰殺為止。由於大型禽畜飼養企業沒有辦法一一治療生病的動物，於是就在牠們的食物中添加大量的抗生素來預防生病。這些物質有二五％至七五％會流入河川、土壤和飲用水當中，導致人類對抗生素的抗藥性增加，引發其他後遺症。

英國一項針對六萬五千人（包括一萬七千名素食者或純素食者）的研究得出以下結論：「凡是希望重新定義『健康與永續飲食』、思考最新飲食建議的各國政府，都務必要建議國民減少動物食品的攝取。」[57]

保險業也掌握了此一趨勢：美國一家擁有九百萬保戶的大型健康保險公司凱撒醫療保險（Kaiser Permanente），就呼籲醫生「向所有患者推薦以蔬食為主的飲食」[58]。英國一家壽險公司，甚至提供素食者和純素食者七五折的保費優惠。

素食興起，在七百萬年之後……

七百萬年前，我們的祖先南方古猿基本上是吃素的，他們食用堅果、塊莖、根、水果及某些昆蟲，偶爾才會吃一次小型哺乳動物。大約兩百五十萬年前的巧人（Homo habilis）開始增加肉類的食用量，尤其是撿食被其他動物殺死的獵物。到了距今大約四十五萬或八十萬年前的直立人（Homo erectus），狩獵變得重要起來，也發現了火。然後是以肉食為主的尼安德塔人，食肉量比之前的智人（Homo sapiens，二十萬年前出現）更多。距今大約一萬二千年前，當狩獵採集的民族開始定居在一處後，農業和畜牧也發展了起來，因為有穀物和乳製品可供食用，肉類的攝取就減少了。一直要到二十世紀，肉的食用量才顯著增加[59]。

儘管全球肉類的消費量增加，但也可以觀察到素食的吸引力與日俱增，尤其是在年輕人當中。比法國的素食人口約一百萬到兩百萬，占總人口的一・五%至三%（等於或略多於獵人數量）[60]。比起歐洲平均約五%的素食人口，法國是比例最低的國家之一。英國的素食人口最多（一三%至一四%），其次是德國和瑞士（一〇%）。這些數字預計還會增加，因為大學生吃素的比例相當高（美國為二〇%，而總人口中則僅占四%）[61]。另外之前提過，印度是全球素食人口最多的國家，約有四・五億人，相當於印度總人口的三五%，遙遙領先各國[62]。

二〇〇九年，比利時根特市（Gand）成為全世界第一個採行素食日（至少每週一次全面吃素）

的城市。為響應聯合國所提出的報告，當地政府決定發起「每週一次無肉日」，這一天所有的市府職員都會吃素。城裡還會張貼海報鼓勵市民共襄盛舉，並發放標示著素食餐廳的城市地圖。此一創舉後來還擴及到根特市的各級學校[63]。

總有一天，當人類想到自己的祖先曾飼養並宰殺動物，同時得意的在櫥窗裡展示動物殘肢時，無疑會感到反胃噁心，就像十七、十八世紀的旅行家目睹美洲、大洋洲或非洲原住民享用人肉大餐的反應。[64]

人類學大師李維史陀（Claude Lévi-Strauss）的這番預言，誰能說有朝一日不會成真呢？

如何生產更友善氣候的食物？

一如之前提過的，甲烷在產生溫室效應方面的活性是二氧化碳的二十倍。不過還是有個好消息：甲烷在大氣層中只能存在十年，而二氧化碳是一百年。因此，只要減少肉類和乳製品的生產，就可以迅速且大幅減緩造成全球暖化的主要成因之一。例如瑞典的一項研究指出，在提供相同營養能量的前提下，種植菜豆所排放的溫室氣體量，比養牛少了九九％[65]。

另一個好消息是，原先每年用來飼育肉牛的幾十億噸穀物，可以提供給十五億營養不良的人口食用。如果北美全體居民每週一天不吃肉，可以間接餵飽兩千五百萬個窮人，而且時間長達一整年！此舉也可以有效的對抗氣候變遷。因此，按照諾貝爾和平獎得主、同時也是聯合國政府間氣候變化專門委員會主任帕喬里（Rajendra Kumar Pachauri）的說法[66]，吃素的世界潮流是對抗全球飢餓、能源匱乏及氣候變遷所引發嚴重後果最關鍵的一環：「如果想以即時又可行的做法，在短時間內達到減排，這〔吃素〕顯然是最具吸引力的選項。」[67]

聯合國政府間氣候變化專門委員會在二〇一四年三月的報告中證實了這些主張：「我們已經證明，要將食物生產所造成的氣候汙染降至安全水準，一個關鍵點就是減少肉類和乳製品消費。」報告作者赫德努斯表示：「要真正改變飲食習慣需要時間，所以我們現在就應該開始思考如何生產更友善氣候的食物。」[68]

該篇報告的共同作者史蒂芬・沃森尼雅斯（Stefan Wirsenius）認為，溫室氣體排放量「當然可以透過提高肉類和乳製品的生產效率，同時應用新的技術來減少。但如果肉品的消費量持續增加，這些措施的減排程度，可能不足以將氣候變遷控制在容許範圍以內」[69]。

最後的好消息是，我們每個人都能以有效、輕鬆、快速和經濟的方式，減緩全球暖化和消除貧困，卻不必要為此停止旅行或不使用暖氣（雖然我們還是應該節制）。我們只需做一件事：現在就立刻下定決心減少食用肉類，如果可能的話，最好都不要再吃肉。

第4章

動物，成了活機器

工業化飼養的真面目

在屠宰場的高牆後面以及工業化飼養場內部，究竟隱藏著什麼不可告人的真相？本章揭露的內容將令人震驚，或許應該先加註「敏感人士不宜」的警語？你可能會想跳過接下來十幾頁，直接去看下一章。但如果你想關心這些動物的不幸命運，並盡可能採取行動去平息牠們的痛苦，不是應該先搞清楚真相嗎？歷史已經證明，冷漠只會讓醜惡的暴行更加肆無忌憚，拖延只會讓情況更加惡化。粉飾現實有何意義？勇於面對現實，並從中汲取慈悲的勇氣，不是更好嗎[1]？

我們來聽聽知名靈長類動物學家珍．古德的心聲：「最令我震驚的是，你一談到集約式飼養業普遍存在的可怕環境，一談到把有感知的生命殘忍的硬塞在窄小空間內，人們的反應就像忽然得了精神分裂症一樣。由於飼養環境太惡劣，必須不斷餵抗生素讓動物們活著，不然牠們就會死掉。我經常描述這些動物在運輸過程中的悲慘遭遇：如果有動物在運輸過程中意外掉落，就會被抓住單腳猛拽起來而造成骨折。在屠宰場中，許多動物甚至還沒失去意識，就被活活剝皮或丟到沸水中，那種痛苦不言可喻。每當我跟人們談起這一切，他們的回應通常是：『喔，拜託，別跟我說那些。我很敏感，而且我很喜歡動物。』我心想：『這個人的腦袋是出了什麼問題！』」[2]

有的人會說：「對啊，是很殘忍，但是現在屠宰場已經人道很多了。」人道？如果人類用這種方式對待同類，我們就絕對不會說是人道，而是沒有人性和野蠻了。以下引述的內容有些可以上溯到一百年前；有些則是近代的描述（尤其是厄普頓．辛克萊於一九〇六年出版的作品——首度揭露芝加哥屠宰場動物處境的《惡魔的叢林》），從中可以看出，除了一些不痛不癢的改變之外，這種大規模的禽畜屠宰都在持續增加，且隨著每一天、每一年而更加惡化——無論我們是否願意正視。所以就這麼一次，我們就不要轉過頭去吧：

房間一側有一條狹窄的廊道，比地板高出兩、三呎，拿著電擊棒的工人趕著肉牛走過。牛群全都進入這個大房間後，每一隻就會被困在單獨的隔間中，閘門關上，沒有轉身的空間。牠們站在那裡哞叫、衝撞，隔間上方有一些拿著大槌子的「敲頭工」，正在找機會把牠們敲暈。房間裡迴盪著一連串急速的咚咚聲，以及肉牛踩踏和踢蹬的聲音。一旦動物倒地，敲頭工就會去對付下一頭，同時，另一名工人拉起一根控制桿，打開隔間一側，仍在掙扎的牲口隨即滑出隔間，來到「屠床」。此處一個工人會用鐵鍊拴住牠的一條後腿，接著拉下另一根控制桿，整頭牛從地上被扯上去，懸吊在空中。……

這些工人的俐落手腳令人永生難忘……第一關是負責放血的「屠工」，這表示他會飛快在牛身上劃一刀，快得讓你只看到刀刃的反光。在你還沒回過神時，他已經衝到下一條流水線，只留下一道汩汩鮮血流淌在地板上。儘管有幾個工人努力把血掃進排水孔裡，但地板上的鮮血仍然有半吋深。[3]

自從《魔鬼的叢林》出版並引起軒然大波之後，直至今天唯一的改變是，我們宰殺的動物變得更多了。根據聯合國糧農組織的統計，每年被宰殺的陸生動物多達六百億頭，其他的統計數字甚至超過一千億頭[4]。推廣純素運動的梅樂妮．喬伊計算過，如果一億人（相當於美國每年宰殺陸生動物的數量）排排站，可以環繞地球八十圈[5]。

當一個社會為了自己的目的，去剝削其他有感知的生命……

當一個社會理所當然的為了自己的目的，純粹而簡單的去剝削其他有感知的生命，絲毫不在乎那些被利用動物的不幸處境時，我們就該仔細檢視這個社會的道德準則了。

我們經常把人貶低為動物，並以對待動物的粗暴手法來對待人。而在剝削動物方面，則伴隨著更深一層的踐踏：把牠們簡化為一種可無限再生的消費性商品、製肉機器，以及用受苦來取悅群眾的活玩具。我們對於牠們也是有感知的生命這點故意視若無睹，將之貶低為無生命的物品。

十九世紀凡爾賽農技研究所第一任畜產學講座教授艾米爾．柏德蒙（Émile Baudement），就曾坦然的表達以下觀點：

動物是活的機器，這不是比喻，而是有最嚴謹的字面意義，就像機器之於工業一樣……牠們供給牛奶、肉及勞力，是支出一定成本而產生一定收益的機器。[6]

至於近代，美國華爾肉品公司（Wall's Meat）一位高階經理的發言更加自私自利：

我們應該把種豬視為一件貴重的機械設備，並以此對待，牠們的功能是吐出仔豬，就像是灌香腸的機器一樣。[7]

佛瑞德．哈雷（Fred C. Haley）是美國一間蛋品公司的主管，公司養了二十二萬五千隻蛋雞，他總結禽畜飼養體系的看法：「生產雞蛋的目的就是賺錢。如果忘了這個目的，我們就會忘了這一切所為何來。」[8]

在工業化飼養體系中，牛隻壽命約為正常值的四分之一，而雞的壽命大約是野放雞的六十分之一；你可以把後者的情況，想成是法國人的平均壽命只有一年四個月[9]。這些動物被關在隔間裡，連轉個身都沒有辦法。牠們被閹割，出生後就被迫與母親分開。屠宰過程中，在被宰殺的動物還有意識之前就被活生生切塊，或是活生生扔進絞碎機裡頭（每年有數億隻小公雞遭受到這樣的命運）。在其他情況下，牠們被迫承受痛苦來娛樂人類（鬥牛、鬥狗、鬥雞）。牠們被困在陷阱中，肢體被鋼牙鉗夾爛，或是被人活剝毛皮。

總之，人類可以決定何時、何地以及如何處死牠們，一點都不在乎牠們的感受。

我們加諸動物的痛苦程度

人類從不曾停止剝削動物，先是捕獵，然後馴養。但是一直要到二十世紀初，這種剝削才開始大規模發展起來。與此同時，人類的剝削行徑也開始從日常生活中消失，以掩人耳目的方式進行。在富有國家中，根據物種不同，人們食用的動物中有八〇%至九五%是工業化飼養「生產」出來的。在這些飼養場中，牠們短暫的生命是由不曾間斷的痛苦所串連起來的。而這一切的開端，要回溯到人類將其他生物視為消費品，或是任憑人類處置的肉類來源的那一刻起。《惡魔的叢林》作者厄普頓・辛克萊繼續描述：

一群群牛被趕到各條坡道，這些坡道大約十五呎寬、一路蜿蜒向上，終點高出畜欄上方許多。坡道上的動物川流不息；看著牠們毫不猜疑的急急奔向自己注定的命運，形成一條死亡之河，那種感覺非常奇怪。但我這些朋友不是詩人……他們只覺得這一切太有效率了。……「這裡什麼都不浪費，」解說員表示，然後他又自以為幽默的邊笑邊說：「除了尖叫聲，豬仔身上的所有東西都有用處。」

那是一個狹長的房間，……一端入口處有一個周長約二十呎的大鐵輪，沿著鐵輪邊緣掛著一個個鐵環。……工人將鐵鏈綁緊在身邊最近的一條豬後腿上，再將另一端扣在鐵輪的鐵環上。於是鐵輪轉動時，豬就被一腿猛然拽起，往上抬升到空中……這段旅程一旦開始，就再也回不去了。豬隻被轉到了鐵輪頂部後，就會被解下來，移到一台推車上，推過房間。同時另一隻豬吊升到頂端，然後是第二隻、第三隻，直到最後排成兩列。每隻豬都以一條後腿被吊起，牠們瘋狂亂踢、連聲尖叫。嘈雜聲可怕極了，簡直要震破耳膜。……偶爾會有片刻平靜，然後又是新的一波爆發，比之前更吵，讓人震耳欲聾。……

這些豬一隻接著一隻被吊著，一隻接著一隻被劃破喉嚨，然後隨著鮮血和生命從身體裡流逝，叫聲逐漸平息了下來。最後，在身體最終一次抽搐之後，一陣水花飛濺，牠們就消失在巨大的沸水鍋中。……無論是否有訪客，這台屠宰機器都會冷酷的持續運轉。這就跟那些發生在地牢深處的殘暴罪行一樣，沒人看見、沒人注意，深埋在人們的視線和記憶之外。[10]

一個獲利至上、利潤導向的殘酷體系

今天光是在美國，每天屠宰的動物數量就超過了辛克萊時代所有屠宰場一年的宰殺量。動保政策研究小組的創辦人大衛・坎特（David Cantor）表示，這是「一個殘酷、權宜的體系，運作得非常嚴密，完全是利潤導向，動物簡直不被視為有感知的生命，牠們的痛苦和死亡算不了什麼」[11]。

屠宰場的家數越來越少，但規模卻越來越大，每年有能力宰殺數百萬隻動物。在歐盟國家，有新法規企圖減少工業化飼養所造成的痛苦。不過在美國，從近年的一些相關報導（例如作家強納森・薩法蘭・弗耳的現身說法）來看[12]，卻指出今昔之間的差異，只在於現在宰殺的動物更多、更快、更有效率，成本也更低。

由於治療或甚至安樂死都要花費不少，因此一旦養殖的動物體質不佳，或因生病而跟不上群體的其他動物，美國多數的州法都允許讓這些動物不吃不喝好幾天而活活餓死，或是被活活扔進大垃圾箱裡。這種事情每天都在上演。

企業還會不斷施壓工人，好讓屠宰線全速運轉：「沒有任何事、任何人可以讓他們放慢屠宰線的速度。」一名工人向人道農業協會（Humane Farming Association）調查員蓋兒・艾斯尼茨（Gail Eisnitz）透露[13]：

只要屠宰線還在運轉，他們才不在乎你是怎麼把豬隻給弄上去的。每個鐵鉤都得掛上一隻豬，否則領班就會來找你麻煩……所有輸送機都會把那些不願爬上坡道的豬隻用管子先打死，因為只要有一隻豬不肯前進，整個生產線就必須停下來，所以乾脆把牠打死，推到一邊，最後再吊掛起來。[14]

經濟競爭迫使各屠宰場想盡辦法，把每小時的宰殺數量提高，好領先競爭對手。輸送機的速度可以達到每小時「處理」一千一百頭豬，這表示每個工人必須每三秒就宰殺一頭豬，因此失手情況十分常見[15]。

英國的艾倫・隆恩（Alan Long）醫生經常以研究員身分前往屠宰場，他親眼目睹內部的情況後，形容這些企業「無情、殘忍、毫無良心」[16]。有些工人告訴他，工作中最難受的部分是宰殺羔羊和小牛，因為「牠們還只是小寶寶而已」。「那是非常揪心的一刻。」隆恩博士表示，「一隻剛被帶離母親的小牛驚慌失措，開始吸吮屠宰者的手指，希望能夠吸到奶水——但牠得到的只有人類的殘酷。」

美其名的「照顧」，只是為了順遂屠殺的目的

二〇〇八年，歐洲研究協會（European Council for Research, CER）在一篇聲明中呼籲「關心動物福利」，並強調必須「盡最大努力，免除待宰動物的疼痛、不安或痛苦」。雖然目前情況確實有些進展，但距離上述目標仍然很遠。如果偶爾有專業人士建議飼養業者避免使用某些殘忍的做法，也純粹是因為這些做法會妨礙動物增重；而當他們鼓勵盡可能去善待那些待宰的牲口時，也是著眼於出現傷口會害屠體價格下降，卻忽略了虐待動物本身就是不道德的[17]。他們所採取的預防措施，都是為了防止動物在創造實質利潤之前死亡。一旦達到目的，牠們就會像個累贅的物品一樣被摧毀，然後像垃圾一樣被處理掉。

至於畜產業者雇用的獸醫，其主要作用是為了促進利益最大化。藥物不是用來治病，而是用來代替被破壞的免疫系統。畜產業者的目的不是養出健康的動物，而是防止牠們過早死亡。在宰殺的那一刻前，業者必須不惜一切代價讓動物活著[18]。先前提過，動物會被餵食大量抗生素和生長激素；美國八〇%的抗生素都用於畜牧業。對此，伊莉莎白·德封特內表示：

> 最糟糕的是，在倡導及實施所謂福利倫理的背後，隱藏著巨大的虛偽，彷彿只要尊重動物，就能為工業化飼養的殘暴殺戮設下限制。但事實上，真正被考量的，必然是產業的有效運作和獲

利能力。[19]

小姐，這裡不是你該來的地方！

一九九〇年代，英格蘭畫家蘇．寇花了長達六年的時間，想盡辦法溜進各個國家的屠宰場，多數是在美國境內。她一再面對各種莫名的敵視，有人喝斥說：「這裡不是你該來的地方！」有人則威脅她如果公布屠宰場名字就會沒命。她從未獲准使用相機，頂多只能靠速寫：「屠宰場，尤其是大型的屠宰場，就像是軍事要地般戒備森嚴。我之所以能進去，通常是因為認識與工廠或屠宰場有業務往來的某個人。」過去十五年來明察暗訪各地屠宰場的動保團體代表尚路克．鐸柏（Jean-Luc Daub）表示，他有時會遭到粗暴對待，甚至被毆打：「我有好幾次都遭到恐嚇，死亡威脅也有。我記得有次在肉牛市場裡，有人威脅我如果不馬上離開，就要把我吊死在木梁底下。」[20]

蘇．寇在《死肉》（*Dead Meat*）一書中，如此描述她在美國賓州一處屠宰場的見聞[21]：

地板非常濕滑，牆壁和其他地方都覆蓋著血。乾掉的血在鏈條上結成一層硬殼。我當然不想在這些血和內臟裡頭跌倒。工人們穿戴著防滑靴、黃色圍裙和帽子。這是一個受到控制、機械化的混亂場景。

就像大多數屠宰場一樣，「這個地方很髒，處處汙穢不堪，蒼蠅隨處可見。」在另一次經歷中，蘇提到：「冷藏室到處是老鼠，到晚上就竄出來啃食肉品。」[22]

午餐時間一到，工人們便離開。蘇獨自留下，與六具被斬首後仍淌著血的牲口屍體為伍。牆壁上濺著血，她的速寫本上也有血滴。她感覺到右方有東西在動，便走近屠宰隔間看個究竟。裡面有一頭母牛還有意識，在血泊裡滑倒摔下，去吃午飯的工人把牠留在那裡。時間一分一秒過去，母牛不時掙扎，蹄子踢著隔間的牆壁。有那麼一會兒，牠設法撐起身子，可以看到隔間的牆外，然後又摔在地上。現場可以聽到血液滴落，以及從喇叭傳出來的音樂聲。

蘇開始畫……。

一個叫丹尼的工人吃完午飯回來，對著受傷的母牛猛踹了三、四次，想逼牠站起來，但牠辦不到。丹尼身子探入金屬隔間，想用空氣釘槍擊昏牠，在距牠頭部幾吋處，朝牠射出一枚鋼釘。

接著丹尼用鐵鏈綁在母牛的一條後腿上，把牠拽起來。還沒有死的母牛掙扎著，頭部朝下，四肢在被拉扯的過程中不斷踢動。蘇注意到吊掛起來的牛有些沒有完全失去意識，還有些根本清醒得很。「丹尼劃開牠們的喉嚨時，牠們像是瘋了似的不斷掙扎。」丹尼對那些仍有意識的牛隻說：「拜託，小妞，乖一點！」蘇看著鮮血噴濺出來，「彷彿所有生物都不過是柔軟的皮囊，等著被刺穿。」

丹尼走到門口，用電擊棒驅趕著後面的母牛群前進，嚇壞的乳牛不肯聽話，用蹄子猛踢。丹尼一邊強迫牛群走進等待被擊昏的隔間，一邊用悅耳的嗓音重複說著：「拜託，小妞！」

蘇後來又去了德州一處屠馬場，待宰的馬情況非常糟糕，其中有一匹下顎骨折。牠們不斷被鞭打，噼啪聲中傳來燒焦的氣味。只要有馬兒試圖逃離屠宰區，工人就會瞄準牠們的頭部猛打，直到牠們調頭為止。蘇的同伴看到隔間前方有一隻白色母馬正生產到一半，兩名工人不斷鞭打母馬，逼牠快點走進屠宰區，然後將剛產下的小馬扔進裝內臟的盆子裡。在工人上方的坡道上，戴著牛仔帽的老闆無動於衷的看著這一幕。

從另一家屠宰場出來後，蘇只能想起但丁所描寫的地獄。她在這裡看到一隻斷了腿的母牛倒在大太陽底下，她想走近時，卻被保全人員攔了下來，逼她離開。「我腦海裡不斷出現猶太人大屠殺的畫面，心裡難過極了。」[23]蘇寫道。

短暫的生命裡，每隻雞占據的空間僅有一張信紙大小

其他工業飼養的動物，命運也沒有好到哪裡去。由於開發出層架式雞籠飼養法，美國每年宰殺的雞隻數量是八十年前的一百五十倍。全世界規模最大的雞肉公司泰森食品，每週宰殺超過一千萬隻雞，而全球每年宰殺的雞更高達五百億隻。

在短暫的一生中，每隻雞的生活空間只有一張信紙大小。牠呼吸的空氣中充滿了氨、灰塵及細菌[24]。過度擁擠導致了許多異常行為：羽毛脫落、侵略性啄食及自相殘殺。「層架式雞籠是家禽的瘋人院。」德州博物學家羅伊．班狄奇克（Roy Bedichek）強調[25]。經由人工加速生長的雞，就像是人類兒童在十歲時體重就達到一百五十公斤。

為了減少種種耗費成本的異常行為，飼養業者會將雞養在近乎全黑的環境中，而且為了防止牠們傷害自己或互相殘殺，還會剪斷雞喙。一九四〇年代是用噴燈燒喙，現在業者則是使用裝了加熱刀片的斷喙器。這種快速截喙所留下的殘端，經常會形成神經瘤，引發劇烈疼痛[26]。

在美國一處飼養兩百萬隻蛋雞的農場裡，每間棚屋塞了九萬隻雞，農場高層告訴《國家地理》雜誌的記者說：「當雞蛋產量低於獲利門檻時，整個棚屋的九萬隻雞就會全數賣給加工業者，製成肉醬或雞湯。」[27]然後一切再從零開始。

運送過程也讓禽畜飽受折磨。在美國，估計有一〇%到一五%的雞在運送途中死亡。至於運抵屠宰場的雞，有三分之一由於搬運和運送方式的問題，會出現之前沒有的骨折新傷。

屠宰場本來應該以水浴槽電擊方式來電暈雞隻，但為了節省成本，他們使用的電流通常不夠強（僅有電暈所需強度的十分之一），導致許多送入沸水中的雞仍然意識清醒[28]。

蛋雞產下的公雛雞會被撲殺銷毀：法國每年銷毀了五千萬隻公雛雞，美國則是兩億五千萬隻。「銷毀？光是這兩個字就值得一探究竟。」強納森．薩法蘭．弗耳寫道：

大多數的公雛雞會被吸入一連串的管子中，來到電擊板之後被撲殺。……有些則在意識完全清醒的情況下，直接被丟入絞碎機（想像一台碎木機裡塞滿小雞的畫面）。……殘忍？這要看你對殘忍的定義是什麼。[29]

至於豬，為了防止牠們咬彼此的尾巴，工人會用剪尾鉗來切除豬尾巴，這種工具可以壓平傷口以減少出血。法國在二〇〇三年一月十六日頒布法令，允許對不到一週大的仔豬進行犬齒磨平。而母豬會被關在比牠們身體大不了多少的金屬隔間裡，用鏈條拴住長達兩、三個月的時間，防止牠們轉身或是往前後移動超過一步。當母豬準備生產時，會被固定在名為「鐵處女」（vierge d'acier）的設備中，這是一種讓母豬無法動彈的金屬框架。公仔豬會在沒有麻醉的情況下遭到閹割，工人用刀劃開陰囊皮膚，將露出的睪丸硬拉出來，直到連接的繫帶拉斷為止[30]。重達三百公斤的母豬在短暫的一生中很少移動，最後的下場是一條後腿掛在鉤子上，全身被吊掛在半空中，脖子被劃上一刀，隨著血液流乾還不斷拚命掙扎。法國農業技術研究院（INRA）研究員喬瑟琳．波爾謝表示：「整個體系就是一座巨大的痛苦製造廠。」[31]

弗耳進一步描述：「生長速度不夠快的仔豬體質最弱，會浪費太多資源，飼養場沒有牠們的容身之處。工人會抓起仔豬的後腿，將牠們頭朝下摔死在水泥地上。這種做法很常見：『我們有時一天內可以爆頭多達一百二十隻。』密蘇里州一處養豬場的工人表示。」[32]

小牛則被迫與母親分開，被關進隔間裡，導致牠們無法採取將頭枕靠在脅腹上的自然睡姿。隔間十分窄小，小牛無法轉身或是舔舐自己。

天天如此，全年無休……

至於成牛，最常見的做法是用空氣槍朝其頭部擊發鋼釘，照理說這就足以讓牠們失去意識或死亡。但還是有許多成牛會在仍有意識或是中途醒來的情況下，直接遭到工人支解。以下再次引用強納森．薩法蘭．弗耳的描述：

> 說白了，動物就是在仍有意識的狀況下，遭到放血、剝皮和支解。這種情況司空見慣，業者和當局都知情。遭指控進行活體放血、剝皮或支解的多家屠宰場，均聲稱這些做法十分常見，好為自己的行為辯護。[33]

一九九六年，科羅拉多大學動物行為學教授泰普．葛蘭汀（Temple Grandin）對整個產業進行審查，她得出的結論是，有四分之一的牛屠宰場無法保證在電擊後牛隻會失去知覺。一百年來，屠宰線的速度提高了近八〇〇%，但是工人缺乏訓練又追求速度，加上在噩夢般的環境下工作，失手情況自然無法避免。

因此，牲畜沒被擊暈的情況十分常見。某家屠宰場的憤怒員工暗中拍下影片，交給《華盛頓郵報》。二十多名工人簽了宣誓書，聲稱影片中的違規行為司空見慣，而且高層完全知情。一名員工表示：「我曾目睹成千上萬的牛活生生歷經屠宰流程……牠們可能在屠宰線上經過了七分鐘還沒死。我負責剝皮，有些牛確實還活著。此時，牲口頭部的皮已經往下剝到頸部。」而管理階層在聽完員工的牢騷後，往往就是解雇他們。一名工人敘述：

一隻三歲的小母牛抵達屠宰區入口，就在那裡生產，小牛有半截身子已經露在外面。我知道母牛就要受死了，所以就把小牛拉出來。哇，我的老闆氣瘋了……這類小牛被稱之為「早產胎」，其血液可以用於癌症研究，他想要這隻小牛……眼睜睜看著一頭母牛吊掛在你面前，肚子裡還有一隻小牛掙扎著要出來，你不可能無動於衷……我的老闆想要這隻小牛，但我把牠送回飼養場。……你知道，我以前是海軍陸戰隊的，困擾我的不是血和內臟，而是這種不人道的對待，實在是太過分了。……

剝下頭皮之後，屠體（或沒死的牛）會被送到「切腿工」那一站，他們負責把動物四腿的下半截切下。「有時會有一些牛醒過來，」另一名屠宰工人表示，「看起來就像是想爬上牆壁。」牲口來到這一站時，工人根本沒時間等同事過來重新擊昏牛隻，直接就用夾鉗切斷牠們的下半截腿。「那些牛像發了瘋似的，往各個方向亂踢。」[34]

宰雞場的狀況也差不多。水浴槽裡用來電暈雞隻的電流，常常因為強度太弱而不太見效。對此，世界農場動物福利協會（CIWF）在一份報告中指出：「歐盟每年有五千萬隻雞，可能在未經適當電暈的情況下被割斷喉嚨。」[35]泰森食品旗下一處連鎖「小型」宰雞場前員工維吉爾・巴特勒（Virgil Butler）在二〇〇二年挺身而出，當時泰森食品是肯德基速食連鎖店的供應商。他表示：

要知道，屠宰機永遠無法將經過的每隻雞全都割喉成功，尤其是那些沒被電暈的。因此，現場會有一名「劊子手」待命，專門負責找出這些雞隻，避免牠們在鍋爐裡活活被燙死（但顯然的，劊子手也難免百密一疏）。……

想像一下這個狀況：主管通知今晚由你在屠宰室裡值班，你心想：「媽的，又是一個難熬的夜晚。」無論外面天氣如何，屠宰室裡永遠很熱，溫度在攝氏三十二到三十八度之間。鍋爐也會讓濕度維持在百分之百，水蒸汽在空氣中形成氤氳不散的煙霧。你穿上塑膠圍裙蓋住整個身體，避免被血噴濺到，也避免清洗屠宰機刀片和地板的熱水灑到你身上。你戴上鋼製手套，拿起屠刀。……

隔壁傳來雞隻被鋼鉗單腳吊掛起來的尖叫聲，還有金屬鍊條的咔噠聲。你聽見屠宰線的馬達轟轟作響，推動屠宰線上的雞隻。各種噪音震天響，吵得連你自己的吼叫聲也聽不見（我的經驗談）。所以如果有人進來，你得比手畫腳才能溝通。但這種情況不常發生，通常大家都是不得已才會進來這裡。……

屠宰線上的雞隻以每分鐘一百八十二到一百八十六隻的速度到達，到處都是血。……你的臉上、脖子上、手臂上，還有整片圍裙上；你全身都是血。……

即便你很盡力，也不可能每一隻都宰殺到。每錯過一隻，你就會「聽見」牠在大鍋爐裡掙扎、衝撞鍋壁時所發出的淒厲叫聲。該死，又是一隻「紅雞」。你很清楚，每一次你看見有一隻活受罪的雞，就代表還有其他十隻雞你漏掉了。你心知肚明。……

一段時間後，你經手的大規模殺戮和全身鮮血淋漓的處境，就開始影響到你，尤其是如果你不能放下所有情緒，把自己變成一個機器人或一具喪屍的話。你覺得自己像是一架巨大殺戮機器中的一枚齒輪，其實這份工作的狀況也差不多就是如此。……整個世界只剩下你和大量垂死的雞。……你正在殺害成千上萬隻毫無防備的家禽（每晚宰殺七萬五千到九萬隻）。你是劊子手。

這種事你無法跟任何人談。與你共事的夥伴會認為你太軟弱，家人和朋友則不想知道。這些事情讓他們感到不舒服，他們也不曉得該說什麼或做何反應，甚至會用奇怪的目光打量你。有些人知道你的職業後，會不太想跟你往來。你是劊子手。……

你開始討厭自己，也討厭自己一直在做的勾當。你羞於告訴其他人，每天晚上當他們在床上入睡時，你正在做什麼。你是劊子手。……最後你會關閉所有情緒。……你有帳單要付，你得填飽肚子。但是非到飢不擇食的地步，你不會想吃雞肉。你知道吃進肚子的每一口，要付出什麼代價。……

你覺得自己與整個社會格格不入，不是其中的一分子。你孤孤單單一個人。知道自己與其他人不同，他們的腦袋裡不會有這些殘忍的死亡畫面，他們沒有見過你目睹的一切，再說他們也不想看見，甚至連聽都不願意聽。否則，他們怎麼可能還忍心繼續吃進下一塊雞肉呢？

歡迎來到我曾經的噩夢世界。我現在好多了，和其他人相處得很好——至少在大部分時候。[36]

屠宰場工作是最考驗體力和情緒的職業之一。從許多從業人員身上都可以觀察到，工作上的意外事件機率也越來越高；同時因為壓力，也因為要克服大部分人類對殺戮的反感，造成了種種心理上的困境[37]，許多屠宰場前員工和調查員，都出現了創傷後壓力症候群[38]。

美國耶魯大學的政治學研究員提摩西．帕基拉特（Timothy Pachirat）曾設法在內布拉斯加州一家屠宰場工作六個月，裡頭有員工九百人，其中大多數是移民。他想要從工人的角度，體驗一般民眾無從感受的大規模暴力。這家屠宰場每年宰殺約五十萬隻牲口，平均每十二秒鐘宰殺一隻；帕基拉特的書名《每十二秒鐘》（*Every Twelve Seconds*）即由此而來[39]。他在書中描述工人彼此間逐步建立起團結情誼，藉此捱過每一天的煎熬。屠宰工作分為多道工序，進而在感覺上稀釋了道德上的責任：參與屠宰線的一百二十個人中，只有「敲頭工」（knocker，即負責將牲畜敲昏的人）見過一開始還活生生的牲口，在致命敲擊（但不見得真能致死）之後，牲口便奄奄一息。其他工人則經歷了認知失調，認為自己只是參與次要工作，「與殘酷的屠殺無關」。七年後，當時每天參與的屠殺行徑，仍深刻影響帕基拉特的心理層面。光是想起裡面的尖叫聲和氣味，就足以令他作嘔。從那之後，他就開始吃純素。

我不是不人道，我只是……麻木了

這是誰的錯？獸醫系學生克里斯提安娜．侯特（Christiane M. Haupt）描述她在屠宰場實習的經驗。根據她的看法，是消費者供養了這個體系，因此說到底，消費者要為這一切負責：

> 在我看來，除了少數例外，在這裡工作的人並非完全沒有人性，只不過是變得麻木了，就跟習慣之後的我一樣。這是一種自我保護。不，真正不人道的，是那些每天下令進行大規模屠殺的人，還有那些貪食肉類而讓禽畜活得如此悲慘、也死得如此悲慘的人，他們還迫使其他人從事這種有辱人格的工作，將他們變成了令人毛骨悚然的生物。連我自己，也逐漸成為這架殘酷死亡機器中的一枚小齒輪。[40]

除此之外，每年還有上億隻動物因為身上的毛皮遭到宰殺。在瑞士一支調查小組使用隱藏式攝影機拍攝的紀錄片中[41]，可以看到中國飼養業者將水貂從後肢吊起，利用旋轉和以腦部撞擊地面的方式，讓水貂暈死過去。然後工人開始活剝水貂毛皮，等到所有毛皮剝除之後，就將剛剝完皮的水貂扔作一堆。看著這些水貂靜悄悄、動也不動的慢慢死去，對於任何一個還有那麼一點惻隱之心的人來說，牠們眼中的神情都難以忍受。然而，讓你想像不到的畫面是，那些人一邊繼續像削果皮似的為動物「扒皮」，一邊嘴裡叼著菸輕鬆的聊著天，好像什麼都沒發生過一樣。

相信我們之中有許多人，對於以上這些描述及紀錄片所捕捉到的殘酷現實，都很難以忍受，但我們或許應該捫心自問，為何這些報導會讓我們如此不安。是因為我們一味的縱容嗎？還是擔心自己對這些折磨太感同身受而不堪負荷？

遺憾的是，這些報導不是少數刻意誇大的殘酷場景，真實的數字遠遠超過各位的想像。每一年，法國有超過十億隻陸生動物遭到殺害，美國則有一百億隻，而全世界大約有六百億隻。近些年來，中國、印度和許多新興國家，都採用了集約式的工業化飼養。在法國，九五%的食用豬肉、八〇%的蛋雞和肉雞，以及八〇%的牛肉都來自工業化飼養。還有每年宰殺的四千萬隻兔子，幾乎都是關在籠子裡飼養[42]。在《我們屠宰的動物》（*Ces bêtes qu'on abat*）一書中，調查員尚路克・鐸柏寫道：「我要向不知情的人們揭露一個事實：大多數工業化飼養的動物第一次見到日光，是牠們被送往屠宰場的路上。甚至，對於其中許多動物來說，這一次的運送是牠們出生以來第一次有機會走動。當我們購買廉價的培根或雞肉時，就等於是默許這樣的事情發生。」[43]

許多國家正要通過新的法令，應該可以終止這些殘忍對待，尤其是歐盟國家。但是在世界其他地方，這類殘酷的禽畜飼育體系仍在持續進行。

尚路克．鐸柏不止一次發現，還是有屠宰場根本不在乎新規定，因此他想知道公部門對此能採取什麼行動（例如請政府獸醫部門介入）。讀到鐸柏書中的某些段落，我們或許也會和他有一樣的想法：「做出這些殘酷行徑的人或許是精神錯亂了，因為他們的所作所為實在令人無法想像。」[44]

沒有一條魚能得到好死的下場

再來看看魚類、甲殼類及其他海洋生物的情形。有一項研究使用了多個國際組織所提供的年度漁獲量數據，在考慮噸位並估算每個海洋物種的平均重量後，得出了一個天文數字：每年遭到捕殺的魚類和其他海洋生物，總數量在一兆左右[45]。這個驚人數字絕非採行傳統捕撈來維持生計的漁民所能辦到的，而是工業化捕撈的結果。

這個估計出來的數量，還不包括未正式記錄的漁獲量，實際數量至少還要多出一倍，而且也還沒有列入因為工業化撈捕而受到嚴重衝擊的海洋物種。在法國，每年撈捕的魚類和貝類數量約為二十億。

正如弗耳所言：「沒有一條魚能得到好死的下場。一條也沒有。你完全不用懷疑你盤中的魚是否遭受過折磨。因為答案從來都是肯定的。」[46]

這些被捕的魚，有的被長達數公里的魚線鉤著，死前要忍受長達好幾個小時的痛苦。一旦離水，這些魚就會死於窒息，或是因為從魚網深處往上提、快速減壓而造成內臟破裂致死；遭到活活開膛剖腹的情況也不在少數。還有漁民割下鯊魚的魚鰭或鮪魚的側腹，然後將殘缺的動物扔回海中，讓牠們蒙受漫長痛苦的死亡。全球捕撈的漁獲當中，有四分之一用來餵養工業化飼養場的動物，進一步助長了惡性循環。

傳統飼養、有機飼養……一種較小之惡？

比起工業化飼養，在自然環境中放養的動物有更好的生活環境，遭受到的折磨也少得多。然而，情況卻不容如此樂觀。一旦動物仍被視為消費品，人類為了追求利潤和報酬率，總會以牠們為代價。

一如喬瑟琳．波爾謝所說的，傳統飼養業者和所飼養的動物有更人性化的關係，他們會認識每一頭動物，而且也不會只著眼在獲得最大的利潤，所飼養的動物也沒有被貶低為可以讓人類無情對待的「物品」[47]。但是「較小之惡」在道德上仍然站不住腳，因為沒人可以證明殺害這些動物是必要的（除非這是存活下去的唯一辦法）。哲學家托馬斯・勒佩提耶（Thomas Lepeltier）便指出：「基於某種默契所建立的信任關係，是非常理想化的形象，但背後往往隱藏著不堪的現實……傳統飼養業仍是一種建立在剝削動物上的產業，免不了會做出殘酷的行徑。」[48]

尤其是當幼畜一隻接一隻出生，而傳統飼養業者為了擠奶水，勢必得一次又一次的帶走母牛、山羊和母羊的孩子。而其中凡是不能當種畜的幼獸，立刻就會被送往屠宰場。至於成年動物，一旦失去經濟價值，一樣會面臨相同的下場。更好的生活環境不會持續太久，動物最終還是得經歷被運往屠宰場的命運，和牠們在工業化養殖體系中的同伴一樣，遭遇到相同的苦難。因此，聲稱傳統飼養業者因為跟動物一起生活，不會為了賺錢而剝削牠們，這種說法有待商榷。畢竟這種養殖形式，本來就建立在計畫性死亡之上[49]。

弗洛朗絲・博蓋在其著作中寫道：「我們都願意想像有一種飼育方式，是『快樂的』動物被『人道的』殺死。」凡是如此異想天開的人，都一定要清醒過來[50]。要真正達到這種境界，就得廢止整個飼養體系，重回到過去農場中由接受過所謂「人道」屠宰訓練的專業工人經手，以安撫「合乎道德的」肉食者的良心。但是殺害一心要活下去的動物，究竟有哪一點可以稱得上是「合乎道德」？「為了讓這種『快樂肉類』的形象更完善，」弗洛朗絲・博蓋又說：「有些人甚至提出動物也同意的主張，表示牠們向農民獻出生命，以感謝他們的良好照顧。」[51]這不禁令人想起中國死刑犯的例子（每年高達數千名），據說他們出於偉大的愛國情操，幾乎每一個人都自願簽下在執行槍決後立刻被摘除眼球、腎臟和肝臟等器官的同意書。說穿了，「快樂肉類」只是天方夜譚。想要兼容對動物的同情心及肉食習慣，就像以同一根水管同時供應熱水和冷水一樣。

此外，許多用來吸引善心消費者的標章往往有誤導性。用於家禽的「有機」標示，並不表示牠們是在野外放養，往往只是餵養有機飼料而已。即使是「露天飼養」的家禽，實際上也是生活在骯髒的雞寮裡，每平方公尺硬擠了九到十二隻，偶爾才讓牠們在圍有鐵絲網的走道上走動，或者讓牠們到室外走一會兒。因此，實際情況絕對不是廣告所吹噓的「快樂雞肉」形象。只有「自由放養」的標章，家禽才能生長在有部分植被覆蓋的露天開闊地。就算在如此宜居的環境下，為了方便管理，動物仍會遭受各種虐待，包括在麻醉或未麻醉的情況下進行閹割、母子被拆散、公雛雞一出生就被銷毀，以及讓下蛋太少的母雞「除役」（也就是進行宰殺）等等。

在一次由生態倫理智庫（Ecolo-Ethik）於法國參議院主辦的論壇中，我引用了蕭伯納的話：「動物是我的朋友，我不會去吃我的朋友。」會議桌上有位從事有機飼養的農民，便很自豪向我出示當天早上在他農場出生的小牛照片，然後在發言時強調：「我並不是我那群動物的朋友，我養牠們是為了把牠們宰了。」

如此堅決又坦白的陳述，是我們對以宰殺為最終目的的飼養產業最直接的質疑。那麼，是否有可能提出一種非暴力的飼養方式，比如只取用母牛的牛奶、綿羊的羊毛和母雞的雞蛋，而不要危及牠們的性命？在沒有更好的辦法以前，我們不妨比較一下福利主義者和廢除主義者的論調：前者希望透過改革，以改善飼養動物的處境，但不反對整個飼養體系；後者則主張廢除將動物工具化的一切形式。這裡以歷史為例，福利主義者曾建議讓奴隸貿易更「人性化」；而當時被視為極端分子或瘋子的廢奴主義者，則是完全跳過改善奴隸貿易的訴求，而直接主張完全廢止奴隸制度。幸好，他們最終得到了勝利。

以人道方式進行屠宰？

不可否認的，有些地方確實已經落實了一些改善措施。在美國，工業化飼養長期以來都不適用各項動保法規，但多虧泰普．葛蘭汀的努力，情況已有些微起色。她重新設計屠宰場的設施平面圖，使動物在接近屠宰區時不再那麼恐慌，而引導動物列隊前往屠宰區的斜坡，也從此被稱為「通往天堂的階梯」，只可惜動物們不識字。如果能以任何可能的方式，減輕動物的種種苦難，那當然是更好；但是我們安慰自己說，今後每年上千億隻動物都將「以人道方式進行屠宰」，這種態度仍舊令人不寒而慄。

法學家兼作家大衛．肖韋（David Chauvet）對此評論說：「對大多數人來說，宰殺動物不是問題，只要過程不會造成痛苦，也就是大家所說的『人道屠宰』。當然，沒有人會願意被『人道處決』，除非符合他的個人利益，比方說縮短他所承受的痛苦。但是動物被宰殺後，以肉塊包裝鋪排於超市貨架上，肯定不符合動物的利益。」[52]

這一點並沒有逃過某些動物維權分子的關注：單純主張讓動物的生存和屠宰環境更「人道」，不過是在持續屠殺動物的同時，讓自己的良心好過一點的開脫手段而已。真正需要的是終止這一切，因為無論是在畜牧場或肉品工廠，毫無必要的殺害一個有感知的生命，都同樣令人無法接受。

我們加諸在他人或動物身上的苦難，絕大多數並非無法避免，而是我們的觀念造成了這些行為。如果我們認定某個族群是毒瘤，就會毫不猶豫的加以消滅。只要我們認為其他生物都是命如草芥的低等生物，就會毫不遲疑的把對方當作工具，來滿足我們的一己之私。

有人可能會反駁：「畢竟生命就是如此，為什麼要對人類一貫的行為如此感情用事？動物之間也會弱肉強食，這是自然法則，改變的意義何在？」要回答這個問題，我們可以說人類自被視為野蠻人以來，已經在進化過程中變得更和平、更人性化。如果不是如此，又何必去讚歎文明的進步？即便在今天，凡是訴諸蠻橫和暴力的人，不也被稱作「野蠻人」嗎？

對大多數人來說，了解並認知到工業化飼養場和屠宰場每天發生的事，可能就足以讓人自然而然的改變看法，甚至願意改變生活方式。但是除了極少數的例外，媒體的相關報導依舊付之闕如，而且媒體也不可能自由出入屠宰場進行調查。不過，我們還是可以在網路上找到一些揭露肉品工廠真面目的報導[53]。

根據法國農業部共同資助的一項研究[54]，針對具有代表性的人口樣本進行調查後發現，雖然只有一四%的受訪法國人不同意「人類飼養動物是為了吃牠們的肉，這是很正常的一件事」，但對於「看著動物被屠宰會令你不適嗎？」這個問題，有高達六五%的人回答「會」。所以結論是：我們同意宰殺動物，但條件是別在我們眼前發生；也就是眼不見、心不煩。

目睹這一切可能令人感到痛心，但我們必須把痛心轉化為行動的決心和勇氣：慈悲的勇氣。正如猶太人大屠殺的倖存者艾利．維瑟爾（Elie Wiesel）在獲頒諾貝爾和平獎時所發表的感言：「保持中立只會助長壓迫者的氣焰，對受害者無益；沉默只會鼓舞施暴者，而不是受虐者。」[55]

我們是否還要視而不見？一切都取決於我們自己。

第5章
我們為什麼心安理得？
常見的牽強藉口

為了證明剝削動物的正當性，我們援引了邏輯和科學研究都難以動搖的宗教信仰，也提出幾乎經不起當代科學知識檢驗的各種理由，甚至經不起我們誠實的反思。換句話說，我們找盡了各種藉口，以便心安理得的持續宰殺或奴役動物：

- 我們有權任意剝削動物，因為我們比牠們聰明許多。
- 無論如何，我們總得在人類與動物之間做選擇。
- 人類有許多更嚴重的問題要處理。
- 動物不會感到痛苦，或至少不會像我們一樣。
- 弱肉強食是自然法則。
- 人類要有食物才能活下去，因此剝削動物是必要的。
- 人要吃肉才能健康。

・宰殺並食用動物是老祖先傳下來的傳統。

我們有權任意剝削動物，因為我們比牠們聰明許多？

只因為人類更聰明，所以就有權利剝削或折磨比較不聰明的生命？先不談人與動物的關係，想像一下，就人類自己而言，如果將智力視為評判一個人的根本標準，並以此推論出最聰明的人有權奴役其他人。顯然的，我們會發現這種事情無法接受。

由於人類擁有出眾的智慧，才有能力做到至善，但也有能力做出最卑劣的惡行。我們在創造力、愛與慈悲方面擁有巨大潛力，但同樣有仇恨和殘酷的能耐。人類這個物種因為有巴哈的頌歌和波特萊爾的詩作，所以就有權利去折磨動物？哲學家盧梭對此不能苟同：

> 的確，如果我有義務不得傷害同類，那麼並不是因為對方是一個理性的存在，而是因為他是一個有感知的生命。這是動物與人類共通的品質，至少其中一方有不被另一方無謂虐待的權利。[1]

哲學家及倫理學家亨利．西奇威克（Henry Sidgwick）呼應盧梭的說法：「不能因為兩種有感知的物種在理性上有所差異，就認定兩者各自的痛苦在倫理上有根本的區別。」[2]

在挑選哲學教師或會計師時，智力的確是一種恰當的標準，就像以藝術才華來挑選樂團指揮，或以體力來聘雇碼頭工人。但是依據智力來決定某個有感知的生命能否被虐待、剝奪自由或被宰殺，這就讓人無法接受了。唯一可以引導我們取捨的事實依據是，一切有意識的生命天生就具備求生存及不受苦的渴望，正如著名的印度佛教智者寂天所言：

> 吾應除他苦，他苦如自苦；我當利樂他，有情如吾身。（我必須消除他者的苦難，因為那就像是我自己的苦難。我必須努力促進他者的利益，因為他者就和我一樣，都是有感知的生命。）[3]

此外，每個物種為了達到存活的目的，都具備了所需的「智力」和其他特殊本領；有些動物的本事更遠在人類之上。蝙蝠透過極為複雜的聲納系統來為自己指引方向；鮭魚可以單靠嗅覺，經歷漫長的海洋洄游之後，找到自己出生的河流；候鳥能靠著星星或偏振光的指引，飛越整個地球。多少了不起的本事，都是人類辦不到的。一如美國哲學家湯姆．雷根寫的：

> 說到理解能力，許多動物就像人類一樣，也能理解牠們生活與活動的世界。否則牠們根本無法生存。因此，在表面的眾多差異之下，還有更多我們忽視的相似之處。就像我們一樣，動物體現了意識的神祕和奧妙。就像我們一樣，動物不僅生存於世，也能意識到這個世界。就像我們

一樣，每一隻動物都是各自生命的精神中心，是獨一無二的存在。[4]

《動物解放》一書無疑是過去三十年來對改善動物處境貢獻最大的著作，在書中，作者彼得・辛格也堅持，我們必須考慮生物對痛苦的感受力，以決定如何對待：「只要有任何一種生命受苦，我們就有道義上的責任去考量這樣的痛苦。無論這個生命的本質為何，根據平等原則，一個生命受苦就必須和其他所有生命的類似痛苦一視同仁。」[5]

辛格當然明白生命天生就不平等，尤其是在智力和探索世界的行動力方面。他談的是「利益平等考量」原則，並強調該原則並不要求以對待人類的方式去對待動物。讓一頭母牛學習閱讀和寫字沒有任何好處，牠應該與同伴一起在草地上平靜生活，直到生命結束。

英國哲學家、法學家及經濟學家邊沁在其著名的聲明中，也曾明確表達這個觀點：

也許有一天，動物世界的其他非人類生物將獲得只有暴政之手才能加以剝奪的那些權利。法國人已經發現，黑皮膚絕不是讓一個求助無門的人任憑他人折磨的理由。也許有一天，人們會承認腳的數量、體毛或是否有尾巴，也同樣不足以讓有感覺的生物淪落到相同的下場。還有什麼標準可以拿來畫出一條界線？是思考能力，還是說話能力？比起出生一天、一週或甚至是一個月的幼兒，成年的馬或狗都更有理性，也更善於溝通。就算牠們不是如此，又有什麼差別？問題不在於牠們能**思考**嗎？也不是牠們能**說話**嗎？而是牠們會**感受到痛苦**嗎？[6]

所以，感受痛苦的能力，才是所有生命有權獲得一視同仁的主要原因，與智力高低無關。但這並不代表所有生物——無論是人類或非人類——都必須在所有事物上享有相同的權利。例如，綿羊和小牛不需要投票權，牠們用叫聲和肢體語言來表達感受，只要人們能辨識，就可以理解牠們正在「投票」反對人類加諸在牠們身上的痛苦。牠們有無數種表達痛苦的方式，是我們選擇對牠們發出的訊息裝聾作啞、視而不見，並自行決定牠們的痛苦不值得重視。

人類只能在自己或動物之間做選擇？

這種兩難處境肯定會有，但並不多見。如果必須在撞飛一條過馬路的狗和載著一家子直衝深谷做選擇，相信沒有人會問哪個選擇才正確；人命顯然更加寶貴。當人類必須抵禦掠食者時，也會做出同樣的自保決定。但在日常生活中，大多數人所面臨的，不會是在人或動物的福利之間二選一，很多時候是可以同時兼顧的。吃素和照顧游民完全不衝突。

就如同十九世紀末的作家亨利．洛塔（Henri Lautard）所說的，這種爭論通常只是獨善其身的藉口而已，既不想關心動物、也不想關心人類：

那麼人類呢！我們可能會被問到，那些在無產階級或苦難中掙扎的人類怎麼辦！所以你不關心他們，就只想到動物？難道不是更應該去關心這些人嗎？通常反駁我們的，往往是那些置身事外的人，他們才不關心受苦的是人或動物。他們刻意轉移焦點，來為自己的自私開脫。就像有一種人，你去跟他募款時，他會說：「我自己有窮人要照顧。」然而，當真的有窮人出現在他面前時，他會給的是……建議。[7]

事實上，在一般情況下，人類不必為了求生存而在自己或動物之間做選擇，我們根本只是單方面認定動物的生命不值得重視。我們認為只要動物對我們有用，不管用處是什麼或有多麼瑣碎，比如提供勞動力、被剝奪的自由、牠們的肉、皮革、皮毛、骨頭、犄角和痛苦，我們就享有剝削牠們的絕對權利。

人類有許多更嚴重的問題要處理？

我最常聽到的一種責難是：有那麼多人類還在敘利亞、伊拉克、蘇丹及其他地方蒙受苦難，我們卻將注意力放在動物身上，想改善牠們的處境，並不恰當。僅僅是考量到動物，就構成了對人類的侮辱。這種對我們的憤慨批評，看起來是出於更高的美德，也似乎切中要點，但只要稍加檢視，就會發現這種論調的背後毫無邏輯。

同樣是有感知的生命，如果我們投入一部分的心思、言論、行動，想減輕加諸在牠們身上那些惡劣不堪的痛苦，就因此構成「對人類苦難太不重視」的罪過，那麼，我們花時間聽流行音樂、做運動，或在沙灘上日光浴又算什麼？從事這些活動和許多其他活動的人們，難道會因為沒有投入所有時間去解決馬利的饑荒，而成為可憎的人嗎？法國哲學家呂克・費里（Luc Ferry）對此提出精闢見解：「真希望有人能跟我解釋一下，折磨動物對人類有什麼好處？難不成中國每年活宰成千上萬的犬隻，並因為痛苦越劇烈、肉質越香甜而任憑牠們等死數個小時，伊拉克境內基督徒的處境就能獲得改善？難道中國人虐待犬隻的行徑，可以使我們更同情庫德族人的不幸遭遇？……我們每個人都可以把適當的關注放在親近的人、家人或工作上面，甚至參與政治或社交活動，而無須為此去屠殺動物。」[8]

如果有人把百分之百的時間投注在人道工作上，那我們當然該鼓勵他繼續下去。而且可以肯定的是，天生具有這種利他精神的人，也同樣會善待動物。慈善不是貨品，不像巧克力或蛋糕那般必須謹慎分配。它是一種存在方式、一種態度，是想為我們所關注的生靈做好事，想減輕其痛苦的善意。愛護動物的同時，並不表示我們愛人類會因此少一點。實際上，我們甚至會因此更愛人類，因為我們的慈善變得更廣闊，也更有品質。一個人若是只愛護一小部分有感知的生命，甚至是一小部分人，那種慈善只是破碎而貧乏。

如同伊莉莎白．德封特內所說，羅馬時代的希臘作家普魯塔克曾注意到，「對動物呵護有加的表現，竟『意外的』讓人們習慣了善待彼此。因為凡是性格溫柔、對非人類生命表現出呵護舉止的人，對待人類也不可能偏頗。」[9]

神經科學家曾進行一項研究，讓雜食者、素食者及純素食者瀏覽受苦人類和動物的圖像，同時對他們的大腦進行掃描，結果相當有趣：在素食者和純素食者身上，與同理心相關的腦區會比雜食者更活躍，而且不僅是面對遭受痛苦的動物圖像，面對人類遭受痛苦時也是如此[10]。其他使用問卷調查的研究，也清楚顯示出這種關聯，意味著越是關心動物的人，對人類也會越關心[11]。

對於那些日夜憂心、以減輕人類苦難為己任的人來說，如果他們願意去減輕動物的痛苦，而不是玩牌消磨時間，又有什麼壞處？聲稱只要世上還有數百萬人餓死，去關注動物處境就是不道德的歪曲詭辯，大多數時候只是開脫之詞，通常都是出自那些對人或動物都漠不關心的人。以馬內利修女（Sœur Emmanuelle）曾碰到有人嘲諷她的慈善行為毫無用處，她的回答是：「那敢問先生，您為人類做了什麼？」

以我自己的例子，這種歪曲事實的指控也相當不妥，因為我所創立的人道組織「慈悲—雪謙會」（Karuna-Shechen）每年收治十二萬名病患[12]，而且有兩萬五千名兒童在我們興建的學校中學習。在致力拯救動物免於巨大苦難的同時，我想要解決人類苦難的決心並沒有絲毫減損。非必要的苦難，無論發生在哪裡、具備何種性質，我們都不能袖手旁觀。這一場抗爭必須深入各個層面，而且我們絕對辦得到。

因此，認為人類的福利本質上會與動物福利互相競爭，這種假設完全沒有根據。把其他物種處境納入我們所關心的事項，跟我們盡力解決人類問題完全不抵觸。反對虐待動物，也是人類對抗暴行的一部分。哲學家弗洛朗絲・博蓋和法學家尚皮耶・馬蓋諾（Jean-Pierre Marguénaud）在《世界報》發表的一篇評論表示：

> 有些人認為，為了動物保護而爭取立法，甚至承認動物權利的主張，是對人類苦難的羞辱，而我們必須回應這些人：人類的苦難是剝削並漠視最弱勢人類的痛苦所造成的，因此主張漠視其他更弱勢且無法抗議的生命所遭受的痛苦，才真的是羞辱或甚至合理化人類的苦難。……保護動物與保護最弱勢的人類族群，同樣都是為了幫助那些可能受到傷害的生命而努力奮戰的同一場崇高戰役。[13]

有上千種方法可以避免傷害動物，並在保護牠們的同時，不會對人類造成任何的負面影響，既不會占用我們和家人相處的任何一分鐘，也不會挪用到幫助弱勢人口的任何資源。多年來一直從事屠宰場調查工作的尚路克・鐸柏寫道：

我們仍然會聽到諸如以下的評論：「那麼，你們為兒童、殘障人士、關塔那摩（Guantanamo）的囚犯及其他人又做了什麼？」說得像是保護動物的人，就要對人類的苦難也負起責任，或至少應該對此感到歉疚一樣。但把這些話掛在嘴上的大多數人，其實什麼也沒做。……而我是一名特殊教育工作者，工作是協助精神障礙人士過好每天的生活。算了，我不想再為自己辯解，也沒這個必要，因為只要有點智慧的人都不會問這些低級和愚蠢的問題！[14]

指責動保人士不把時間花在關心人類問題，這種惡意抹黑十分荒謬可笑，因為這些人從來不會用相同論調去抨擊那些閒暇時從事繪畫、運動、園藝或集郵的人。

減少對動物的剝削，甚至可以帶來雙贏互利的局面，就像彼得．辛格對素食主義的看法：「吃素比吃肉更容易養成習慣。事實上，那些聲稱自己關心人類福祉和環境保育的人，就算是只為了這個理由，也應該成為素食者。如此一來，多出來的糧食就可以餵養世上其他地方的人口，從而減少汙染、節約水和能源，並同時避免森林被濫伐。而且，素食比肉食便宜，人們會有更多的錢投入饑荒救濟、人口控制，或是任何他們認為最迫切的社會或政治主張。」[15]我個人是透過國際性非營利組織「慈悲—雪謙會」，把個人資金和大部分時間用於人道援助上。該協會是由一群無私的志工和慷慨的善心人士組成，在西藏、尼泊爾和印度等地建立並經營學校、診所和收容所，至今已完成一百三十多項計畫，但這完全不會妨礙我投入動物保護工作。

就算的確有一些事比照顧動物更急迫，但就如哲學家托馬斯・勒佩提耶所說的：「我們至少可以寄望提出該論調的人停止屠殺動物，或是放手讓其他人代勞。」[16]

動物不會感到痛苦，或至少不會像我們那麼痛苦？

這個看法在笛卡兒發表「動物是機器」的觀點後達到顛峰，先前提過，他認為動物「只是一種單純的自動化裝置，無法體會快樂、痛苦或其他感覺」。笛卡兒學派的馬爾布朗許（Nicolas Malebranche）表示，動物被刀割時會嚎叫，被烙鐵炙燙時會扭曲身體，只不過是機械性反射，與人類所謂的痛感完全沾不上邊。荷蘭作家伯納德・曼德維爾（Bernard Mandeville）在一七一四年出版的《蜜蜂的寓言》（*The Fable of the Bees*）一書中做出回應：

> 一頭溫馴的大公牛在被劊子手以殺死人類十倍有餘的力道猛擊十幾下後，終於不支倒地……身為一個毫無同情心的凡人，你聽著牠痛苦的哀嚎聲被鮮血噎住，帶著疼痛至極的苦澀喘息，以及發自內心深處的最後呻吟；牠的四肢顫抖、劇烈抽搐，眼神逐漸變得黯淡無光。你看著牠掙扎求生，卻仍然一步步走向既定的命運。當一條生命傳達出如此具有說服力且無可否認的證據，來表明牠所經歷的恐怖遭遇和所感受到的痛苦及折磨時，我們是否能期待一位冷酷嗜血的

笛卡兒信徒，突然心生憐憫而決定放棄那位自負思想家的荒謬理論？[17]

當代達爾文學說和動物行為學研究的先行者伊波利特．泰納（Hippolyte Taine），曾如此描述十七世紀法國詩人拉封丹（Jean de La Fontaine）對動物的愛：

> 他追蹤牠們的情緒，揣想牠們的思路，他感動、雀躍，變得溫柔。他進入了牠們的感覺世界，和牠們一同經歷了一切……動物擁有人類的所有特質，包括感覺、判斷力及想像力。[18]

我們現在知道，在進化過程中，動物為了適應周圍環境和求生存的需求，已經發展出各種形式的感受能力。本書之前提到過，許多動物所具備的感官能力，在某些方面的表現遠比人類優異，尤其是經過數百萬年形成且淬煉出來的痛覺，因為這是求生存的根本能力。疼痛是警訊，驅使動物盡快逃離任何可能危及身體完整性的事物。伴隨著情感出現的主觀痛苦，在許多物種身上都可以看到。達爾文寫道：「我們已經看到，人類引以為傲的感覺和直覺，以及諸如愛、記憶、專注、好奇、模仿、推理等各式各樣的情緒和能力，也能在低等動物上觀察到初具雛形的狀態，甚至有時已經是發展完備的狀態。」[19]換句話說，無論是身體上的疼痛、精神上的痛苦或是情感，都不是人類獨有的。

和達爾文同時期的偉大昆蟲學家法布爾（Jean-Henri Fabre）也說過：

動物的構造和我們類似，也跟我們一樣會感到痛苦，但牠們卻往往成了人類殘忍行徑的受害者。凡是毫無理由以暴虐手段去折磨動物的人，我很樂意稱呼他為「非人類」（inhumain），因為他折磨的是一具和我們相近的血肉之軀，殘忍對待的是和我們具備同樣生命構造、能感受痛苦的身體。[20]

如果動物感覺不到任何疼痛，為什麼會具備感知及抑制疼痛所需的生理機制和生化物質？此外，如果動物具備了所有偵測和控制疼痛的機制，那麼就沒有理由認為，**體驗**身體疼痛和精神折磨的能力，是忽然憑空出現在人類身上，且為人類所獨有。伏爾泰早就提出了這樣的質疑：「機械論者們，請回答我，難道大自然在這隻動物體內配置了所有的感覺器官，只是為了要讓牠沒有感覺？牠擁有神經，難道只是為了什麼都感覺不到？千萬別認為自然界會存在這種毫無道理的矛盾。」[21]科羅拉多州立大學哲學和動物科學教授貝爾納．羅林（Bernard Rollin）總結道：「如果我們不是機器，動物也不可能是單純的機器。」[22]

這種不合邏輯的說法破綻百出，就像下面羅林所提到的小插曲。在一次科學大會上，他表示如果獸醫會給動物服用麻醉劑和止痛藥，顯然是因為牠們會感到疼痛。此時一位研究人員起身回應：

「麻醉劑和鎮痛劑與疼痛無關，只是化學抑制的手段而已。」一位澳洲的研究人員接著反駁道：「這個人腦袋有問題！如果動物完全不會感到疼痛，那為什麼還需要抑制呢？」[23]可別忘了，法國神經學家鮑赫斯・西呂尼克（Boris Cyrulnik）也曾提醒我們，一直到一九六〇年代，人們都還認為新生兒不會感到疼痛，並在沒有麻醉的情況下對他們進行手術[24]。

至於對疼痛的敏感性，則取決於神經系統的複雜程度，以及當身體遭受外部攻擊或內部功能障礙時，所釋放的神經傳導物質和激素的多寡。對疼痛的恐懼和排斥，以及伴隨而來的痛苦，都可以在動物身上觀察到。如果把心智構造的因素加進來，這些感受在人類身上當然會更加放大，因為我們有更複雜的心智構造。

根據情況不同，智力也會增強危險所造成的心理衝擊。法國哲學家、法學家和政治學家維爾梅（J-B Jeangène Vilmer）表示：「人類的理解力可能成為痛苦的根源，會讓衝擊力道倍增：死刑犯很痛苦，因為他知道自己將在六個月後死去；但是牛隻不知道。反之，動物的無知也可能成為痛苦的根源，因為野生動物不像人類，牠無法區分人類的捕獵行為是想讓牠活下來，還是想殺害牠。」[25]

此外，許多動物都很隱忍，牠們的行為在我們看來可能不像是在受苦。寵物不舒服時會停止嬉戲、嗜睡，大幅改變以往的習慣。牠可能變得容易緊張，對自己的同伴及主人有攻擊性；也可能正好相反，變得沮喪、消沉，或想要躲起來。腳骨折的貓會傾向於躲起來，而不是痛苦的呻吟。車禍後受到內傷的狗，除了行為比以往更順從及安靜，你看不出其他異狀。在牛和馬身上，磨牙通常是身體不舒服的表現[26]。動物的這些疼痛訊息直到最近才被解讀出來，在此之前，甚至連獸醫在治療時都沒有費心為動物止痛。

魚類是最「沉默」的生物。牠們被宰殺時不會像豬那樣嚎叫，也沒有臉部表情可以傳達感受來引起我們的注意。在牠們被撈出水面無法呼吸時，就跟人類溺水的反應一樣。因此，只要你仔細看過垂死的魚，那種拚命想呼吸的樣子，看過牠驚恐的眼睛以及最後的撲騰，就足以理解牠有多痛苦。被漁網捕獲或被釣魚線鉤住的魚（一張大漁網有時可長達好幾公里），可以一直掙扎數小時或甚至數天之久[27]。當牠們從水底深處被快速往上拉時，所受到的急速減壓會使得魚鰾爆裂，導致眼睛外凸，食道和胃從嘴裡嘔出來。

不過才幾年前，一些認真的科學家仍然對魚能感受疼痛的能力抱持懷疑。但同時有許多研究顯示，魚類也具有和脊椎動物類似的偵測和感知疼痛的神經系統，而且還會分泌在人體內有止痛效果的腦內啡，由此證實了魚類有痛覺，同時也能感到恐懼和焦慮[28]。

此外，魚類的智力也比我們想像的還要高。坦尚尼亞當地有些魚會透過觀察和演繹推理，來判斷競爭對手的社會階級並牢記在心。之後，如果發生領地衝突，曾觀察過兩條魚較量過程的另一條魚，就會選擇去挑戰先前戰敗的那一條魚，以增加自己獲勝的機會[29]。也有證據顯示，加州大口黑鱸的學習能力很強，只靠觀察其他同類如何上鉤，就能在短時間內學會避開魚鉤[30]。

至於龍蝦、螃蟹、蝦和其他甲殼類，也具有高度發達的感覺系統，雖然不同於脊椎動物，但會對疼痛刺激立即做出反應。多項研究證明，螃蟹會從疼痛經驗（例如電擊）吸取教訓，徹底改變自己的行為。例如，當牠們來到曾被電擊的地點時，會縮短停留時間，即使餵食牠們最喜歡的食物，進食速度也會比平常更快[31]。研究人員認為，外部刺激所造成的退縮反射，不會引發這樣的行為改變。其他研究人員則觀察到，有一種蝦子會仔細清理被放上乙酸的那根觸鬚（而不是另一根），但如果事先施打麻醉劑，蝦子就不會有任何反應。該行為說明了這是一種疼痛反應，而不是因為接觸到外來化學物質而引發的單純反射。另外我們應該要知道，當你把活生生的龍蝦放進沸水中時，牠可以持續活上一分鐘[32]。即使是蚯蚓，體內也存在著與疼痛感知相關的物質，尤其是腦內啡。菲利普・德維耶納（Philippe Devienne）在《動物會感到痛苦嗎？》（*Les animaux souffrent- ils?*）一書中，呼籲大家要具備這些常識：

> 看到受傷的動物呻吟、顫抖，一眼就能看出牠很難受。總歸一句話就是：「牠正在受苦。」這既用不上我們的判斷力，也用不上理解力。我們自己的經驗就是事實。我們知道人類與動物都會感到疼痛，但鋼筆、電腦和椅子不會。我們會說機器人失靈或故障，但我們不會這樣去說狗或馬。動物會失明、會生病、會失去意識，也會感受到疼痛。[33]

至於說動物不會有精神上的痛苦，也同樣荒謬。「就算拆散乳牛與牛犢時，牠們發出的哞叫聲不是因為身體的疼痛，但仍然是一種深切悲傷的表現。」[34]作家亞莉桑德琳・西瓦—哈希內（Alexandrine Civard-Racinais）表示。加拿大有研究證明，當母牛在生產次日與小牛分開，並立刻被帶往擠奶室時，會出現悲痛和創傷反應。鮑赫斯・西呂尼克對此表示：「這種做法等於讓母親和幼獸的世界變得一無所有，會造成非常強烈的痛苦和徹底的絕望。這裡刺激的並不是傳導疼痛訊息的神經系統，而是認知領域的心智表徵——母牛與牛犢被硬生生剝奪了對牠們有意義的東西。」[35]

許多物種都有哀傷的表現，在大象身上尤其顯著。當象群中有成員即將死亡時，同伴會圍繞著牠，試圖幫牠再站起來，有時甚至會餵食。在認定同伴死去之後，象群會去找樹枝堆在亡者的身上和四周，有時會將牠完全覆蓋起來。動物行為學家約書亞・普洛尼克（Joshua Plotnik）曾描述一頭六十五歲的老母象，牠在泰國一處非常泥濘的叢林中摔倒，站不起來。接下來幾個小時，馴象師和志工們試著幫牠，而牠的好朋友——一隻沒有血緣關係的年輕母象「美麥」——始終拒絕離開牠的身邊。救援行動失敗後，美麥站在這位老朋友的身旁，多次用頭部推擠，希望幫老母象再站起來。每一次嘗試失敗之後，美麥就會用象鼻沮喪的猛敲地面。幾天後老母象過世，美麥多次小便失禁，還大聲咆哮。馴象師幾度想用大木架抬走老母象，都遭到美麥的阻止，固執的將木架推離屍體。往後兩天，牠一邊在公園裡踱步、一邊發出嘹亮的吼聲，其他大象也隨之應和[36]。

珍・古德也提過一隻非常戀母的八歲黑猩猩「弗林特」，在母親過世後鬱鬱寡歡。三天後，牠爬上母親生前習慣棲息的樹枝巢穴，待了很長一段時間後才回到地面，悶悶不樂的趴在草地上，睜著茫然的眼睛望著天空。牠幾乎不吃不喝，三個星期後過世[37]。

掠食行為或奮戰求生都是自然法則？

許多人是這麼想的：「很多動物都會吃彼此，自從地球上有生命以來就一直是如此。所以儘管自然法則可能很殘酷無情，但反抗這些法則只是徒勞一場。」就如切斯特菲爾德勳爵（Lord Chesterfield）所說的：「自然界的首要通則之一，就是弱肉強食[38]」。

美國開國元勳富蘭克林（Benjamin Franklin）曾是素食主義者，後來有次發現他抓來的魚吃了別的魚，他就對自己說：「如果連你們都在吃彼此，我看不出我們有什麼理由不吃你們。」於是他放棄了吃素。不過，他也知道自己的理由其實很薄弱，因為後來他補充說，身為理性生物的優點之一，就是可以為任何想做的事情找到藉口[39]。再說，如果任何行為都能以「其他人也如此」來自我開脫，我們不就可以心安理得的去搶銀行、家暴婦女和小孩，或是恢復奴隸制度了。

競爭和掠奪的確比合作互助更容易被看見、也更有看頭，但是我們必須理性的說，比起競爭，合作才是建構生物世界的要素。事實上，就像哈佛大學進化動力學計畫主任馬丁・諾瓦克（Martin Nowak）所強調的，進化需要靠合作，才能建立更高的組織層次[40]。關於合作，達爾文曾寫道：

無論合作觀念誕生的方式有多複雜，對於所有互助與保衛彼此的動物來說，這的確十分重要，而且是在自然選擇的過程中逐漸發展起來的。因為族群中有最多富有同理心的成員，最有能力去繁衍及養育出最多的後代。[41]

人類將行徑殘忍的人稱為「禽獸」，但是動物之所以會獵殺，幾乎全是為了裹腹；反觀人類，則是唯一會因為仇恨、娛樂或殘酷而進行殺戮的物種。普魯塔克寫道：「你說蛇、豹和獅子兇殘，然而在殺戮玷汙了你的雙手之後，你其實和牠們一樣殘暴。牠們的殺戮是為了活下去，而你宰殺牠們，只是因為你沉迷於殘酷的喜悅。」[42]

維爾梅將這種「自然法則」的藉口歸咎於所謂的「歷史託辭」，即「以人類最初就吃肉及狩獵為藉口，將肉食習慣和狩獵行為合理化。這話沒錯，但原始人有時也會吃人，我們卻沒有據此認定今天吃人肉是合理的行為。原始的生活方式為原始人的行為提供了合理化的基礎，一旦這種生活方式消失，某些行為自然也無須存在了」[43]。文明是從野蠻邁向人性，從奴役走向個人自由，從同類相食到彼此尊重，同時也應該是從毫無限度的剝削動物，演進到尊重一切有感知的生命。

在民主制度下，法律保護人民免受他人的暴力侵害，那麼為何不將其他生命也納入其中？民主制度主張確保自由，但若無法顧及所有生命，那就是一種扭曲的自由，也是「強權即公理」的濫用，讓我們以死亡來餵養自己，讓我們的肚子成為動物的墳場。

我們要有食物才能活下去？

經濟也常被拿來當藉口。「主張捕獵海豹的人，」維爾梅寫道：「尤其是加拿大政府，強調這是一個價值超過兩千萬美元的重要產業，為高失業率地區創造就業機會，尤其是在紐芬蘭與拉布拉多省。在法國，鵝肝業者表示該產業關係到三萬名員工的生計；而鬥牛迷則指出這項娛樂可以養活數萬人。」[44]

然而，一項產業是否具有正當性，並不是以它所創造的利潤和就業機會多寡為依據，否則軍火商和販毒集團也可以主張自己有權從事這些生意。奴隸制度當初也是一項有利可圖的產業，且被多次提出來試圖反對廢止黑奴貿易的，就是經濟因素。

最近西班牙鬥牛迷表示，如果禁止鬥牛，他們就要以違反工作權為理由提起訴訟，因為工作權是憲法所保障的基本權利。不過前提是，必須確保這份工作不能對他人造成傷害，否則靠殺人為業的職業殺手也可以主張有工作權。「如果有人用這個理由來主張不廢除死刑呢？」馬丁．吉伯爾指出，難道為了尊重處決者的技藝，或者為了避免害他們失業，就應該繼續執行死刑嗎[45]？

很多深海捕魚業者的遊說論點也是如此（大家應該沒忘記，深海拖網是如何蠻橫地摧毀豐富的生物多樣性），他們說如果歐盟禁止這種捕撈方式，將會造成數百人失業。國際性海洋保育組織「布盧姆協會」（BLOOM Association）的克萊兒．露芙安（Claire Nouvian）告訴我們[46]，十艘深海拖網漁船可以在兩天內刮除面積相當於巴黎大小的海床，就像是用推土機在幾個小時內將巴黎聖母院和沙特爾大教堂夷為平地，而這些人卻告訴抗議群眾：「但是，如果我們不這麼做，推土機司機可能會失業。」

人類要吃肉才能身體健康？

只想繼續吃肉或是想說服鬧脾氣的孩子吃肉的人，經常會提出這種說法。其實，全球約有五．五億到六億的素食人口，他們都和肉食者一樣健康，甚至更健康。

對此，法國動保人士艾默里克．卡隆強調：「不吃肉等於沒有蛋白質，這種刻板印象應該要徹底推翻才行。」[47]提供最多蛋白質的食物是大豆，含量高達四〇%，是肉類（十五%到二〇%）的兩倍。其他豆類也是蛋白質的優質來源，包括乾豆、扁豆和鷹嘴豆（約二〇%）及花生（近三〇%）。至於糧食作物，比如稻米、小麥、大麥、小米、黑麥、蕎麥、燕麥、藜麥、玉米、卡姆麥（kamut）和斯佩耳特小麥（épautre），蛋白質含量大約一〇%至一五%，其中二五%來自小麥胚芽、二〇%來自麩質。菠菜、花椰菜和海藻同樣富含蛋白質。植物性蛋白質的來源還有一個優點：含有肉類所沒有的碳水化合物和膳食纖維。

人體無法合成的九種胺基酸，都可以在含有蛋白質的食物中攝取，無論來源是動物性或植物性。肉品業遊說團體不斷鼓吹「不完整」蛋白質的迷思，完全是基於古老且過時的研究[48]。遺憾的是，這些錯誤的主張竟刊載在法國國家營養與健康計畫（ＰＮＮＳ）的網站上。根據聯合國世界衛生組織和糧農組織所提供、基於大量研究的可靠數據[49]，在大多數植物食品中，必需胺基酸的含量和比例都很充足。實際上，純粹就蛋白質含量而言，針對一百種食物的比較研究顯示，前十三名具有最豐富蛋白質含量的都是植物（包括大豆三八・二％、豌豆三三・一％、菜豆和小扁豆為二三・五％），以及一種真菌（啤酒酵母，四八％）。豬肉火腿則只排名第十四位，蛋白質含量為二二・五％；鮪魚排名第二十三位，含量為二一・五％；雞蛋和牛奶則分別排在第三十三和七十五名，蛋白質含量為一二・五％及微量的三・三％[50]。可見正常的植物性飲食，就可以滿足人體對蛋白質的需求。

動物性蛋白質不僅對健康無益，而且還有壞處。根據二〇一四年發表的一份研究，十六名研究人員所組成的團隊持續追蹤超過六千名五十至六十五歲的受試者，在詳盡分析並追蹤他們的飲食習慣之後，研究人員根據個人的蛋白質攝取量，將受試者分為高、中、低三組。研究結果顯示，動物性蛋白質攝取量最高的那一組，在持續追蹤的十八年中，比起其他組別，整體死亡率增加了七五％，更具體來說，死於癌症的風險高出了四倍。相反的，如果攝取的是植物性蛋白質，這些增加的數字就會慢慢減少或甚至消失[51]。

至於形成血紅素所必需的維生素 B12，幾乎不見於植物中，但可從牛奶和雞蛋攝取。因此，吃純素的人需要服用營養補充品（這些補充品可經由細菌培養製成）來增加攝取量[52]。

但是法國預防和健康教育中心（INPES）卻依舊聲稱：「肉、魚、雞蛋是我們飲食中不可或缺的元素，」並建議「每天最好食用一到兩次」[53]。而且針對那些想放棄動物性食物來源的人，該中心的營養學家還提出警告：「這種飲食會構成長期的健康風險。」但是根據過去二十年的研究，我們現在知道這些說法並沒有科學根據，相關的建議也並不恰當。

該中心還表示，每天必須攝取三種乳製品才能滿足人體對鈣質的需求。牛奶原是給剛出生數個月內的小牛飲用，並不適合人類；事實證明，世界上有四分之三的人口患有乳糖不耐症。菠菜、花椰菜、其他種類的捲心菜，或諸如杏仁這類堅果及無花果等食品，也都富含鈣質。

還有人認為吃素會影響體能，進而妨礙頂尖運動員的表現。針對這一點，記者艾默里克・卡隆提供了一份名單反駁，他列出了赫赫有名的幾個素食冠軍選手，其中包括九面奧運金牌和八項世界冠軍得主卡爾・劉易士（Carl Lewis），至今仍在推廣純素或素食的好處[54]。其他採行素食的職業運動員中，還包括美國高山滑雪世界盃冠軍伯德・米勒（Bode Miller）、四百公尺跨欄連續贏得一百二十二次冠軍的艾德溫・摩西（Edwin Moses），以及網球史上擁有最多女子冠軍頭銜的紀錄保持人娜拉提洛娃（Martina Navratilova）。人稱「超馬之神」的超級馬拉松選手史考特・傑瑞克（Scott Jurek）在一九九七年開始吃素，並在兩年後成為純素食者，二〇一〇年還締造了二十四小時內跑完兩百六十六公里的最新紀錄。此外，被譽為「世界最強壯男人」的帕特里克・巴布米安（Patrik

Baboumian）也是個純素食者；還要提到世界最高齡的馬拉松跑者——印度裔的富亞．辛格（Fauja Singh），茹素多年的他於二〇一一年的多倫多馬拉松賽後，成為了史上第一位完成馬拉松賽的百歲人瑞。史上最年輕的記憶大賽世界冠軍得主喬納斯．馮．艾森（Jonas von Essen），也是純素食者。

在人類漫長的歷史中，尤其是狩獵採集時期，人類的生存很大程度上取決於狩獵或捕撈動物的能力。今天，由於人口大量增加及全球密集開發自然資源，利用土地和農產品來生產肉類，不再是人類生存的必要條件，反而讓這些糧食資源無法做最妥善的利用。因此，素食有可能會在人類社會中進一步普及，但不是透過法條來強加規範，而是理性和慈悲心的日漸覺醒。誠如鄔史敦．費勒契（Wulstan Fletcher）在《菩薩之淚》（*Les Larmes du Bodhisattva*）一書的序文所說：

> 我們的目的不是要用苛刻的自發性行為，來抑制對吃肉的渴望或終止使用動物製品；而是要喚起對受苦動物的慈悲心和同理心，好讓剝削及食用牠們的欲望自然而然消失。……最重要的是提升我們的意識，停止使用一些似是而非的論調來麻醉本心，我們才能夠往前邁進。唯有追隨此道，我們才能達到身體需求和生活方式都能自在清明的境界，不再成為一切眾生恐懼和痛苦的根源。[55]

我們重視祖先的傳統？

我現在居住的尼泊爾，從過去到現在，每年有幾十萬隻的動物被用於血腥獻祭，有時甚至高達上百萬隻。二〇一〇年，開始有非政府組織和公民團體呼籲放棄這些儀式，引發了憤怒的抗議聲浪。幾位尼泊爾部長反駁說，這是一種不容質疑的「悠久傳統」。在法國，鵝肝業者和鬥牛迷提出的理由之一，也是延續珍貴的傳統很重要。

傳統？說得好聽。想想古代的阿茲特克人，每天要以活人獻祭太陽神，有時多達四十個人；希伯來人、希臘人，還有在非洲和印度，有很長一段時間都有用活人獻祭的傳統；腓尼基人為了安撫巴力神（Baal），有時會將自己的孩子活活燒死。一九九六年，阿富汗的坎大哈（Kandahar）有一對通姦男女在廣場上遭到石刑處決，現場有數千人圍觀，包括兒童在內。圍觀者興奮的談論這次處決，紛紛表示「做得好」[56]。當傳統成了苦難的根源，揚棄這類傳統不才是一個文明社會的表現嗎？

誠如哲學家馬丁．吉伯爾所指出的：「人類是肉食或草食不重要；我們的腸子和犬齒的長度是演化的結果，不能用來判定我們吃東西是否合乎道德的依據。問題不在於『你是否可以順利消化這個起司漢堡？』也不是『你們的祖先會吃這樣的食物嗎？』而是『這在道德上有正當性嗎？你應該點這個來吃嗎？』」[57]人類習慣吃肉這件事只是一個簡單的事實，無法表達任何道德價值。傳統只能用來解釋事物，但無法用來證明事物的正當性。

在法國，鬥牛和鵝肝分別被列入文化和美食遺產，但有誰會想到鵝肝的生產過程有多不人道？在露天飼養一段時間後，這些家禽會被關進一個個窄小的籠子裡。餵食管每天兩次插入牠們的喉嚨，四百五十克的濃稠飼料糊在短短幾秒之內全部灌完，就好比我們強迫一名成年人每天吞食兩次七公斤的義大利麵[58]。牠們的肝臟在十二天內從六十克長到六百克，這必然會伴隨著許多後遺症，包括腹瀉、呼吸困難、胸骨損傷及骨折。根據飼養業者自己的評估，強迫餵食期間所造成的家禽死亡數量，比飼養期間多出八倍[59]。

二〇〇六年，在法國國民議會表決一項鵝肝產業保護法的攻防上，一名議員譴責「動物福利這窮兇惡極的機器，試圖殲滅我們的傳統，特別是在法國南部」[60]。對誰而言窮兇惡極呢？無疑是美食家的胃和飼養業者的荷包，但絕對不是遭到人們虐待的動物[61]。

由此我們得出的結論是：針對人類社會罔顧動物福利所提出的種種辯解與說辭，大部分都是牽強的藉口，只是為了消弭我們的疑慮，並讓我們在持續剝削和虐待動物時不會良心不安。

| 第6章 |

會唱歌的鳥兒，會畫畫的猩猩

我們都是生命的連續體

人類表現出來的智慧、同理心及利他精神，是數百萬年來一路演化下來的結果。因此可以想見，我們也會在動物身上觀察到人類情感的最原始狀態，甚至是同樣的情緒。這就是達爾文在《人類起源與性選擇》（*The Descent of Man, and Selection in Relation to Sex*）寫下的看法：

> 如果除了人類之外，沒有其他生物擁有任何心智能力，或者這些能力的性質與低等動物身上所見到的大不相同，那麼我們就永遠無法確信人類的高等能力是逐步發展的結果。但是我們可以輕易證明，這種能力沒有根本上的差異。[1]

全面性去看待物種進化，會讓人更容易理解，情感只是多樣化和複雜程度的其中一個議題而已。自從達爾文對此發表專著《人與動物的情感表達》（*The*

Expression of Emotions in Man and Animals）之後[2]，許多動物行為學家也強調動物擁有豐富的精神及情感生活。根據珍．古德、法蘭斯．德瓦爾及其他專家的觀察，我們用來表達痛苦、恐懼、憤怒、愛、快樂、驚訝、不耐、無聊、性興奮及其他心理和情感狀態的基本信號，都不是人類所獨有。

因此，當我們意識到物種之間的關係是連續性的，而不是斷層式的，從最基本的生命形態到人類，其間還有無數物種具備了不同於人類的複雜能力（例如遷徙性動物或社會性動物）時，我們歧視動物的正當性自然就受到了挑戰，在把人類當成是得天獨厚的物種時，就會更三思而後行。這種連續性表現在所有領域：遺傳、解剖結構、生理及心理。對此，十八世紀的法國思想家拉美特利（Julien Jean Offray de La Mettrie）早就寫道：「揉捏出人類的黏土並沒有比較高貴，大自然只使用了同一團黏土，只是使用的酵母不同而已。」[3]

沒有任何物種可以被視為比其他物種「更進化」

根據巴黎自然歷史博物館館長吉爾．巴夫（Gilles Bœuf）的說法，從生物學的角度來看，我們與動物並無不同，擁有相同的細胞、相同類型的ＤＮＡ。地球上有七百七十萬種動物，以及一百萬種植物、蕈類、原生動物。大約六百五十萬種是在陸地，兩百二十萬種是在海洋生活。已被描述的一百三十萬個物種中，包括五千種哺乳動物、一萬種鳥類、三萬五千種魚類，以及一百一十萬種昆蟲，其中八萬種是鞘翅目（甲蟲）[4]。「如果真的有上帝，」吉爾・巴夫表示：「他一定非常喜歡甲蟲。」人類有兩萬四千個基因，只比蒼蠅多一倍。「壓死一隻蒼蠅只需要幾秒鐘，」吉爾・巴夫強調，「但要出現這隻蒼蠅卻需要數十億年的時間。」[5]

就遺傳學來看，蒼蠅有五〇%的DNA與人類相同，而黑猩猩與人類基因的相似度則高達九八・七三%。單屬於人類的那一・二七%的確創造了奇蹟，但是從進化角度來看，我們和大猿類的共同祖先相隔只有幾步之遙。根據已知的資料，在演化譜系上，人類和大猿類的共同祖先大約是在一千萬年前，與長臂猿的祖先分道揚鑣。人類與現代大猿有共同的祖先，因此人類與黑猩猩的基因組僅有一・二七%的差異，而與大猩猩的差異為一・六五%[6]。從這些數字推斷，人類的演化譜系大約在五百萬年前與黑猩猩分開，而與大猩猩則大約是在七百萬年前分開發展。

比起其他靈長類動物，人類最主要的進化特徵是直立站姿，因而促成了某些體態上的改變。此後，空出來的雙手可以用來操縱各種工具；穩立於脊柱頂端的顱骨可以進一步發展，於是腦容量得以增加；而不再受到拘束的喉嚨，則有助於學習更精深的語言。然而，人屬（Homo）的定義至今仍相當模糊，主要標準是顱腔的容量，但尼安德塔人的顱腔平均容量為一千五百立方公分，略高於現代人類。

人屬包括所有的人科物種，大約在兩百四十萬年前出現於非洲。此屬最古老的物種是匠人（Homo ergaster）、直立人（Homo erectus）及前人（Homo antecessor），其後是不到一百萬年前出現在非洲的海德堡人（Homo heidelbergensis）。一般認為海德堡人是現代人和尼安德塔人的共同祖先。

現今生活在地球上的所有物種，各自的「老祖先」據說都已不存在了，留下來的物種彼此之間都有些關聯，只是程度多寡而已。例如，比起鯊魚或蒼蠅，倭黑猩猩與人類的關係更為接近。單純從生物學角度來看，沒有任何物種可以被視為比其他物種「更進化」。以細菌和螞蟻為例，牠們已經完全適應各自的環境，並在生物圈中取得了巨大的成功。使用「優越性」一詞，不過是主觀價值判斷的問題，無法透過科學的觀察加以佐證。而從時間順序來看，如果將宇宙誕生迄今的一百五十億年濃縮為一年，文明人（智人）是遲至十二月三十一日午夜十一點五十九分才現身。因此，自詡為「宇宙中心」的人類，實際上是直到最後一分鐘才抵達的。

只要不將人類視為神聖的創造物，同時不全盤否定進化理論，我們可以把人類視為經歷數百萬年進化的終點，而在演化過程中，人類的各項能力一點一點的精煉，達到今天極其複雜的程度。

但還不止如此。縱觀進化史，你會發現進化的腳步從未停滯不前。此消彼長，有物種消失，也有物種崛起並持續發展，凡是能在新環境和新局勢中生存下來的，都是經過時間考驗的物種。因此，我們沒有理由斷言智人（現代人）已經停止進化。如果在往後的幾百萬年裡，人類沒有把地球毀壞到導致自身滅絕，那麼想像屆時會出現某種「超級智人」也並非毫無可能。這群未來人無論是智力、情感、創造力、藝術品味，以及其他我們想像不到的能力等等方面，可能都在我們之上。如果他們沒有完全取代我們，是否會居高臨下的鄙視我們這群上一版本的智人呢？

心智的多樣性

當我們檢查動物的神經系統，以及檢查讓牠們能夠感知外部環境、情緒並加以表達的細胞和生化機制時，會發現動物和人類之間存在著前面提到的連續性。如同外貌和體型，心智能力也是逐漸發展起來的，而且多樣化的程度同樣可觀，畢竟蜜蜂、候鳥或深海魚類的「世界」，明顯與我們主觀體驗到的「世界」截然不同。就像哲學家湯瑪斯・內格爾（Thomas Nagel）所指出的，我們難以揣想身為一隻蝙蝠究竟是什麼感覺[7]。

達爾文曾解釋過，就算八目鰻和靈長類動物在智力上相距甚遠，但這樣的差距其實是無數次漸變過程的結果。這些漸進式變化說明，無論是在生理學上，或是與周遭環境互動的能力，我們都能追溯物種逐步和持續複雜化的過程。達爾文總結說：「某些事實證明，一般認為智力遠在我們之下的動物，其實遠比我們所想的要聰明。」[8]所以，事實遠非博物學家布豐一廂情願的看法：「雞既不知道過去也不知道未來，就連現在也搞不清楚。」[9]

此外，哲學家和動物行為學家多米尼克・萊斯特爾也在《文化的動物起源》（*Les origines animales de la culture*）一書中強調：

> 我們依然很難接受動物有複雜行為的觀點，即使這種複雜性與人類行為的複雜性截然不同。動

物的智力不是一種演化不全的人類智力，單純只是另一種不同的智力而已。[10]

意識對於生存至關緊要，此一事實不得不讓我們相信許多物種也具有意識，就像我們的祖先一樣。動物生理學家唐諾．葛里芬（Donald R. Griffin）表示：「動物越能理解牠所在的物質、生物及社會環境，就越能為了完成攸關生存的各種重要目標而調整其行為，其中也包括有助於促進適應能力的目標。」[11]葛里芬也指出：「接受我們和其他動物物種之間的進化關係之後，若是還堅持僵化的二分法，認為心理感受對人類行為有顯著影響，但不會影響其他物種，也未免太自相矛盾了。」[12]動物行為學家史蒂芬．斯迪奇（Stephen Stich）總結道：「有鑑於人類和高等動物之間的演化關聯，以及行為的相似度，很難相信心理學可以解釋人的行為、卻不能解釋動物的行為。如果人類有信念，那麼動物也有。」[13]

能區分畢卡索與莫內畫作的鴿子

近幾十年來，多項研究顯示不僅是大猿，鳥類、魚類及其他動物也擁有同情心與進行複雜推理的能力。美國動物行為學家法蘭欣．帕特森（Francine Patterson）舉大猩猩孤兒「米蓋爾」的例子來說明，這隻年幼的非洲大猩猩曾經學過手語，有一天米蓋爾看起來很傷心，帕特森問牠原因，牠比出「媽媽被殺了」、「森林」和「獵人」等手語來回答[14]。美國靈長類動物學家羅傑・福茲（Roger Fouts）曾教導好幾隻黑猩猩學習美國手語，其中有一隻知名的黑猩猩「華秀」學會了三百五十個手語字彙。事實證明，這些大猿能夠使用手語彼此溝通，研究人員也記錄了牠們之間的數百次對話。華秀用手語向牠年輕的養子「盧里斯」傳達的第一句話是：「快，親一個，快！」對牠們來說，手語成了表達情感的一種方式，也是我們理解牠們的方式。另外，還有紅毛猩猩母親教導孩子手語的例子[15]。「說話，我就為你施洗！」笛卡兒的信徒、十八世紀的波里涅克（Polignac）樞機主教對著國王花園裡一隻被關在籠子裡的紅毛猩猩喊話[16]。

加彭有一隻叫「亞歷克斯」的鸚鵡可以流利使用上百個單字，而牠聽得懂的單字更有上千個。牠還明白「大於」或「小於」、「相同」或「不同」的概念。美國動物行為學家艾琳・派波柏格（Irene Pepperberg）與亞歷克斯合作了三十年，她只要指著一件物品，亞歷克斯就能正確描述物品的形狀、顏色和材質[17]。例如，亞歷克斯知道鑰匙是什麼，即便大小和顏色不同，牠都能正確辨識出鑰匙這件物品，還能區分它與另一件物品的差異[18]。有一天，亞歷克斯問艾琳牠是什麼顏色，在艾琳重複六次後，牠學會了「灰色」這個詞[19]。每晚當艾琳離開時，亞歷克斯都會向她道別：「保重，明天見，我愛你。」

動物行為學家理查・赫恩斯坦（Richard J. Herrnstein）曾明確指出，鴿子能夠理解「人類」這個概念[20]。他在實驗中向鴿子出示大量照片，除了人類之外，還有動物及其他物品。如果鴿子能夠啄一下擺在人類照片前方的按鈕，就會得到食物獎勵，反之，如果啄的是其他照片前方的按鈕，就什麼都沒有。照片中的人物有男有女，種族、年齡、姿勢都不同，有裸體的，也有穿衣服的。很快的，鴿子就學會正確辨識出人物的照片。這證明了即使沒有語言，鴿子也能培養出像「人類」這樣的整體性概念。而且事實證明，鴿子還能識別特定的人物、樹木、水、水中的魚等等，這代表牠們能夠區分一般特徵和特定特徵。更厲害的是，在日本學者渡邊茂的實驗中，鴿子還能夠成功分辨出不同的繪畫風格，例如區分畢卡索與莫內的畫。牠們甚至能夠觸類旁通，進一步辨別出「流派」：一邊是畢卡索和布拉克（Georges Braque），另一邊則是莫內和塞尚[21]！

日本靈長類動物學家松澤哲郎的實驗證明，黑猩猩的短期記憶比成年人優秀。面對螢幕上每次以五分之一秒隨機顯示的一到九數字，黑猩猩能在事後將出現過的數字重新填入九個對應的空格當中，錯誤率僅有一〇%，比人類還少一半。黑猩猩知道如何計算（牠們可以進行簡單的數字加減），而且可以透過鍵盤寫出複雜的句子，例如「三枝紅色鉛筆」[22]。

彩虹魚經過五次嘗試後，就能找到逃離漁網的漏洞。更令人驚訝的是，牠們在十一個月後，只需要試一次就能成功脫逃[23]。到目前為止，關於魚類學習能力的科學研究已有六百多份。

美國賓州州立大學教授史丹利．柯提斯（Stanley Curtis）透過改良搖桿，教導豬如何使用口鼻玩電玩。結果牠們不僅真的學會怎麼玩，而且速度遙遙領先經過訓練的狗，與黑猩猩的學習速度一樣快，展現出豬驚人的抽象認知能力[24]。同一所大學的名譽教授肯尼斯．凱法特（Kenneth Kephart）則指出，豬能像狗一樣拉開門栓走出圍欄，而且經常是兩兩行動，甚至還會打開其他圍欄放同伴出去[25]。英格蘭布里斯托大學教授蘇珊．赫爾德（Suzanne Held）也指出，豬有辦法揣想同伴看得到或看不到的東西，從而在覓食競爭的過程中，以對方的觀點來進行思考[26]。

牠們也有渴望、有記憶、會計畫，也會害怕、高興、憤怒和孤獨

至於同理心的證據，實際例子非常多，甚至還出現在不同物種之間。美國動物行為學家雷夫．海佛爾（Ralph Helfer）表示，他曾目睹一頭大象多次嘗試拯救一隻受困在泥漿中的犀牛寶寶。這頭大象跪在地上，將象牙滑進犀牛寶寶下方，試圖將牠抬起來。不明白大象用意的犀牛媽媽突然闖入並衝向對方，大象被迫後退。這場你追我跑的戲碼重複上演了幾個小時，只要犀牛媽媽回到森林，大象就會折返試著將犀牛寶寶從泥漿中拖出來，然後在暴衝的媽媽趕到前逃離。最後象群終於離開，幸運的是小犀牛成功從泥濘中自行脫身，回到母親的身旁[27]。

無獨有偶的，有人曾多次目擊河馬幫助遭到掠食者攻擊的動物，其中一支扣人心弦的影片拍攝於南非的克魯格國家公園（Kruger National Park）。影片中，一隻黑斑羚羊在水邊飲水，突然遭到鱷魚襲擊。鱷魚將羚羊拽入水中，緊咬著獵物不放，試圖將牠溺斃，黑斑羚羊則拚命將頭抬離水面。突然間，河岸上來了一隻河馬，牠奔入水中並衝向鱷魚，迫使鱷魚鬆開口中的獵物。重傷的羚

羊成功爬上河岸，走了幾步後癱倒在地上。河馬跟在牠身後，不是要傷害牠，而是用鼻子輕輕觸碰，舔舐牠的傷口，一再的將垂死羚羊的頭部輕輕含在大嘴巴裡，像是要重新為牠注入生命氣息一樣。最後，黑斑羚羊還是因為傷得太重而死掉。直到這一刻，河馬才離開[28]。在湯姆·雷根眼中，許多動物都和人類很像：

牠們和我們一樣，也擁有不同的感官知覺、認知、意圖和意志力。牠們能看能聽、有信心、有渴望、有記憶、會預測、會計畫和圖謀。此外，發生在牠們身上的經歷對牠們都很重要。牠們跟我們一樣，能感受身體的愉悅和疼痛，也會害怕和高興、憤怒和孤獨、沮喪和滿足、狡猾和莽撞。這些能力以及其他的心理狀態與性格，共同定義了這些「生命主體」（我的說法）的心理生活與幸福感。這些生命主體，就是我們所熟知的浣熊和兔子、河狸和野牛、松鼠和黑猩猩，以及你和我。[29]

根據這些發現，我們可以意識到人類是歷經數百萬年進化才有的結果，但這完全不會貶損人類的價值。那些不顧一切，堅持要讓人類成為一個完全獨立的類別，並為此而標榜人與動物存在著根本性差異，同時又贊同進化論觀點的人，必須負起舉證的責任。

物種歧視、種族歧視和性別歧視

我們天生就比較重視眼前的問題，而對於那些不屬於我們利益範圍的事物，則傾向於視而不見。對於家庭、社群、傳統、國家、種族與生俱來的偏好，促使我們認為自己有責任加以保護與捍衛，同時事不關己的看著「非我族類」自生自滅。在這張我們偏好的類別清單中，還加進了自己所屬的物種，畢竟我們眼中關心的似乎只有人類[30]。

之前提過，一九七〇年，牛津大學心理學家理查．萊德在一本流傳於大學校園的小冊子中，首先提出了「物種歧視」的概念，並做出以下的說明：

> 自達爾文以來，科學家們承認從生物學的角度來看，人與其他動物在本質上並沒有什麼「不可思議的」差異，但為什麼我們在道德方面卻硬是厚此薄彼呢？如果所有生物在生理上都同屬於一個連續體，那在道德上，人類也應該跟其他生物來自同一個連續體才對。[31]

在次年出版的一本論文集中，萊德寫道：

> 如果我們同意故意傷害無辜人類違反了道德，那麼故意傷害其他物種的無辜生命，照道理說也

應該是錯誤的。現在該是按照這個邏輯行事的時候了。[32]

牛津英語詞典於一九八五年收錄「物種歧視」（speciesism）一字，並在一九九四年的版本中定義如下：「種族歧視和性別歧視的類推，這個詞是專指對於非人類的其他物種，拒絕尊重其生命、尊嚴及需求。」彼得·辛格的描述則是：「獨厚所屬物種成員的利益，並壓制其他物種成員利益的一種成見或偏頗態度。」[33]

倡導動物權利的美國作家瓊安·當內爾認為，物種歧視是以物種所屬的類別或物種的典型特徵為根據，拒絕給予一切有情眾生相同的關懷和尊重。她指出，我們絕不能因為某些物種（尤其是大猿）與人類相似，就只去捍衛這些少數的非人類物種的權利。她主張，合理、合邏輯且實證上正確的方式，就是在不確定的狀況下，寧可判定所有具備神經系統的生物都是有感知的，同時給予它們諸如生存和自由等基本權利[34]。

馬丁·吉伯爾則認為：「物種歧視是某種形式的人類至上主義，類似的例子之一，就是白人至上主義。它的前提是：凡是人類，都具備本有價值和高於其他物種的道德優越性。於是我們就可以將人類利益置於其他物種之上，就算這些利益牽涉的是鵝肝、毛皮或鬥狗這類毫無意義的東西。」[35]

這些關於物種歧視的定義似乎夠清楚了，但有些人卻利用對物種歧視的不同解讀而提出不公平的指控，並抨擊動物解放的訴求。用種族歧視和性別歧視來類比，應該可以釐清這個問題。事實上，反對種族歧視或性別歧視，並不表示否認或忽視不同種族和不同性別之間存在著差異，否則就太荒謬了。因為如果沒有差異，種族歧視和性別歧視就永遠不可能存在。這兩種歧視要成立，就是利用某種差異去劃分群體，並以自己所屬群體（例如白種人或男性）為中心，去歧視其他群體，同時延續自己的權力位階，並行使該權力來壓迫其他群體。

悲慘的例子不勝枚舉。十九世紀的美國詩人及哈佛大學解剖學教授奧利佛·溫德爾·霍姆斯（Oliver Wendell Holmes）就發現，白人討厭印第安人，並覺得「像對待森林野獸一樣圍捕他們」是天經地義的事，如此才能將「這幅紅色鉛筆素描抹去，讓畫布準備好描繪出一個更像上帝形象的男人」。在一九三七年南京大屠殺期間，日本將領告訴部隊：「你們不該將中國人當人看，要看成是比貓狗更不如的東西。」將動物視為「香腸製造機」也是同樣的態度；顯然的，把動物貶低為東西，更有利於成天折磨牠們為業的人。這種心態幫助他們確信自己施暴的對象不是有感知的生命，好讓自己能夠心安理得。

你是物種歧視者嗎？

誠如人道法學家維爾梅所強調的，把是否歸屬於某一物種當成唯一基準，用以決定其價值和權利的物種歧視，並不僅限於人類對其他動物的歧視：

物種歧視還包括對待不同的動物有分別心。如果你一方面抗議亞洲人宰殺和食用貓狗，反對獵捕幼小海豹或鯨，但另一方面，你又能接受宰殺和食用牛豬，以及獵捕山鷸或釣魚，那麼你就是個物種歧視者。因為你獨厚某些物種（貓、狗、幼小海豹和鯨），只因牠們所屬的物種，就認為牠們「可愛」、「討人喜歡」。蓋瑞．弗蘭喬內（Gary Francione）一針見血的稱之為「道德精神分裂」：一邊說著愛護貓狗，一邊還在大啖牛肉和雞肉。[36]

除非野生動物的長相特別「醜」且令人反感，否則大多數人也傾向去關注野生動物的利益，而不是家禽家畜的利益。

梅樂妮．喬伊是麻州大學的心理學和社會學教授，每個學期她都會開一門課，幫助學生探索人與動物的關係。首先，她要學生列出狗和豬的特徵。學生最常用來形容狗的是「忠實的」、「友善的」、「聰明的」、「愛玩的」、「護主的」，偶爾會出現「危險的」。相反的，豬則被形容是「骯髒的」、「愚蠢的」、「懶惰的」、「肥胖的」、「醜陋的」、「噁心的」。然後，師生之間展開的對話大致如下[37]：

師：為什麼豬是愚蠢的？

生：牠們本來就這樣。

師：其實，科學家認為豬比狗還聰明……所有的豬都很醜嗎？
生：對啊。
師：那小豬呢？
生：小豬很可愛，但是豬很噁心。

師：為什麼你們說豬很髒？
生：因為牠們在泥巴裡打滾。
師：牠們為什麼要在泥巴裡打滾？
生：因為牠們喜歡泥巴，牠們很髒。
師：其實是因為豬不會流汗，所以天熱時會在泥巴裡打滾來降低體溫。

如此一來一往數回合之後，梅樂妮進入關鍵問題：

師：那為什麼我們吃豬肉，不吃狗肉？
生：因為培根很好吃（笑）。
因為狗狗有個性，你不可以吃有個性的東西。牠們還有名字，每條狗都不一樣。

師：那你們認為豬有個性嗎？牠們是不是也和狗一樣，每隻豬都不同？

生：呃，我想如果你了解牠們的話，或許吧。

師：你們看過豬嗎？

（除了一位學生之外，大多數都沒見過豬。）

師：你們是從哪裡知道跟豬有關的資訊呢？

生：書、電視、廣告、電影……

我不清楚，朋友圈吧，我想。

師：如果豬是聰明的、敏感的，不是好吃懶做，也和狗狗一樣跟人親近，你們會如何看待豬呢？

生：我會覺得吃牠們很奇怪，我可能會有罪惡感。

師：所以，為什麼我們吃豬肉不吃狗肉呢？

生：因為豬就是養來吃的。

師：那為什麼我們要養豬來吃呢？

生：不知道，我從來沒想過這個問題……不是本來就是這樣嗎？

現在仔細思考一下學生的回答。我們把一個物種送進屠宰場，同時卻對另一個物種付出關愛，唯一的原因竟然是「本來就是這樣」，立場上的矛盾有目共睹。梅樂妮．喬伊表示：「很多人會在藥妝店花上好幾分鐘考慮買哪種牙膏，卻不會花任何時間去思考我們吃下肚的是哪些動物，以及為什麼。然而，正是因為我們身為消費者的選擇，才驅動了每年宰殺上百億隻動物的產業，這還是美國本土而已。」對此，艾默里克．卡隆在《告別牛排》中幽默強調：「另一件值得注意的怪事發生在腹足綱軟體動物身上，我們會吃蝸牛、但不吃蛞蝓，後者背上沒有房子這事顯然令人起疑——不要碰無家可歸的腹足動物！是這個意思嗎？……我們對待動物的方式就像精神分裂，可以壞透了，也可以好到極點。」[38]

就像美國動物行為學家麥克．貝考夫（Marc Bekoff）所主張的[39]，演化連續性的證據就擺在眼前，若還執意在不同物種的個體之間畫下界線，是很糟糕的生物學觀點，這會導致人為界線的產生，對於螞蟻、魚類、鳥類或老鼠等被認定是「劣等」物種的生物而言，後果不堪設想。大多數的保育工作都是針對「高等」和討人喜歡的動物，例如鯨、北極熊、大象或老虎。貝考夫主張建立一種「深度」的動物行為學，不但要研究動物的腦，也要深入牠們的心，藉以拓展我們的「同理心足跡」。

反物種歧視是否隱藏著內在矛盾？

法國人道主義哲學家弗朗西斯．沃爾夫（Francis Wolff）認為，反物種歧視必然會與它自身的原則互相矛盾，因為只有人類**才能**反物種歧視（動物無法發展出這一概念）：「這就像有人說，只有某個種族（例如白種人）不會種族歧視一樣。」[40]他又指出，如果要說人類應該「像對待彼此那樣，去對待動物」，「我們就得說明人類對待其他動物的方式，應該如何與『動物對待彼此的方式』，或『動物對待人類的方式』不同。」[41]這就等於是「人類採用其他規範是為了自己這個物種，而不是他們要捍衛的物種。在這種情況下，人類成了規則中的例外，可以挑選適合自己特性的規範和價值觀」。

的確，反物種歧視絕對是人類才有的現象，就和其他形式的歧視行為一樣。只有人類才有能力去主張某個種族是次等的，認為這個種族如果不存在，世界就會變得更好。但是，也只有人類有能力反對這些主張，並指出它們的可恥之處。無疑的，有能力持續關切並影響多數人（包括在遙遠時空之外的人，例如後代子孫）的複雜道德問題，同時擴大到其他物種，是身為人類的一項特徵。只有人類才會有物種歧視，但也只有人類才明白這是不應該的。因為如果有人只因為其他物種不是人類便加以剝削，這樣的理由完全站不住腳。鼓勵人類充分利用自己所掌握的聰明才智，並不是變相的物種歧視，畢竟每個生命都各有所長。蝙蝠可以利用聲波定位飛行，而人類有能力進行複雜的道德論證，每個生命都有自己擅長的能力，也應該充分發揮。

反對物種歧視的立場，不需要我們所捍衛的對象投桃報李；未來的人類世代顯然也不能為我們做什麼，但如果因為如此，就大肆蹂躪未來他們將會居住的這個星球，這樣是道德的嗎？

但凡一個人有足夠的智力能夠意識到物種歧視的不良影響，就可以期待此人會因為物種歧視所製造的不必要痛苦而加以摒棄。反種族歧視不代表所有物種都是平等的，都具有相同的價值，必須一視同仁的對待。但是，在我們性命無虞時，利用我們得天獨厚的能力，藉口說其他物種不是人類而刻意傷害牠們，這樣的行為就應該加以譴責。人類今天剝削動物的多數方式，對我們的生存顯然都是不必要的，這些行為主要是因為我們對有情眾生的處境漠不關心。反種族歧視也是一種利他主義的表現，不需要任何形式的「禮尚往來」。我們不能要求動物、兒童及心智相對不足的人，或未來的世代（無論是人類或非人類），有一天會回報我們。

尊重生命和每個物種獨有的能力

許多思想家呼籲人們要尊重生命，意即讓其他生命能夠順其自然的終其天年。法學家、動物權利協會的共同創辦人大衛．肖韋提出以下無可辯駁的論點：

> 有人可能會想在高尚（活著本身就是目的，只有意識到生命短暫的人類才會有的打算）和低劣（例如，活著只為了吃或繁衍）之間建立高下等級之分。……就算動物是無知的、視野是狹隘的，又有什麼關係呢？我們也不會要求人類一定要成就大事，才有資格活下去。[42]

有些人主張，只要能夠做到無痛宰殺動物，在道德上就可接受，反正動物也沒有任何「計畫」等著要完成，而且通常不會意識到自己能活多久，也不會為死亡擔心。諾貝爾文學獎得主柯慈（J. M. Coetzee）在他的一部小說中回應這種觀點：「你說因為動物不了解死亡，所以死亡對牠們無關緊要。……如果這就是人類哲學所能提出的最高明看法，我心想，那我寧願去和馬一起生活。」[43]

甚至還有人說，死亡是通向虛無的過程，所以宰殺動物只要夠快、無痛，那個能夠感受痛苦或「失去」的主體就不復存在了。如果這種論調成立的話，我們也可以在某個無人聞問的獨居者睡著時，用無痛的方式殺死他，反正這世上不會有人因此而感到難過。然而，除非我們認定生命不值得一活，可以隨隨便便在任何時間死去，否則活到生命盡頭且充分發揮應有的潛能，本身就是值得尊敬的事實。一如馬丁・吉伯爾所解釋的：「我們的第一反應，應該是譴責讓動物提早死亡的性質：宰殺動物等於剝奪牠原本可以擁有的生命體驗。活得久總比早夭好，死亡通常被視為剝奪了幸福的可能性。」[44]

要想讓生命充分發揮潛能，動物就必須享有一定程度的自由。芝加哥大學法學與倫理學教授瑪莎・努斯鮑姆（Martha Nussbaum）擬出了一份清單，羅列她認為動物應該被尊重的能力。首先就是**生命**本身：所有動物都有權活下去，同時保持**健康**和**身體的完整性**，然後是**體驗自己的感官**、**想像力**，以及**運用思考的能力**。因此，有必要確保動物能夠取得快樂的源頭，也就是在能夠滿足牠們感官的環境中自由行動。此外，我們還必須尊重動物**感受情緒**的能力。為此，牠們必須擁有關心和照顧同伴的自由，所以強迫動物獨自生活是不可接受的[45]。

同時，唯有尊重動物的生活環境，才能確保牠們可以完全發揮這些能力。然而，現狀卻是：船隻的引擎噪音對鯨豚類造成了干擾；汙染傷害了魚類的眼睛和皮膚，體內累積的汞也在毒害牠們；以及全球各地逐漸消失的自然棲地，危及了野生動物的生存。

擬人化或人類中心主義？

那些堅信並證明動物擁有豐富情感的科學家，經常被抨擊他們擬人化的立場，這對動物行為學家來說是很嚴重的缺失。珍．古德甚至因為給研究的黑猩猩取名字而受到指責，批評者說如果她要把事做好，只能給黑猩猩編號。同樣的，法蘭斯．德瓦爾也因為使用人類「專用的」詞彙來形容黑猩猩或倭黑猩猩的行為，而遭到批評。「人人都知道，」他說：「動物有情緒和感覺，還會像我們一樣做決定。不過，有些學者似乎不太認同。如果你走一趟大學心理系，你會聽到：『嗯……當狗抓門又汪汪叫時，你們會說牠想出去，但是你們怎麼知道牠想要出去？牠不過是從經驗中學到，只要汪汪叫和抓門，門就會打開，如此而已。』」[46]

事實上，許多學者仍然拒絕在動物身上使用涉及心理狀態的用語，比如憤怒、恐懼、痛苦、關愛、喜悅，或任何與人類近似的情緒。貝爾納．羅林對此表示，許多研究人員極力避免把形容人類情感的辭彙套用在動物身上，因此他們不說恐懼，而是說「退縮行為」；他們描述被放在熱板上的老鼠時不說「疼痛」，而是計算牠們痙攣或抽搐的次數；他們不說呻吟或痛苦的呼喊，而是使用「發聲」[47]。不用簡單明白的詞彙，而用術語取代，這種做法主要是為了否定，而不是為了表達科學的客觀性。心理學家唐納德·赫布（Donald Olding Hebb）和同事曾用兩年的時間，在美國亞特蘭大的耶基斯國家靈長類研究中心（Yerkes National Primate Research Center），試著不使用任何可能被理解為擬人化的說法來描述黑猩猩的行為，結果寫出了一連串沒完沒了的冗長描述，卻拼湊不出任何意義[48]。相反的，當研究人員允許自己使用「擬人化」的描述去做說明時，很快就能輕鬆描述每隻動物的特點，並且毫無疑義的同意某隻動物生性膽怯，而另一隻則是易怒或深情。從下面達爾文所寫的這段文字，可以知道他早已經這麼做了：

狗狗們有一種相當幽默的表現，這跟單純的玩耍截然不同。如果朝狗扔出一根棒子或類似物品，牠會衝上前把它啣到一段距離之外，然後趴在一旁等著主人走過來拿棒子。一旦主人走近，狗狗會猛然站起來叼起棒子，得意洋洋的跑開，然後故技重施。顯然的，狗狗對牠的小把戲非常滿意。[49]

因此，哪一種更擬人化呢？是假設某些動物擁有心智狀態，還是拿牠們的解剖結構、神經系統和生理機能來跟人類相比？當一隻動物明顯表現出快樂或悲傷時，為什麼不直截了當說出來呢？

生物學家唐諾・葛里芬首創「心靈恐懼症」（mentaphobia）一詞，用以形容某些科學家否定動物擁有任何意識的偏執態度。格里芬認為這是一種科學謬誤，表示「許多心理學家和生物學家堅持認為非人類意識是完全不恰當的議題，其態度之激烈和情緒化的程度，已經接近某種非理性的厭惡或心靈恐懼」[50]。

在《反對心靈恐懼症》（*Contre la mentaphobie*）一書中，大衛・肖韋說明這種否定「動物有意識」的態度，是如何成為剝削動物的藉口，讓人們不必因為虐待牠們而感到內疚。他認為，「在賦予人類一種不同於其他生命的本體論價值時，意識絕對取代了靈魂。」[51]因此，主張動物沒有意識，只不過是延續基督教和笛卡兒的觀點，也就是動物沒有靈魂。

這種頑固的偏執不僅違背常識，也誤解了演化的本質，因為在演化過程中，心理部分就跟身體結構一樣，都是逐步發展的。法蘭斯・德瓦爾認為，這種堅持把某些情感劃歸為人類獨有的頑固態度，是「人類中心論者的否認」[52]：

> 人類從小就明白、但長大後往往很快就拋棄的一個真相是：沒錯，動物有感覺，而且關心他者。不知怎的，只要一長出鬍鬚或乳房隆起之後，這個堅定的信念就從一半的人身上消失了，這個現象總是令我大惑不解。我們陷入了常見的謬誤中，以為只有人類才有感覺、且關心他

者。我們身為人類，具備人性，但是很多人始終不肯接受這種人性可能有更古老的起源，而且我們的關懷是更大架構的一部分[53]。

在西方，有許多文化因素助長了人類中心主義，其中就包括猶太教與基督教共有的頑固遺緒，認為只有人類才擁有靈魂。在獻給詩人拉封丹的這首輓歌中，法國史學家伊波利特·泰納譴責了笛卡兒及其擁護者的偏見：

此後，所有的美麗、所有的生命、所有的高尚，都為人類靈魂所獨有；空虛和劣化的大自然不過是一堆滑輪和發條，平庸得有如一家工廠，如果不是因為它生產有用的產品，根本不值得關注。它頂多可以引發倫理學家的好奇心，對此發表關於建設的言論和對建造者的讚美。一名詩人根本無用武之地，將飛禽走獸冷落一旁，不再留心鯉魚或母牛，轉而關注獨輪車或磨坊……母雞成了雞蛋的倉庫，母牛成了牛奶鋪，驢子只適合將糧草運到市集。[54]

十七世紀的思想家認為動物只是「肉做的自動化機器」，今天人類中心主義者的傲慢，某種程度就反映了這種輕蔑的態度。他們拒絕將人類放進動物進化的連續體中，認為這是在羞辱人類的尊嚴，傷害到了人類至高無上的優越性。伊莉莎白·德封特內以優雅且犀利的文筆，解構了這種自命不凡的主張：

不管有沒有神學的背書，哲學傳統都要對羞辱和虐待動物負起很大的責任。……各個時代的多數哲學家，在不同生物之間築起了圍牆。他們拿人類的存在來做對照，說明動物只不過是活著而已；他們視人類為業主，有權利用、虐待一切非人類的生命。這種主流傳統虛構出人類的特質，是一種形而上的自大與浮誇。它經常把所有無意識的、不自由的、莽撞的行為冠上動物性的概念來汙衊，以此做為反證來突顯人類的獨特。[55]……隨著時間推移，提出的區別因素包括直立站姿、用火、書寫、農耕、算數，當然還有哲學、自由，以及伴隨而來的道德、完美性、模仿能力、預知死亡的能力、面對面性交、爭取認同、工作、神經官能症、說謊的能力、社會議題辯論、分享食物、藝術才能、笑、下葬等等。……但是遺傳學、古人類學、靈長類動物學及動物學的相關研究，很快就會擊碎多數篤定的自以為是，並嘲笑這種自我膨脹的好勝心態，同時證明了動物擁有與眾不同的能力。黑猩猩的語言、英格蘭山雀打開牛奶瓶蓋的絕技、長臂猿的一夫一妻制、螞蟻的利他精神、母螳螂的殘忍，都讓我們啞口無言。[56]……

如果可以在哲學或政治的舞台上公開討論那些無法保全自己的脆弱生命（無論是人或動物），我們就等於拓展了保護的概念。這將使得我們能在同情且尊重的前提下，擔負起保護所有生命的責任：智人不再是笛卡兒口中「自然的主人和擁有者」，而是負責任的保護者。因為，如果說人真有什麼不可否認的獨特之處，無疑就是他所承擔的責任：責任是唯一讓我可以毫不保留去全力支持的倫理觀，因為它照顧的對象也包括動物。

毫無疑問，許多人之所以仍堅信人和動物之間有條不可逾越的界線，還有另一個原因：承認動物和我們沒有任何**本質上**的差異，會迫使我們不再把動物視為像樂器、器皿一樣的工具，只為了滿足人類利益而存在。從一名研究人員向貝爾納・羅林吐露的心聲，可以證明這一點：「只要我假裝動物沒有任何知覺，那我的工作就容易多了。」[57]慶幸的是，今天已經有越來越多的研究人員看出了動物也有情緒和複雜的心理歷程。

二〇一二年，一群認知神經科學、神經藥理學、神經生理學、神經解剖學、計算神經科學等領域的知名研究學者，包括菲利普・洛（Philip Low）、賈克・潘克塞（Jaak Panksepp）、戴安娜・芮斯（Diana Reiss）、大衛・艾德曼（David Edelman）、布魯諾・馮史溫德林（Bruno Van Swinderen）和克里斯多夫・寇克（Christof Koch）等人，齊聚劍橋大學參加「弗朗西斯・克里克紀念講座：人類與非人類動物意識」，並發表了《劍橋意識宣言》（*The Cambridge Declaration on Consciousness*）[58]：

缺乏大腦新皮質，似乎並不妨礙有機體感受情感狀態。各種證據不約而同的表明，非人類動物具有意識狀態的神經解剖、神經化學及神經生理基礎物質，且能表現出有意圖的行為。因此，有力的證據表明，產生意識的神經基質並不是只有人類才有，其他動物，包括所有哺乳動物和鳥類，以及章魚等許多其他物種，也擁有這些神經基質。

他們還特別強調：

鳥類在行為、神經生理學及神經解剖學方面，似乎提供了一個意識平行進化的驚人案例。從非洲灰鸚鵡身上，我們驚訝的發現牠們近似人類意識水準的證據。哺乳動物和鳥類的情感網絡和認知微迴路，似乎比以前所認為的更為相似。此外，我們還發現某些鳥類的睡眠週期與哺乳動物類似（包括快速動眼期），也從斑胸草雀身上發現了以往認為只有具新皮質的哺乳動物才會有的神經生理學模式。尤其喜鵲，在用鏡子測試自我認知能力的研究中，發現牠們與人類、大猿、海豚及大象有著驚人的相似之處。

讓我們承認，各種不同物種的生命都擁有文化多樣性

過去二十年來，動物行為學家一直在談「動物文化」（cultures animales）。對此，巴黎高等師

範學院教授認知動物行為學的多米尼克·萊斯特爾解釋，我們必須「從演化論和多元論的角度來思考文化現象，而不再是想要一勞永逸的以『人類的特質』帶過。我們不能再用違背自然的觀點來思考文化，而是要承認各種不同物種的生命都擁有文化多樣性」[59]。

以人類為例，美國人類學家亞弗列·克魯伯（Alfred Kroeber）認為形成「文化」需要六個條件：必須出現**新的**行為；這些行為必須從首創者身上開始在群體裡**傳播**；這些行為必須經過**標準化**；這些行為必須**持續**；同時經由**傳統**的形式來**傳播**[60]。他因此確認，珍·古德研究的岡貝黑猩猩符合了以上六個條件。由數個研究小組在七個地點分別進行的研究，在整合各自的研究成果後，累積了相當於一百五十一年的田野經驗，歸納出六十五種行為，其中三十九種可被視為文化行為[61]。

多米尼克·萊斯特爾認為，動物文化的概念立足於三大基礎：「個體的創新行為，該行為擴及整個群體的社會傳播，以及實現傳播效應的模仿或類似學徒制的社會學習。」[62]哲學家和人類學家通常會引用文化行為來區分人與動物的不同，但事實上，在動物界中，某些群體內部也會形成其他群體所不熟悉的習俗，並由父母教導子女學習某些技能。這些情況遠比我們所想的還要普遍：從黑猩猩到新喀里多尼亞的烏鴉，還有鯨、熊、狼，甚至是魚類，都有這樣的例子。因此，動物文化確實存在，即使它們與人類文化不同。

一九六〇年代，偉大的動物行為學家珍·古德首度描述了黑猩猩會製造和使用工具[63]，幾位半信半疑的同事直到親眼看過她所拍攝的影片後，才接受了這個事實。黑猩猩在前往「捕撈螞蟻」之前，會把樹枝折斷成適合的尺寸，摘掉樹葉後製作出類似探針的工具。接著，牠會把工具啣在嘴裡（偶爾會夾在腋窩下）前往蟻丘，將入口挖大。黑猩猩隨即將探針插入洞中，再拉出來時，探針上已經滿滿都是緊抓枝條的螞蟻。只要將探針舔乾淨，就是一頓螞蟻大餐。有時牠也會用力攪動探針，或用雙手大力敲打藏有蟻窩的樹幹，迫使螞蟻逃出來。黑猩猩吃飽後，會讓位給已經耐心等在一旁、有時甚至已守候多時的同伴[64]。至於幼年黑猩猩，會從三歲左右開始學著捕捉螞蟻或白蟻。不過牠們的手法還很拙劣，尚未掌握到技巧，挑選的樹枝通常不是太短就是太粗[65]。

有時，黑猩猩也會在一個任務中使用多種工具——例如，先把可以吸水的枯葉扔進有水的樹洞，接著用木棍取回吸滿水的樹葉「海綿」來解渴；或是把同一種工具用於幾種不同的任務。有人曾觀察到一隻母黑猩猩為了從樹洞中提取蜂蜜，先後使用了四種工具[66]。此外，當黑猩猩發現一種有用的新技巧時，該技巧就會迅速在群體中傳播開來，創造出屬於這個群體的文化。

珍．古德當時在黑猩猩身上發現十幾種使用工具的方式。截至今天為止，已經識別出了四十種左右。證據顯示，有超過一百種動物會使用工具[67]。加拉巴哥群島的燕雀會利用小樹枝挖出樹皮下的昆蟲幼蟲；海獺會用石頭敲開牡蠣[68]；新喀里多尼亞的烏鴉會使用兩種工具來捕捉獵物：一種是天生長得像鉤子的樹枝，一種是牠切割和加工成魚鉤狀的露兜樹葉子。一旦工具準備妥當，牠就會利用它們搜刮樹皮底下。每次使用完後，烏鴉還會將工具妥善收藏在棲木上，在下次飛往別處時，會用烏喙啣著工具帶過去[69]。

也有人觀察到母黑猩猩為了教導小猩猩，會提供牠們敲碎堅果的適當工具，並示範正確的做法。例如，有一隻母猩猩因為孩子沒有將堅果正確放在當成砧板的大樹根上，便拿走堅果，把砧板清理乾淨後，再將堅果放在正確位置上，然後小猩猩就在媽媽的監視下成功敲開堅果[70]。在象牙海岸的塔伊森林（Tai Forest），堅果季節一到，黑猩猩每天平均會花兩個小時敲開堅果。牠們會先採集到足夠的數量，然後將堅果帶到習慣使用的砧板上，根據堅果硬度去選用大小不同的石塊敲碎。這項技巧，需要好幾年的時間才能臻於純熟[71]。

日本生態學家正高信男和同事觀察到，生活在泰國野外的長尾獼猴會使用人類頭髮一類的東西當成牙線來清潔牙齒縫隙；而且，母獼猴會在孩子觀察牠們的時候，花費平常兩倍的時間來使用牙線，有孩子在場，母獼猴在潔牙過程中經常刻意時做時停，手勢重複的次數也比平常高。牠們似乎是故意延長和強調牙線的使用過程，好讓小獼猴學習[72]。

不透過語言的溝通交流方式

即使不透過語言，動物也會使用非常豐富多元的交流方式彼此溝通。奧地利昆蟲學家費立區（Karl von Frisch）揭開了蜜蜂舞蹈的複雜面貌。透過不同的舞步，蜜蜂能告訴同伴找到花粉（有專門的舞蹈表示）或花蜜（用另一種舞蹈表示）的正確方向和所需要的距離[73]。

鯨類可以持續唱歌十五到三十分鐘，歌聲中會包括兩到七個主旋律，而且音域高到七個八度。這些歌曲每五年會完全更新一次[74]。如果有一隻鯨學會新歌和新旋律，就會被其他的鯨模仿翻唱並迅速傳播，甚至遠及數千公里之外的族群[75]。雖然我們還不清楚這些歌曲所有的含意，但它們無疑在鯨類間的溝通以及社群關係的維繫上，扮演著十分重要的角色。一九五七年，德國動物行為學家和進化論者比恩哈德・任希（Bernhard Rensch）報告了一個大象案例，即便使用不同的樂器和不同的音高演奏，這頭大象都能夠辨識出十二音階，並記住簡單的旋律。一年半之後，這頭大象仍能夠辨識出這些旋律[76]。

黑猩猩也懂得如何向不在眼前的族群成員發送特定訊息。動物行為學家克里斯多夫・伯施（Christophe Boesch）指出，黑猩猩部落中有一頭雄猩猩會用雙手和雙腳在多根樹幹上快速又變化多端的敲打約十分鐘，向其他同類說明自己群體的所在地點、決定前往的方向，以及牠們會在某個定點停下來休息。伯施記錄並解讀這些敲擊聲長達好幾個月，也確實觀察到黑猩猩小群體在聽到指明空間和時間的敲打信號後，突然間無聲無息的改變方向[77]。

玩耍、舞蹈、歌唱和審美觀也是動物文化的一部分。比恩哈德・任希能證明魚類偏愛不規則的形狀，鳥類則獨厚規則、對稱的重複圖形，以及明亮飽和的色彩，特別是藍色和黑色[78]。園丁鳥為了吸引雌鳥，經常會使用有顏色的樹皮（明顯偏愛藍色）「重新粉刷」牠的鳥巢，還會將各色各樣的彩色物件帶回巢裡[79]。除此之外，很多動物都喜歡玩耍嬉戲，啄羊鸚鵡在冬季時會製作雪球，推著往前滾動，顯然只是因為好玩[80]；海洋哺乳動物會一大群一起玩。甚至有人觀察到不同物種的動物也能玩在一起，例如加拿大極北地帶的烏鴉和狼，這裡的狼不吃烏鴉[81]。雪橇犬和北極熊也會一起玩，而不同種類的猴子同樣能玩在一起。珍·古德曾描述，在剛下暴雨時，黑猩猩們有時會嬉鬧的跳起舞來，有時可以連跳半個小時[82]。

有些猴子和大象喜歡畫畫[83]。阿爾法和剛果是兩隻被圈養的黑猩猩，曾經畫了數百張圖，後來還會為作品上色。牠們拿畫筆的姿勢十分標準，而且完全沒有放下畫筆的念頭。創作時，牠們非常專注，畫筆也使用得很有技巧，構圖布局一天比一天精進。剛果在把畫好的圖交給動物行為學家德斯蒙德·莫里斯（Desmond Morris）後，還經常用手示意再給牠一張畫紙[84]。

生物連續體不是按照以人類為尊的階層來組織的

多米尼克·萊斯特爾針對人類文化和動物文化的兩種不同立場分別提出反駁：一種認為這兩種文化在本質上就不同；另一種則認為這兩種文化僅有程度上的差異。萊斯特爾提出了第三種他認為更貼近現實的觀點：

> 動物文化和人類文化有共同的起源，但彼此之間卻因為先天性的差異而分道揚鑣。螞蟻社會與

黑猩猩社會也因為這種先天性的差異，而明顯不一樣。特色不同的這兩種文化，都遵循著相同的進化論邏輯，卻具有毫無關聯的特徵。[85]

因此，生物連續體並非是按照以人類為尊的階層等級來組織的，而只是反映了地球上無數物種一步步走出的數千種演化途徑。這種連續體反映出物競天擇如何在逐漸適應環境的各種生命形態中，促進了多樣性、複雜性和有效性的出現。對此，我們必須贊同人類學家克勞德・李維史陀的看法：

在經歷過四個世紀之後，西方人從未像現在如此明白，獨攬徹底區分人類和動物的大權，人類便可以享盡從動物身上剝奪而來的權利。他們開啟了一個受到詛咒的循環，不斷往後退縮的這條界線，遲早也會將其他人類給排除在外，並以保障逐漸縮減的弱勢族群為藉口，要求一種借用自虛榮自私原則與觀念的腐敗人道主義特權。[86]

從人類到大猿，還有鳥類、昆蟲、魚類及海洋哺乳動物，許多物種利用牠們不同的能力創造出適合自己的獨特文化，這些文化反映的是每個成員都能生存下去並成為生命「主體」的最佳方式。我們應該認可並尊重這種多樣性，同時正面去看待人類自己獨有的特質。

正如法國哲學家帕特里斯・魯杰（Patrice Rouget）所說：「在柏拉圖名為《政治學》的對談

中，有一位明智的與談者指出，如果我們聽從鶴的主張，去了解哪些物種優於其他物種，因此應該享有獨一無二的地位，那麼毫無疑問的，鶴的答案一定是『鶴』。我們這些其他物種就是擬人化的鶴，因為我們具備修辭的才能且善於自欺，於是我們的回答會是『人』。」[87]

人類例外？

大多數物種都有獨一無二的本領，顯示出牠們具有適應環境的傑出能力。蝙蝠、海豚及其他鯨豚類，能在黑漆漆的環境下辨認方向。如果自問人類具備哪些主要能力，我們立刻想到的答案，應該是掌握各種複雜文字語言的能力——書寫、口語、算數、象徵符號及藝術等等；當然，還包括非凡的智力和細膩豐富的情感。對此，一些哲學家也強調，人類是唯一具備科學知識的物種[88]。我無意在此貶損人類的心智，但我要指出一點，動物也能以有限的方式去學習複雜的知識。有些野生黑猩猩可識別兩百多種的植物，知道各種藥用植物有什麼功效、生長在森林中的哪個地方，以及結果實的時節[89]。另一方面，人也不是唯一有道德行為能力的物種（在進化過程建構出道德基礎，我們可以在某些動物身上觀察到）[90]。不過，人類的確可以反思自己的行為，並透過與他人的互動來進行道德評價，進而建立一個能夠擴及全人類的「道德共同體」。

根據哲學家弗朗西斯．沃爾夫的說法，有些動物確實具備「有意識的」感知，但是這些反應只會形成「初級」的知識或想法（簡單說，就是獲得周遭世界的即時資訊），例如「這裡，一個獵食者」或「那裡，一個性伴侶」。沃爾夫強調人類的特點之一是，「可以獲得更高等的知識，即信念中的信念」[91]，也有能力質疑自己的信念是否為真。

儘管像蚯蚓一類只具備基礎神經系統的動物，顯然只能感知外在世界的「即時資訊」（例如食物或危險），但具備複雜能力的其他動物似乎並不是如此。狗狗在乍看到動物標本時可能會害怕或出現攻擊行為，但仔細檢查後，牠就會修正原先的評估。牠會先在遠處打量這個怪東西，小心翼翼的接近、聞嗅，最後得出對面那個東西並沒有什麼好害怕的結論。

循著類似的脈絡，康德和許多哲學家也曾認為只有人類才能做判斷。但是，今天動物行為學的研究成果，已經推翻了這種看法。京都大學靈長類研究所教授山本真也所率領的團隊在一項研究中證明，黑猩猩能夠準確評估同伴的需求[92]。彼此認識的兩隻黑猩猩被關進兩個相鄰的籠子裡，中間設置一個可以讓牠們傳遞物品的小窗口。第一隻黑猩猩的籠子裡有個裝著七件物品的盒子：一根棍子、一根吸管、一個套索、一條鍊子、一根繩子、一把大扁刷和一條腰帶。

然後，研究人員給第二隻黑猩猩設下的處境是，牠需要使用某個特定工具。根據實驗安排，可能是一根可以獲取食物的棍子，或是用來喝果汁的吸管。第二隻黑猩猩透過手勢和聲音向第一隻黑猩猩發出信號，表示牠需要幫助。後者仔細打量、評估情況，十次中有九次可以從預備的七件物品中選出正確的工具，透過窗口將工具遞給同伴，但牠自己不會得到任何獎勵。

如果第一隻黑猩猩的視線被不透明板擋住，在聽見第一隻黑猩猩求援時，牠仍會伸出援手，只是由於無法看見對方的具體需求，牠會從手邊的七件物品中，隨便遞一件給對方。這個實驗重複在許多黑猩猩身上進行，在其中至少一個案例中，接到同伴求援信號的黑猩猩會起身，從牠在不透明板頂部發現的小洞窺看，藉此評估對方的情況後，再遞給牠正確的工具！

同樣的，維也納大學認知倫理學教授湯馬斯．邦亞（Thomas Bugnyar）也觀察到，當大烏鴉接近自己藏匿食物的地點時，會仔細留意周遭的其他烏鴉。如果牠注意到有同類可能知道牠在哪裡藏匿食物，就會立刻趕往藏匿處，以確保搶先取得食物。相反的，如果大烏鴉環視一圈後，發現沒有其他同類知道牠藏食物的地方，就會不疾不徐的飛過去[93]。從這個例子可以知道，烏鴉的確具備評估和判斷**其他烏鴉是否知情**的能力。承認其他動物擁有這些本事，絲毫不會貶損人類擁有出色能力和豐富體驗的事實，畢竟沒有人會願意拿這些去交換蝙蝠的聲納、鮭魚的嗅覺或獵豹的敏捷。然而，即使人類擁有這些天賦，也無法抬高自己而脫離動物界；就像有能力以群星、偏振光及地球磁場做指引，長途飛行一萬公里的候鳥，依然是動物界的一分子。

哲學家帕特里斯．魯杰完全反對人類高於動物的觀點：

自古以來，哲學就一直在探索人類的獨特本質，想找出人類異於其他物種的根本證據。這種探索更應該稱之為執迷或挑戰，代代相傳下來，鼓勵每個人接下這個像燙手山芋一樣的艱難任務，提出自己的解答。這種執迷非常嚴重，因而如果把哲學這門學科當成一個企業，且遵循一般的經濟學法則，我們可以說，在這家企業的資產負債表上，「人類本質」這個研究主題是最昂貴的一項，而且雇用人員之多也名列前茅，甚至比起研究「上帝是否存在」這個主題的人數還要多。……

面對這個難解的問題，人類似乎碰上了當初無法想像的種種阻礙。然而，值得稱許的是，我們仍然堅持不懈，從來不曾灰心放棄，而且不時會有一些美好的發現。……但是，剩下來的希望渺小得令人害怕。在如此持續不懈的追尋中，失敗、挫折是常態，加上有許多聲譽卓著的名家前仆後繼（這也證明人類在這個問題上投入了最傑出的腦力），似乎都在警告我們：這個問題有可能無解嗎？我們是不是該考慮把這個問題收回來，放進專門堆置理想主義附屬品的倉庫裡？生物學、動物行為學、動物學、古生物學，所有的生命科學最終都讓我們難以保持理想主義者的立場。對於那些人本主義的擁護者來說，現在或許是該清醒的時候了。[94]

我們常聽說人類是「大自然篩選出來」的物種，但我們真能把自己從相互依存、息息相關的整體中抽離出來嗎？我能把自己從身體中抽離出來嗎？雲能從大氣層抽離出來嗎？魯杰對此表示：「形而上的人文主義真的應該往前邁進，把人類從大自然中抽離出來。當然，抽離的結果極可能是大災難，對所有人類和非人類都是如此。而且再一次的，動物又是首當其衝，牠們的痛苦、牠們長期處在每下愈況的生活煉獄中，對我們應該是個亡羊補牢的警訊。」[95]

就算沒有宗教信仰，形而上學人本主義者和人類至上主義者仍無法擺脫宗教的傳統看法，認為關心動物處境是多此一舉，牠們存在的唯一理由就是要讓人類利用，而且這些人也無法接受進化論的說法[96]。

如果人類真享有一種「與眾不同」的存在狀態，這種特權地位只可能是源自：(1)一種超自然的原因；(2)一種結果論過程，此過程是由「人為」原則所驅動，即一種能夠精確調控宇宙初始條件的組織化準則，所有生命和意識（尤其是人類）均依此誕生；(3)進化過程中的一個大躍進，而且在七百七十萬個物種中僅適用於人類這一物種。

第一種假設純粹是信仰的範疇；第二種假設，說穿了就是「第一種假設」的另一種說法，與有神論宗教賦予造物主的權力相當；至於第三種假設，目前缺乏已知的科學證據。相反的，在智人（homo sapiens）出現之前的多種原始人科物種，則證明了演化過程有著無懈可擊的連續性，而且沒有證據表明此一過程已經結束了。

換句話說，如果我們和這世上的其他動物擁有相同的起源，如果我們都是生命演化過程中多樣化的產物，那麼在驚嘆於人類出類拔萃的特質之餘，我們也不得不去讚嘆其他物種所具有的特質，並盡可能在生活中減少對牠們的傷害。

第7章

拒絕面對真相

種族滅絕 vs. 動物大屠殺

每一場種族滅絕都因為殘忍暴行的性質不同，而具有其獨特性。將猶太人大屠殺、柬埔寨或盧安達的種族滅絕，拿來與任何其他悲劇相提並論，在某種程度上都令人難以接受，因為對罹難者太不尊重了。雖然這些種族滅絕各有其背景與獨特性，但無論如何都不應該妨礙我們去理解原因並分析其脈絡，以避免發生類似事件或甚至再次發生。

那麼，大規模屠殺動物又如何呢？這裡使用的是動物大屠殺（zoocide）的說法，用以描述動物被系統性大規模殺害[1]。動物大屠殺與人類的種族滅絕當然不能一概而論，本質上就有差異，但兩者卻有一些不容忽視的共同點。

顯然的，我們應該持續關注在許多國家中正在受苦、受折磨、受虐待和被剝奪權利的所有人類。但這絕對不會妨礙我們同時去關注人類加諸於動物的殘忍暴行。人類年復一年對動物所施加的暴行，是對當代倫理觀念的一大挑戰。假裝不知道，只會增加我們的疏離感，而這種冷漠正是造成人類種族滅絕的原因，因為介入程度太淺、介入時間太晚。我們都知道生命無價，對於人類生命的珍惜，不應成為我們對動物大屠殺漠然以對的藉口。

人類對動物習慣性的剝削，與納粹如出一轍

出於對受害者的尊重，在此必須先強調，最早發現猶太人大屠殺與工業化屠宰動物的性質十分類似，並對此感到震驚的，並不是狂熱的動保分子，而是這場種族滅絕的受害者（包括倖存者及失去摯親的人）。在目睹屠宰場的實際情況後，他們不自禁的回憶起當時大屠殺的殘酷與可怕，畫面歷歷在目。集中營和工業化飼養場如出一轍的運作方式，讓他們看得目瞪口呆：殺戮的規模、有條不紊的屠殺手法、踐踏及剝奪其他生命的價值，還有旁觀者相當識時務的視而不見。露西有兩個妹妹在猶太人大屠殺時，當著父親面前遭到納粹處決，她告訴我們：

> 納粹屠殺猶太人的畫面糾纏了我一輩子，我會投入動保運動有部分原因，就是發現人類對動物習慣性的剝削，與納粹所做的種族滅絕如出一轍。[2]

跟露西一樣的人實在太多了，無法一一列舉。其中最著名的，應該就是用意第緒語寫作的諾貝爾文學獎得主以撒．辛格（Isaac Bashevis Singer），他的母親和多名家人死於波蘭的猶太人大屠殺中。在《懺悔者》（*Le pénitent*）一書中，他寫道：「人類對待上帝創造物的方式，等於是在嘲諷祂的所有理想與所謂的人道主義。」[3]在他的一則短篇小說中，主人翁在腦海中向一隻死去的動物說話：

> 這些學者、這些哲學家，還有地球上所有的領導人，他們對你這樣的生命有什麼了解？他們以為人類這個罪大惡極的物種，身處在天地萬物的頂端。其他所有生物被創造出來，僅僅是為了提供人類食物、毛皮，以及為了被折磨、被消滅。在這些生物眼中，所有人都是納粹；對牠們來說，這是永永遠遠的特雷布林卡（Treblinka）集中營。[4]

在波蘭的特雷布林卡集中營，有八十七萬五千人被殺害，只有六十七人生還。截至本書寫作之時，只剩下一位倖存者塞繆爾．威倫伯格（Samuel Willenberg）＊，但他的靈魂上還烙印著可怕的傷痕[5]。除了這六十七個人，特雷布林卡可以說是落實希特勒「最終解決方案」最成功的地方。換作

＊編按：威倫伯格已於二〇一六年二月十九日在以色列過世，享年九十三歲。

動物，人類追求的不是「最終解決方案」，而是希望可以盡可能的持續下去，每一年不斷宰殺六百億隻陸生動物和上兆的海洋動物。週而復始的動物大屠殺，永不停止。

將這兩種大規模的屠殺相提並論，能讓人接受嗎？不能，因為兩者存在著根本上的差異；可以，因為兩者有很多相似之處，例如在種族滅絕中，我們終究還是把人像動物一樣殺死了。避開這些相似處不談，才能讓大規模的動物屠殺永無休止的進行下去。這就是解構主義大師雅克・德希達（Jacques Derrida）經常被引用的段落所要表達的：

> 再也沒有人可以認真的繼續否認，人類正千方百計隱瞞或忽視這種殘忍行徑，盡其所能的在全世界組織力量，要人忘記或忽視這種可與惡劣的種族滅絕相提並論的暴力……我們既不該濫用種族滅絕來做比擬，但也不應該輕易就與之劃清界線。因為在這裡，問題更複雜了：物種滅絕正在發生，這涉及到組織化以及人工養殖如地獄般、永無止境的剝削；動物所處的環境，就連古人都不忍卒睹，違反了所有適合動物生存的正常狀態，而牠們就在這種苟延殘喘或擁擠過剩的環境下遭到消滅。[6]

有些病態的人聲稱猶太人大屠殺從未發生，或至少沒有達到我們所認為的規模。根據許多歐洲國家的法律，這種故意扭曲歷史的「否定主義」已經構成了犯罪。就工業化大規模屠殺動物來說，我們所面對的是另一種形式的否定主義，**它否認的不是事實，而是否認事實的嚴重性及重要性**。這種持續的殘酷殺戮似乎不構成問題。

例如口蹄疫期間，為了撲殺數百萬頭牛，必須動用大規模的撲殺手段，包括將成千上萬隻動物活活埋入巨大的埋屍坑裡[7]。許多飼養業者因為無法拒絕軍隊安排的撲殺程序，而罹患了焦慮症，為噩夢、幻覺、負罪感和憂鬱症所苦，有些人甚至因此而自殺[8]。根據獸醫蓋涅爾（Jeanne Gaignard）和夏宏（François Charron）的調查，這些飼養業者經常使用納粹的「滅絕」及「焚化爐的煙霧」來影射，可見被撲殺的動物數量實在太多了。

弔詭的是，工業化飼養的主管機關也委婉的承認該產業與集中營的相似之處。在一九七〇年代的一次電視轉播中，有記者詢問當時法國農業技術研究院（INRA）的農技總視察雷蒙．萊弗里耶（Raymond Lévrier）：「參觀現代化飼養場時，我們不免還是會對這種類似……集中營的群體生活感到很驚訝。」萊弗里耶坦率回答：「的確如此……我們對於這些牛有無上的權力。」[9]

社會學家喬瑟琳．波爾謝表示：「研究初期，我就聽過把工業化飼養場類比成納粹的集中營，尤其是非工業化的飼養業者更是經常這樣說。但現在，卻有越來越多的工業化飼養業者和工人也使用這種說法。多數時候，他們並不認為自己做得過分，而只是就事論事而已。」喬瑟琳自己也曾是個飼養業者，她認為**比較**（comparaison）和**類比**（analogie）很不一樣，區分這兩者很重要：「比較是為了找出兩者之間的差異性和相似性，是一種合理、負責任的嘗試，一種權衡得失的做法；相反的，類比是一種想像力的運用，目的是將那些在抽象概念上被認為非常不一樣的對象做出區分對照。」她的結論是，在「製造出數十億隻動物屍堆」的工業化飼養與納粹集中營之間的關係，是類比而不是比較，而且不能因為後者令人極為不安就閉口不談。她接著強調：

工業化飼養的過程具有解構性質，其目的在於解構動物，將牠「去動物化」而成為一件物品；飼養場就是一種製造物品的駭人機器。工人們基於四個理由將之類比成集中營：喪失身分和獨特性，也就是進行大規模集體處理；暴力；缺乏溝通；以及同意從事殺生工作。……部分工人和大部分的管理階層同意使用暴力（放大了來說，是同意使用工業化的作業程序），也使得此產業與納粹集中營的類比更具說服力。意識形態與服從命令，凌駕了個人的道德價值，即便他們面對的風險遠不及一名拒絕服從的軍人。軍人抗命就得死，但是在禽畜飼養場中並不會有這種風險。[10]

如果有德國人反對納粹計畫，或者有俄國人反抗古拉格*，他們等於是冒著生命危險，就像今天批判勞改的中國人可能會失去自由一樣。但是，那些公開反對大規模屠殺動物的人，會面臨什麼風險呢？頂多是遭到嘲笑，或是面臨來自產業遊說者的壓力而已。

種族滅絕與動物大屠殺

把「種族滅絕」（génocide）用在動物身上不合適，因為它只適用於人類。根據聯合國的定義，種族滅絕是「意圖全部或部分消滅某一民族、人種、種族或宗教團體」的行為[11]。由於「種族滅絕」一詞具有多種解釋並引發許多爭議，歷史學家和該領域的權威雅克・塞米林（Jacques Sémelin）認為，「大規模暴力」（violence de masse）或「極端暴力」（violences extrêmes）這種一般性的概念往往更貼切。他還建議使用「大屠殺」（massacre）一詞，並定義為「通常是集體進行的摧毀行為，對象包括非戰鬥人員、男人、女人、兒童及非武裝士兵」[12]。他補充說，大屠殺的概念也適用於自中世紀歐洲開始進行的動物屠殺，並總結道：「這種對屠殺動物和屠殺人類的直接比較，同時從歷史和語義脈絡上來做對照，絕對不是無的放矢。」[13]

我們先了解《聯合國公約》對構成人類種族滅絕行為的定義：

a　殺害某群體的成員；

b　致使該群體的成員在身體或精神上遭受嚴重傷害；

＊編按：古拉格（gulag）是前蘇聯政府國家安全部門的一個機構，負責管理全國的勞改營，後來泛指蘇聯的鎮壓系統。

c蓄意使該群體屈服於一個可能會毀滅其全部或部分生命的生存環境下；

d強制施行某些手段，意圖防止該群體生養後代；

e強迫轉移該群體的兒童至其他群體。

如何根據《聯合國防止及懲治滅絕種族罪公約》的五個要點來定義動物大屠殺？我們看到其中的a、b和e項完全適用於動物的大規模屠殺，尤其是工業化飼養。

關於c項，就工業化飼養而言，動物的生存處境是：只要牠們還能夠產出雞蛋或牛奶，飼養者就會讓牠們活著；而產肉的動物在體重尚未達到足以被屠宰的標準之前，就可以繼續活著。在這種情況下，飼養者的目的不是要消滅物種或群體，而是要無限期的、蓄意的進行更新，使得群體能持續繁衍，以便可以屠宰更多的數量。

上述聯合國公約中，只有d項不適用於動物大屠殺，因為人類完全沒有阻礙動物生育，反而是過分的促進牠們繁殖，以便擁有源源不絕的動物可以宰殺。

我們可以想像，如果有一天要制定《動物大屠殺國際公約》，其定義可能如下：

a宰殺某動物群體的成員；

b致使該群體的成員在身體上或精神上遭受嚴重傷害；

c在設定的宰殺時間表之前，使該群體處於痛苦的生活條件下；

d強制施行某些手段，意圖鼓勵該群體盡可能生育，以便能不斷宰殺；

e強迫轉移該群體的後代，將牠們與父母親拆散。

有沒有搞錯，殺人與殺動物豈可相提並論？

大規模屠殺人類與大規模屠殺動物，這兩者還是有許多不同之處，主要與下列幾點有關：人類存在的**價值**、屠殺執行者的**動機**與**目的**、受害者的**身分**和**形象**、迫害**持續的時間**、受害者的**數量**、面對暴行的**反應方式**，以及對受害者的**記憶**。

價值：不可否認的，人類存在有無可比擬的價值，不能與動物的價值相提並論。之前在第五章已經提過，如果必須在拯救人命和動物性命之間做取捨，根本沒什麼好考慮的。不過即使人命寶貴，在任何情況下，都不能合理化加諸在動物身上的非必要痛苦以及將牠們置於死地。

動機：種族滅絕的動機是仇恨，而殺害動物的主要動機是貪婪、追求利潤或享受，同時也跟對動物處境的漠然有關。

目的：種族滅絕的目的是徹底殲滅。相反的，剝削動物的目的是盡可能又快又多又省錢的讓這些動物成長及繁殖，以便一代又一代的剝削牠們、宰殺牠們。

受害者的身分：所謂「種族滅絕」的受害者，按定義是指人類；而「大規模屠殺」的概念，則可適用於所有生物。

受害者的形象：種族滅絕的受害者被妖魔化，被視為有害生物，其存在會對善良公民造成威脅。他們通常被指為「骯髒」、「寄生蟲」，必須從地球上根除。至於動物，牠們被貶低為物品、工具、消費品、可移動的貨物，牠們活著所帶來的是麻煩而不是好處。如果牠們死了，我們模糊的歉疚感就不會那麼深，可是牠們又必須活著才能提供肉品、毛皮等等。

持續時間：種族滅絕總有結束的一天，但屠宰動物每天、每個地方都在進行，而且除非我們的立場徹底改變，否則沒有可望結束的時候。

受害者數量：兩者都十分可觀。雖然定量比較不是定性比較，但是受害動物的數量之多，理應讓我們覺得終止對牠們的殘殺是必要的。當前的情況絕非必須在「牠們」和「我們」之間做取捨，我們的選擇應該是：「在對我們的生存其實並非必要的狀況下，我們是否應該持續每年殺害數千億隻動物？」（目前地球上約有五．五～六億的素食人口，可供我們參考。）

反應的方式：世人對種族滅絕的反應往往晚了一步。人們先是半信半疑，然後認為事實遭到誇大，最後才去思考應該如何介入。儘管如此，只要經過一段時間，每個人遲早會認清種族滅絕確有其事，然後採取措施加以制止。但是面對動物屠殺，幾乎沒有人會試圖加以阻止。

記憶：就像雅克・塞米林所說的：「死者、群眾暴力的受害者仍然活在我們的記憶裡。」[14]至於被屠宰的動物呢？活著時都沒有得到絲毫關注，何況是被宰殺之後還有誰會記得。我們頂多是對牠們的部分身體曾經滿足過我們而念念不忘，根本不會想到這些動物一心只想活下去。

相似之處：有能力知道真相的人拒絕知情

種族滅絕和大規模殺害動物的共同點，包括：受害者價值遭到**貶低**、執行者的**麻木**且出現**精神解離**症狀、使用的消滅**方法**、加害者對事實的**隱瞞**，以及有能力知道真相的人**拒絕知情**。

貶低：不管受害者是人或動物都遭到貶低。人類被非人化，被當成動物般對待，就像老鼠或蟑螂一樣。動物則是遭到「去動物化」，降級為「物品」、「香腸機」、「工業產品」或「消費品」。

麻木與精神解離：在這兩種大屠殺，都可以觀察到加害者變得麻木及出現精神解離的情況。這種心理狀態能夠幫助他們如常生活，同時能敬業的進行殘酷殺戮。他們一方面親切的對待家人、朋友，一方面對受害者下手毫不留情。

方法：在滅絕的手段和技巧上，兩者激似的程度令人吃驚。美國作家茱蒂・芝加哥（Judy Chicago）造訪奧斯威辛集中營時，看到一座焚屍爐的模型，立刻心有所感的說：「這裡其實就是個巨大的加工廠，只不過加工的不是豬，而是被當成豬的人類。」[15]

滅絕手段的相似程度令人毛骨悚然：無數被貶低為數字編號的生命，先是擠在骯髒不堪的地點，接著在沒水、沒食物的情況下，長途運送到處決地點，然後遭到無情殺害。以動物而言，牠們身體的每個部分幾乎都被利用殆盡，成為肉品、服飾、鞋子、肥料，甚至是飼養體系裡其他受害者的食物（例如餵養牲畜的魚粉）。如果是人類受害者，他們的錢、珠寶、金牙及其他財產都會被拿走。在納粹集中營裡，就連受害者的骨灰都被用來製成肥皂，頭髮也會回收利用。活著的他們成為醫學實驗的對象，皮膚則用來製作燈罩。

在諾貝爾文學獎得主柯慈的一部小說中，女主角伊麗莎白・卡斯泰羅（Elizabeth Costello）告訴她的聽眾：「芝加哥為我們指明了道路；納粹就是從芝加哥屠宰場學會了如何管理屍體。」[16]在納粹「最終解決方案」的主要擁護者中，有許多人來自農業、畜牧業，以及與動物管理有關的其他行業。納粹親衛隊的頭子海因里希・希姆萊（Heinrich Himmler）、食品暨農民部長理查・達里（Richard Darré），以及具有農業背景的奧斯威辛集中營指揮官魯道夫・霍斯（Rudolf Höss），每一位都熱烈擁戴優生學，支持日耳曼種族的「改良」，好像他們在談的是牛隻品種的改良一樣[17]。

死亡集中營和屠宰場還有很多相似之處。在貝爾澤克（Belzec）、索比堡（Sobibor）和特雷布林卡等集中營裡，通往煤氣室的「羊腸通道」被稱為「天堂之路」。索比堡裡的通道寬三到四公尺、長一百五十公尺，兩側圍起的帶刺鐵絲網點綴著樹枝，免得受死者看到外面發生的事情，其他囚犯也無從得知他們的下場。親衛隊趕著一絲不掛的受害者，一路驅趕到毒氣室入口。

在美國的養殖場裡，待宰的豬隻從「死亡通道」進入屠宰場，經過改良的設計出自科羅拉多州立大學的泰普・葛蘭汀之手，好盡可能的讓動物長時間保持平靜。接著，豬隻會經過一個前往宰殺地點的上升坡道——葛蘭汀將之命名為「通往天堂的階梯」。這種命名上的雷同純屬巧合，但其中的惡意卻同樣讓人膽戰心驚。

隱瞞和刻意忽視：許多居住在集中營附近的人都表示他們不知道發生了什麼事，或至少無法確定。有些人承認為了自己的安全，他們無法冒險去了解。一名猶太人大屠殺的倖存者告訴美國政治學家克莉絲汀・門羅（Kristen Monroe）：

大多數人都裝作沒看到，他們不想看見，因為這會讓他們不安。……我完全相信那些住在集中營附近的居民，他們說：「我們什麼都沒看到。」他們當然什麼都沒看到！因為他們不想看，也不願去想自己的兒子就坐在裡頭，以折磨他人或是把他們活活趕進焚屍爐裡取樂。[18]

美國歷史學家多米尼克・拉卡普拉（Dominick LaCapra）是大屠殺和人類剝削動物議題的專家，他在接受英國廣播公司（BBC）專訪時表示：

在明確界定的範圍內，與大屠殺進行類比具有其意義，因為某些結構十分類似。首先，兩者都是公開的祕密。大屠殺期間，無論在德國、波蘭或其他地方，人們對於發生什麼事多少都有些了解，知情的程度足以讓他們明白自己不想再知道更多。這不只是漠不關心，而是一種刻意讓自己不去想的主動過程。這就像是深夜走在街頭，你明知道有人在跟蹤你，但你卻寧可不回頭去看。[19]

人類經年累月對動物進行的大規模屠殺，讓我們無法繼續假裝什麼都沒有發生過。喬瑟琳・波爾謝寫道：「工業化體系是一種解構動物和建構物品的過程，但這個過程注定走向失敗。動物會頑強抵抗，堅持自己是動物而不是物品，而我們卻反而失去了感性和人性。」[20]長期大規模屠殺動物的行為，已經嚴重挑戰了人類社會的公正性和道德一致性。

第 8 章

道德精神，分裂中

關於道德判斷的題外話

我們看到了笛卡兒以「動物機器」來否定動物的痛苦，還有楊森派那種幾乎病態的麻木不仁；相反的，我們也看到了古羅馬詩人奧維德為動物請命的哀婉懇求，以及伏爾泰對虐待動物的激進憤慨。這兩種迥異的立場，背後無疑都有複雜的動機。身為一個人，怎會得出折磨動物很正常的結論？而相反的，面對同樣的殘忍行徑，為什麼會讓另一個人如此憤慨？

近年來，美國神經科學家和心理學家針對道德判斷和道德決策的研究，為這些經常令人感到困惑的問題，提出了出人意表的全新看法。

面對道德抉擇時，通常會有幾股相反的力量影響我們的判斷。比方說，我們得知一個大人猥褻兒童時，會立刻產生種種情緒上的反應，有時並未經過深思熟慮。接下來，如果我們有足夠的時間，對事件的來龍去脈進行理性推論，就能做出最合理的決策。這整個過程，都會受到我們周遭環境的社會、宗教和哲學規範的影響。

靈魂中沒有一絲惡意的人，就是最快樂的人

倫理學有三種主要理論：義務論、後果論（包括功利主義），以及德行倫理學。

根據**義務**論，無論在任何情況下，也無論會有什麼後果，都不得做出某些行為。康德是這種「絕對命令」最知名的信徒，但有時義務論可能會導致令人無法接受的後果。例如，康德認為人不應該撒謊，即使面對的是一名向我們打聽其追殺對象逃亡方向的罪犯。一旦撒謊，就等於是破壞「言而有信」的社會生活基礎，尤其是在種種社會契約的框架底下。因此，根據康德的觀點，撒謊的人就是陷全體人類於不義[1]。

另一派倫理學的觀點，是根據**後果**來決定行為的好壞，這種功利主義觀點的主要擁護者是史都華・彌爾（Stuart Mill）和邊沁。比起康德的絕對命令，顯然功利主義更貼近現實，也更人性化，但也可能導致過火與偏差。功利主義的目標，在於藉由加總每個人的福利來取得「最多數人的福利」，於是最後就會得出與古希臘傑出思想家們相同的結論：若是支配一百名奴隸能讓一千名自由公民感到幸福，那就是一件好事。從這裡可以看出，如果沒有正義、智慧或同情等因素加以制衡，這種態度會造成何等極端的後果。

德行倫理學是佛教和一些古希臘思想家所主張的倫理觀，是立基於一種**存在方式**：根據面對的情況不同，一個人會透過利他或利己的行動，自然的展現出這種存在方式。如同神經科學家及哲學家弗朗西斯科．瓦雷拉（Francisco Varela）所描述，一個真正有道德的人「不是依循道德行事，而是像專家體現出自己的知識那樣，去體現自己的道德。智者是有道德的人，或者更精確來說，在回應特定狀況時，他的德行會促使他去做出某種行為」[2]。

一個抽象的倫理學，如果不根據存在方式、又不考慮情況的特殊性，幾乎沒有任何用處。在現實生活中，我們的行為總是有特定的脈絡可循，會根據情況做出適當的反應。根據瓦雷拉的說法：「我們行為的品質取決於德行的品質，與我們抽象道德原則的正確性無關。」

加拿大哲學家查爾斯．泰勒（Charles Taylor）指出，很多當代倫理哲學關注的「往往是做什麼才是對的，而不是『什麼』才是對的，而且專注在界定義務的內容，忽視了美好生活的本質」[3]。道德應當是具體的，能體現並融入生活經驗。它必須反映出每個人和每種情況的特殊性。在我們這個時代，曾於英美世界蔚然成風的關懷運動，也為我們提供了一個德行倫理的榜樣。

在佛教中，倫理是離苦得樂的一部分，在此過程中，必須放棄以他人痛苦來獲取各種私心滿足，並致力於為他人帶來幸福。從這個觀點來看，為了實現道德承諾，利他主義就必須擺脫盲目，展現出遠離貪嗔癡的智慧。道德是一種存在方式，必須從大愛和慈悲中汲取養分。佛教在這一點上呼應了柏拉圖的說法：「靈魂中沒有一絲惡意的人，就是最快樂的人。」[4]

人類如何解決道德問題

近年的幾項實驗，為困擾了倫理學家數百年的論辯提出了新的觀點。在針對道德判斷的研究中，哈佛大學哲學家兼神經科學家約書亞・格林（Joshua Greene）研究了道德決策和行為對不同腦區活動的影響。他想理解道德判斷是如何由自動化過程（例如本能的情緒反應）和可控的認知過程（例如理性推論和自我控制）一起協同完成的。這些研究顯示，道德判斷似乎依賴多個認知和情感系統的功能整合，其中似乎沒有任何單一的系統被專門用於道德判斷。

關於人類如何解決道德問題，諸如柏拉圖和康德等「理性主義」哲學家認為，道德判斷是一種理性的反應過程，其中牽涉到種種誘發良好動機的抽象理想。而格林稱之為「感性主義者」的哲學家則不一樣，包括大衛・休謨（David Hume）和亞當・斯密（Adam Smith）在內，都主張情感是道德判斷的主要基礎。格林的研究證實，情感和理性在道德判斷中同時扮演重要角色，但兩者各自發揮的影響在很多時候都沒有得到充分的理解。

格林提出「雙重歷程」（dual-process）理論，指出義務論的道德判斷（關心的是權利及義務）與一般人所想的不同，是由**自動化情感反應**所引發；而功利主義或後果論（旨在促進福利）的道德判斷，則是由**高度自制的認知過程**所形成。

為了進行研究，格林沿用了最早由哲學家菲莉帕・芙特（Philippa Foot）和茱迪絲・湯姆森

（Judith Jarvis Thomson）所設計的「有軌電車難題」：軌道上有輛電車正滑下斜坡，朝著五位不知情的人衝過去，如果沒人伸出援手，五個人都會被撞死。這個難題有以下兩種情境：

- **轉轍器情境**：你可以扳動控制轉轍器的開關，將電車移轉到另一條軌道，這條軌道上只有一個人，於是只會有一人喪生。改變電車方向，用一條命來阻止五個人死亡，這在道德上是可接受的嗎？大多數受訪者的回答是「可以」。
- **天橋情境**：情況相同，差別是你正站在天橋上，旁邊有一名男子坐在護欄上，天橋下方就是鐵軌。要救這五個人的唯一方法，就是把這名男子推下去，讓他跌落在轉轍器的開關桿上，將電車引導到無人的軌道上（出於天橋護欄太高，你來不及爬上去、犧牲自己的性命來拯救這五個人）。推下這名陌生人來救另外五個人，在道德上是可接受的嗎？大多數人回答「不可以」。

所以，隨之而來的問題是：為什麼大多數人認為在「轉轍器情境」下，犧牲一個人來救五個人是正常的，但在「天橋情境」下卻不是如此？對格林來說，這兩個情境涉及的是兩種不同的心理反應和神經網絡。根據第一種神經網絡，處理這兩個難題的方法是一樣的，都是依循功利主義：最好的結果是盡可能的救最多人的性命。要執行這這個系統需要高度的自制力，還要有某種程度的情感抽離。這似乎與大腦背外側前額葉皮質的功能有關，這個腦區負責的是認知控制和理性推論。

針對這兩個難題，第二種神經網絡的反應截然不同：把一個人從天橋上推下去的想法，驅動了強烈的負面情感反應；但對於按下轉轍器則沒有任何情感反應，因為轉轍器在情感面上只是個「中性」的對象。即便在這兩種情境下，選擇哪一種介入方式的結果，都會導致一個無辜者死亡並救了其他五個人的性命。實驗結果是，當情感系統因為把人推落而受到強烈觸發時，它會主導判斷過程。這就解釋了為什麼在轉轍器情境下，我們會傾向以功利主義的方式去反應；但在天橋情境下，則是更傾向義務論的方式。

格林提出了一個假設：我們從靈長類祖先承襲下來的社會和情感反應，構成了人類禁忌的基礎，這些禁忌就是義務論的道德核心，例如康德的「絕對命令」：禁止逾越某些道德界線，就算逾越禁令可以帶來好處。

相比之下，進化時間更晚、負責高度認知控制的大腦額葉結構，則能對面臨的情境進行公正評估——這正是功利主義的特點。

格林指出：「如果這樣的描述是正確的，那麼很諷刺的是，這表示康德式的『理性主義』觀點，從心理學角度而言，不是建立在純粹、務實的理性原則之上，而是建立在一系列事後被合理化的原始情感反應之上。」[5]有越來越多的研究人員也提出相同的觀點，尤其是美國心理學家強納森·海特（Jonathan Haidt）。他表示，在許多情況下，我們會先以本能或直覺來判斷某個行為是否可以接受，接著在事後進行論證來合理化我們的選擇[6]。

人類社會正面臨某種道德精神分裂的毒害

由上述內容便可以了解，道德決策往往非常複雜，有時甚至令人心痛，因為我們的腦子會在情感和理性、道德禁忌和功利邏輯之間不斷拉扯。因此，我們必須確保自己的道德決策沒有偏誤，既不會因為同理心感到痛苦，也不會受到偏見的影響。

如果對象換成動物，照理說德行倫理也會引導我們去善待牠們。然而，當我們觀察現實時，卻不免注意到一種純粹的隨意性，讓我們在某些情況下採取**義務論**立場，而在某些情況又因為偏袒人類利益而採取**功利主義**立場。任何抓著自家貓狗去撞牆而予以殺害的人，幾乎會引發所有人的唾棄，但是當屠宰場工人以同樣方式對待家禽或仔豬時，卻很少人認為這是一種應該受到譴責的行為，因為這些動物已經不被視為有感知的生命，不值得人們關心，而且已經開始加工變成一種消費品。我們經常可以看到農場裡的豬或山羊平常被當成家人般對待，但有一天卻突然被割斷了喉嚨。獲獎無數的賽馬在場上英姿煥發，等到老邁無用時就會被送進屠宰場，因為讓牠頤養天年的代價太高昂。因此，動物的價值全在支配者的一念之間，可以從一個極端掉到另一個極端。

「死神法里德」（Farid de la Mortelle）是一名二十五歲的馬賽青年在臉書上的化名。二〇一四年一月，他將自己的虐貓過程拍攝下來，上傳到YouTube。影片中，他當著朋友的面將一隻橘白相間的小花貓盡可能扔得又高又遠，讓牠重重的撞上水泥牆。法里德樂不可支，幾秒鐘後又反覆多次將小貓重重扔到牆上，然後玩弄已經失去意識的小身軀。全法國群情激憤，發起連署要嚴懲這名虐貓兇手，短短幾天就有超過十三萬人加入。網民肉搜到了兇手，他遭到逮捕並被判處一年徒刑。這隻名叫奧斯卡的小貓雖然斷了一隻腳並有多處外傷，最後卻奇蹟似的活了下來，且獲得一位善心人士收養，終於有了一個不錯的新主人。

二〇〇七年，報導揭露美式足球明星麥克．維克（Michael Vick）多年來在住處辦鬥狗比賽。消息傳出後，激怒了美國人民。鬥狗收受的賭金最高可達兩萬六千美元。維克和他的合夥人買來比特鬥牛犬，測試牠們的鬥性，然後分別以電擊、吊死、淹死、打死或開槍射殺等方式，淘汰那些戰鬥力不佳的狗。維克後來坦誠罪行，被判處二十三個月的有期徒刑。

這一類的殘酷行徑時有所聞。在這些事件中，公眾輿論的反應是完全情緒化和道德化，他們高聲疾呼虐待動物天地不容。然而，就在法里德虐貓當天，法國有近五十萬隻動物在受盡折磨後默默遭到宰殺，結束牠們短暫的一生。在法國西部的一家屠宰場裡，體型過小的仔豬被直接送上屠宰線，然後工人會把牠們活活扔進焚化爐裡[7]。從理性上來看，沒有任何原因可以說明人類這種任性多變的態度。在此只能借用反對剝削動物的哲學家蓋瑞．弗蘭喬內的看法：人類社會正面臨某種道德精神分裂的毒害，而我們有責任去找到藥方來治療[8]。

第9章

動物實驗的兩難

人類良心上一塊無法抹滅的汙漬

據估計，全球實驗室每年用於實驗的動物有五千至六千萬隻，其中歐盟占了一千兩百萬隻，法國則有兩百五十萬隻[1]。大多數動物的處境都不太理想（身體疼痛、壓力、失去自由等等），而且只要失去用處就會遭到殺害。

基礎研究使用的動物數量最多，其次是生物醫學研究以及針對家庭產品和其他消費品所進行的毒性測試。接下來是遺傳學研究，所使用的動物數量，因為基改動物的繁殖而與日俱增。營利性的公司行號每年藉由飼養與銷售幾千萬隻實驗動物，創造出龐大的利潤，因此對於尋找動物實驗的替代品自然不感興趣。

理所當然的，活體動物實驗和活體解剖的問題，仍持續引發激烈論戰。基礎科學為了解生命運作的機制，廣泛使用這些實驗方法；在應用研究領域使用實驗動物，則是為了尋找治療人類疾病的方法、測試新物質的危害性、生產基改動物以及教學（例如學校的動物解剖課程）。對此，法國利摩日大學（Université de Limoges）法學教授尚皮耶・馬蓋諾表示：

長期以來，進行動物實驗一直是一種絕對的自由，這種自由建立在下面這個始終根深柢固的三段論之上：人類的幸福仰賴科學的進步；但科學只能透過動物實驗開拓新知，才能進步；因此，進行活體動物實驗的自由，是改善人類生活的先決條件，以至於凡是膽敢批評動物實驗的人，都可能被視為危險的人類公敵，因為他們對動物福利的過度重視，而讓他們對病童的痛苦和早夭無動於衷。[2]

為了做實驗，他活活燒死八千多隻狗

因此，動物實驗是一種必要之惡，動機是希望減輕人類的痛苦。正如馬蓋諾所指出的：「從溫和的實驗到殘忍的實驗，各種形態都有可能出現，因此面對各方無差別的抨擊，就不該將它們混為一談。」[3]「溫和」實驗是指在使用動物進行科學研究時，對牠們正常的生活方式加了一些限制，但不會造成牠們身心上的痛苦。像生理學家克勞德・貝爾納（Claude Bernard）這種無視動物痛苦的研究人員已經越來越罕見，因為這種做法不僅會遭到同行鄙視，如今也會受到法律制裁。在貝爾納眾多的著名事跡中，就包括活活燒死八千多隻狗[4]。一八六五年，他在著作《實驗醫學和生物實驗研究概論》（*Introduction à l'étude de la médecine expérimentale, de l'expérimentation des êtres vivants*）中解釋：

生理學家不是人情練達之輩，他是學者，對於某個科學主張全心投入並持續探求：於是他聽不見動物的呼喊，看不到流出的鮮血，只看得見自己的主張，只意識到生物藏匿著他想要發現的問題。……活體解剖的科學原理也很容易理解，其實就是拆開或修改活體機器的某些部分，以便於研究，藉此判斷其用途或用處。

從貝爾納發表上述主張至今，世人對動物實驗的態度確實改善許多。不過，儘管避免動物痛苦的新規範和新措施相繼推動，卻仍有數百萬隻動物飽受痛苦折磨後被殺死，尤其是用於有毒產品的測試。雖然這些「白老鼠」數量十分可觀，但仍遠低於遭到宰殺以供人類食用的動物數量，甚至也少於衛生單位定期在城市下水道毒殺的老鼠數量。

為了將動物實驗合理化，支持者強調這些研究可能為癌症、思覺失調和其他疾病的治療提供關鍵線索，幫助人類擺脫病痛的重大危害。大量的實驗動物死亡有時固然令人惋惜，但牠們至少在無意中獲得為偉大理念服務的崇高地位。在日本，甚至還為在科學研究領域犧牲的動物豎立專門的紀念碑。這證明至少還有一些人對折磨和殺害動物心存歉疚；反觀西方，這類的立碑舉動似乎只會招人訕笑。

之前提過，每年全球有數億隻動物用於基礎研究，相關實驗除了豐富人類知識之外，也建立了過去料想不到的實際應用。超過七十位學者因動物研究而獲得諾貝爾獎，其中包括促成核磁共振造像（MRI）發明的豬隻實驗：一九七九年，獲獎者科馬克（Allan Cormack）和郝殷斯費（Godfrey Hounsfield）；推動器官移植技術發展的犬隻研究：一九九〇年，獲獎者穆雷（Joseph Murray）和托馬斯（E. Donnall Thomas）；以及發現普里昂蛋白（prion）的小鼠研究，這種傳染性蛋白質會造成像狂牛症那樣的各種傳染性海綿狀腦病變：一九九七年，獲獎者布魯希納（Stanley Prusiner）。

不可否認，醫學在二十世紀取得的巨大進展，是法國人平均預期壽命從一九〇〇年的四十五歲提高到今天近八十歲的原因之一。我熟識的研究員沃夫．辛格（Wolf Singer）告訴我，如果拒絕服用經過動物實驗的藥物，就不可能配合醫生或醫院的治療，因為所有經過實證有效的醫療方式，都曾在動物身上進行過測試。然而，要成為素食或純素食主義者，只要下定決心不再食用及使用動物製品就已經夠了。下決心花不到一秒鐘，而且動物性產品的替代品也不難找到。但可以確定的是，在我們生活的世界裡，要完全放棄行之有年的醫療方式幾乎不可能。

許多經過動物實驗的人類藥物，也被獸醫用來治療動物。這是好事，但僅限於寵物，若是畜牧產業使用這種藥物，其目的都是為了幫業者創造最大的利潤。就像之前提到的，養牛業者之所以使用高劑量的抗生素，就是為了防止牛隻在短暫的飼養期間罹患傳染病。於是，這就引發了另一個問題：當這些肉品上市後，使用過的抗生素會殘留在肉品上。另一方面，雖然有些研究是針對動物疾病的治療，但絕大多數的最終目的不是為了替動物著想，而是為了讓動物維持健康，繼續供人類剝削。雖然目前世界各地有許多好心人士及非政府組織，運用醫學知識去幫助生病或受傷的動物，但這些只是個人或民間發起的運動；至於完全剔除人類因素，只一心為了治療動物所進行的醫學研究，目前幾乎付之闕如。

為了確保十個人幸福，就可以犧牲一名無辜者的幸福？

科學的目標當然令人欽佩，但我們總是會回到相同的問題：人類運用自己的力量去迫使數百萬有感知的生命受苦，是可以容許的嗎？面對這個問題，那些立場最堅定的義務論者（一旦涉及到人類，他們會主張必須絕對尊重個人權利），常常會變成最熱心的功利主義者。贊成或反對動物實驗的論點，可以分為以下幾種。

在義務論者中，凡是考慮到動物處境的人，純粹是將對人類的一些基本原則擴及到其他有感知的生命而已。他們認為主要原則是：人類不能只為了達成一己之目的，就違背他者的意願而加以利用，無視其福利或甚至犧牲生命。在義務論者眼中，對個人的尊重不容討價還價，也不能因為任何功利性的考慮而迷失方向（例如：為了確保十個人的幸福，可以犧牲一名無辜者的幸福）。美國哲學家湯姆．雷根尤其強調，以動物實驗來說，人們侵犯了動物的權利，無視動物做為「生命主體」

的內在價值，而僅僅把牠們當成促進人類福利的工具。只要停止強行利用動物，我們就不會侵犯動物的權利，而牠們唯一的權利就是讓自己的固有價值獲得尊重。如此一來，人類唯一失去的，也不過是不再犧牲動物生存和遠離苦難的權利來換取人類的福利而已。

以人類為中心的功利主義者

功利主義者主張，一百萬人的生命比一萬人的生命更有價值。然而，在選擇誰是受害者的時候就會出現問題，因為每個人的生命都與另一個人的生命具有相同的價值。

乍看之下，功利主義的觀點很吸引人，但卻可能引發各式各樣的越軌行為。以極權政體為例，他們從不費心掩飾功利主義至上的立場。毛澤東就曾直言，為了建立社會主義的黃金時代，犧牲人民的性命不算什麼[5]。

就動物而言，以人類為中心的功利主義並不關心為了促進人類利益而犧牲的大量動物。在動物實驗方面，它們的確改善了無數人的健康或壽命，但光是違背動物意願，就足以在道德上留下汙點；而這種貶低動物的行徑，可能還會助長令人遺憾的極端行為。一九七四年，美國記者羅伯特．諾齊克（Robert Nozick）在電視節目上向一群科學家提問：「如果有個實驗會導致數百隻動物死亡，此一事實是否充分到足以讓人放棄實驗？」其中一人回答：「據我所知，沒有發生過這種情況。」諾齊克追問：「難道動物一點都不重要？」美國亞特蘭大耶基斯國家靈長類研究中心的阿德里安．佩拉丘（Adrian Peracchio）博士反問：「牠們為什麼很重要？」而麻省理工學院的生理學家戴維．巴爾的摩（David Baltimore）博士則補充，他並不認為動物實驗會造成任何道德問題[6]。

從這個觀點來看，人命是「無價的」，擁有無窮的價值；而動物的生命是「沒價的」，也就是沒有任何價值。過去四十年來，雖然情況確實改進了，但是要做的還有很多。

英國哲學家瑪麗．米吉里表示，動物在人們心目中的重要性極低。既然現在大家都承認大多數動物都有意識，能感到疼痛並體驗到痛苦，那麼牠們自然有資格得到一些尊重。但事實是，牠們得安分的等在後頭，必須等人類滿足了自己所有需求之後，才會輪到牠們。由此可知，對動物的漠視不再是絕對的，而是相對的。米吉里強調，用來改善動物處境的許多措施，並不會妨礙到人類需求的優先性，因此兩者沒有互相比較的問題[7]。

為了讓我們心安理得，只好貶低牠們

動物實驗也因為試圖調和兩個彼此矛盾的觀點，而受到內在邏輯衝突的考驗：

一、由於人與動物之間的**相似性**，足以證實動物實驗的結果可用於理解及治療人類疾病。兩者的身體都是由相同細胞組成，器官也非常相似（在基因工程上，只要稍微改動一下基因，克服排斥問題，人體移植豬的心臟是可行的）；而且前面提過，黑猩猩的基因組與人類基因組的相似程度高達九八．七％。

二、人與動物之間的**相異性**，足以證明我們對動物的虐待是合理的，但在任何情況下絕對不允許把這樣的折磨施加在人類身上。

動物要麼不像我們，在這種情況下就沒有理由進行實驗；要麼與我們相似，在這種情況下就不應該在牠們身上進行我們認為可恥的殘忍實驗。蒼蠅、黑猩猩和人類都是同一個生命連續體的一部分，從生物學來看，這三種生物之間只存在著程度上的差別。我們之前也提過，人類大部分的情感反應與許多不容忽視的智力表現，都可以在所謂的「高等」動物身上觀察到。

根據美國科羅拉多州立大學哲學與動物科學教授貝爾納．羅林的看法，有些研究人員（所幸這些人越來越少）的立場十分矛盾：一方面他們否認動物有痛覺；另一方面他們又在動物身上進行疼痛刺激的研究，以便深入了解疼痛成因，並將相關知識應用在人類身上[8]。

長期以來，研究慢性疼痛影響的實驗室都以動物進行各式各樣的實驗，這份實驗清單包括：植入電極，對神經或牙髓持續進行電流刺激；透過籠子的金屬地板重複對動物放電；皮下注射松節油或其他化學物質，以誘發發炎反應；透過皮下注射甲醛造成組織壞死；持續靜脈注射誘發疼痛物質；注射有毒物質來誘發骨關節炎；蓄意造成動物骨折；注射氧化鋁凝膠來誘發中樞神經系統損傷；誘發抽搐等等[9]。

《動物解放》的作者彼得・辛格在造訪紐約「愛護動物聯合行動」（United Action for Animals）協會辦公室後，描述現場層架上擺滿了曾在科學期刊上發表的各種實驗報告，文件夾上的分類標籤不言自明：「加速」、「侵入」、「窒息」、「致盲」、「焚燒」、「離心分離」、「擠壓」、「腦震盪」、「塞入」、「輾壓」、「減壓」、「藥物測試」、「實驗性神經官能症」、「冷凍」、「加熱」、「出血」、「擊打後肢」、「固定不動」、「孤立隔離」、「多重傷害」、「獵殺」、「剝奪蛋白質」、「懲罰」、「輻射」、「挨餓」、「休克」、「脊髓受傷」、「緊張」、「渴」等等[10]。

只有極度貶低有感知的動物，才有辦法解釋這些不堪的折磨行徑。

動物的良藥，可能是人類的毒藥

許多經由動物實驗開發的治療方式，已經證實對人類有效，而本書之前也提過，人類使用的藥物幾乎全都經過動物測試。然而，這裡還是必須強調，也有為數不少對動物有效的療法並不適用於人類。事實上，不同物種可能對同一種化學物質產生大相逕庭的反應。密蘇里大學哥倫比亞分校的研究人員發現，業界用來進行雙酚A（Bisphenol A）毒性評估的實驗室老鼠品系，出現荷爾蒙紊亂的情況是其他實驗室動物平均值的至少二萬五千倍。而在其他例子中，也證實某些動物對有毒物質的敏感程度比其他物種低了十萬倍[11]。

關鍵在於，在動物身上所進行的大量科學實驗，雖然實驗結果有不少可以應用在人體上，但這種外推並非萬無一失，而且後果難以預料。最惡名昭彰的案例是沙利竇邁（Thalidomide），這是一九五〇至六〇年代讓孕婦使用的鎮靜劑和抗嘔吐藥物。在用於人類身上之前，曾在母犬、母貓、大鼠、猴子、倉鼠及雞身上進行測試，都沒有任何副作用。但是，當該藥品量產上市並經人類服用後，卻造成一萬多名新生兒嚴重畸形及數千名嬰兒死亡。在重新進行動物實驗時，研究人員發現沙利竇邁只會在特定品種的母兔身上造成畸形後果[12]。這只是人畜對許多物質反應不一所造成的眾多悲劇之一；一個人的良藥，可能是另一個人的毒藥。

以阿斯匹靈為例，它對許多動物有很強的毒性，會導致囓齒動物和貓先天性畸形，如果每三天一次，讓牠們攝取相當於人體正常劑量的二〇％以上（使用劑量與體重呈正比）就會死亡。布洛芬（Ibuprofen）是全球最常用的止痛藥之一，但即使劑量很低，也會造成狗的腎衰竭。青黴素（盤尼西林）在挽救數十億人性命之前，有很長一段時間被擱置不用，因為它用在受測的兔子身上沒有任何抗菌作用。最後，直到藥學家亞歷山大・佛萊明（Alexander Fleming）將它用於一位患者身上，才終於發現它具有治療細菌感染的功效。

在人用化學品的毒性測試中，大家所熟知的指標是LD 50，即「半數致死劑量」（Median Lethal Dose）的簡稱。這種測試旨在界定於預定時間之內，需要多少劑量才能殺死用來實驗的一半動物。在尚未達到半數致死量的門檻之前，這些動物多半遭受了極大的痛苦。此外，人們還會使用LD 50來測試相對無害的物質。而為了讓動物死亡，就必須迫使牠們大量吞下這些低毒性的物質。在這種情況下，受測動物要不是因為食用過量而死，就是因為體內該物質的濃度過高而死（即便該物質本身沒有毒性）。對此，美國科學與健康委員會行政主任伊麗莎白・惠蘭（Elizabeth Whelan）博士表示：「你不必是科學博士也能明白，讓囓齒動物服用相當於每天飲用一千八百瓶檸檬汽水的糖精劑量，怎能拿來跟我們每天喝幾杯的飲用習慣做比較。」[13]

另一名醫生克里斯多夫・史密斯（Christopher Smith）也指出：「這些測試的結果不能用來預測產品的毒性，也不能在人體中毒時做為治療依據。……我在決定該如何處理意外中毒的情況時，從來不會參考動物測試的結果。」[14]

數千隻幼小猴子，恐懼中牢牢抱住母親

近年來，任何涉及使用和殺死動物的研究項目，都必須提交某個倫理委員會審議，並遵守日益嚴格的規定。儘管這還不夠（只有出現能取代活體動物實驗的替代方案，才是真正的解決方法），

但奉行這些規定的國家，的確能夠避免過去經常發生的一些令人不忍的虐待行為。

一九五四年，耶魯大學的瑪格麗特．林諾克斯（Margaret A. Lennox）和同事將三十二隻小貓放進烤箱，進行四十九個回合的高溫加熱。小貓先是開始掙扎，然後出現多次抽搐現象。研究人員得出的高明結論是，研究結果與發高燒的人類及先前接受過相同實驗的小貓反應一致[15]。

另外，著名的心理學家哈里．哈洛（Harry Harlow）在一九五〇年代開始研究社會孤立的影響，方式是將剛出生的猴子監禁在不鏽鋼的小房間裡。結果證明過早、嚴密的和長期的孤立，會使動物退化到一種由恐懼和侵略性支配的狀態[16]。後來，他表示自己想到了一個「絕妙點子」，藉由「讓幼猴對布偶母猴產生依戀，而這布偶母猴會變身為怪物」，以誘發幼猴的沮喪反應。第一個母猴布偶怪物，每隔一段特定時間便會透過自動或按鈕啟動噴出高壓空氣，空氣強得幾乎要把幼猴的皮膚撕裂。結果呢？幼猴只是把怪物母親布偶抱得更牢，因為受驚的幼兒會不惜一切代價抓住自己的母親[17]。

哈洛又設計出另一隻假母猴，它會猛烈搖晃幼猴，激烈到你都能聽到幼猴牙齒的格格聲。但是幼猴仍舊死命的抱緊假母猴。哈洛最後又製造出第三隻「豪豬假母猴」，它整個腹部表面布滿了可伸縮的黃銅銳刺。雖然這些傷人的銳刺把幼猴刺得很痛，但牠們還是會在銳刺收回後，重新依偎在假母猴懷裡。彼得．辛格對此表示：「當哈洛在三十年前開始做母愛剝奪實驗以來，美國已經進行了超過兩百五十個類似實驗，有超過七千隻接受實驗的動物因此產生沮喪、絕望、焦慮、心理創傷，甚至死亡。」[18]比利時哲學家梵希安娜．德普雷（Vinciane Despret）形容這種病態的執念是「沒完沒了的瘋狂複製」[19]。

如今被奉為經典的這些研究，確實解釋了人類對母子依戀關係的某些觀念，但我們顯然必須提出質疑，為此所進行的這些殘忍並在多年時間裡不斷微調變化、複製的實驗，是否具有正當性。諷刺的是，哈洛在生涯尾聲談到自己主編十二年的《比較生理心理學期刊》（*Journal of Comparative and Physiological Psychology*）時，毫不諱言的表示：「大多數的實驗都不值得去做，得到的數據也不值得發表。」根據他的估計和統計結果，他擔任主編期間，曾投稿到該期刊的論文大約有兩千五百篇，其中大部分都是使用動物所做的殘忍實驗[20]！

一九八〇年代初期，賓州大學的湯瑪斯．金納瑞利（Thomas Gennarelli）所帶領的團隊敲擊狒狒頭部，以便研究打擊力道對大腦造成的損傷，並獲得美國聯邦政府每年一百萬美元的資助。根據該研究計畫的許可文件，狒狒必須先接受麻醉，才能進行頭部敲擊實驗。來自動物解放陣線（ＡＬＦ）的兩名調查員成功潛入實驗室，竊得實驗錄影畫面，結果發現實驗人員將狒狒綁住準備敲擊時，牠們仍有意識且不斷掙扎。同時也可以看到麻醉退了之後，動物們疼痛扭曲的模樣，但研究人員仍在牠們外露的大腦上進行手術。他們不僅無視因疼痛不堪而飽受驚嚇的動物，還大聲模仿並嘲笑。在媒體取得這些影片後，引起輿論強烈抨擊，一年多來為此積極奔走的善待動物組織（ＰＥＴＡ）也加入聲援，在數百名群眾的抗議之下，美國政府停止了對金納瑞利的補助，他的實驗室也因此關閉[21]。這類殘忍的實驗可以參考紀錄片《地球上的生靈》，片中許多鏡頭都是從某些研究實驗室偷拍的[22]。

為了生產化妝品，他們把化學藥劑注入兔子的眼睛

還有個例子是跟一名個性暴躁的研究人員有關，他會抓起手邊的實驗室老鼠往牆上摔來發洩怒氣。哈佛大學教授史蒂芬．平克（Steven Pinker）表示，他曾在科學期刊上看過一張照片，照片上是一隻仰躺的老鼠，牠正在用爪子推著一根操縱桿來避免遭到電擊，旁邊的說明文字是「在床上用早餐」[23]。這裡的早餐指的是特別為實驗鼠「端上來」的電擊。

沿用半個多世紀的「德萊茲測試」（Draize test）是一種眼部發炎測試，最常用於測試各式各樣的家用品和化妝品，目的是評估不同物質對兔子眼睛所造成的刺激或腐蝕作用。測試時，兔子的頭部會先以頸圈固定，眼睛則以金屬夾撐開來防止眨眼。接著，每隔一段時間就將受試的化學品滴入兔子的眼睛。由於兔子無法分泌淚液，因此產品很快就會引發刺激、灼痛、發炎，甚至經常出現壞死情形。「為了讓女人變得更美，而將有毒產品注入動物的眼睛，實在令人難以置信！」知名的動物行為學家珍．古德表示[24]。

二〇一〇年九月，經濟暨合作發展組織（ＯＣＤＥ）批准了一項能逐步取代德萊茲測試的方

法，但在它普及之前，兔子仍得持續遭受折磨[25]。美國哲學家詹姆斯・雷切爾斯（James Rachels）對於「人類例外」的不平等提出了以下批評：

當然，人類和兔子之間存在著許多明顯的差異，……但是，這些差異有相關性嗎？假設答案為「是」，讓我們有正當的理由允許把兔子用在萊德茲測試上，而不是人類。那麼，如果這些差異沒有相關性呢？我建議可以這樣回答這個問題。首先，暫時忘了兔子，先來問問為什麼有人會反對把這個測試方法用在人類身上。答案是測試過程非常痛苦，而且會對受試者的眼睛造成無法彌補的傷害。這對受試者來說非常糟糕，因為會很痛，也因為人們出於各種原因需要眼睛。……

有了這些理由後，我們再來討論兔子，在相關的問題上，看看牠們是否與人類相似。牠們會痛嗎？視力有助於牠們生存嗎？如果答案是肯定的，那麼我們就有相同的理由反對使用兔子來測試，就像我們反對用人測試一樣。而如果有人反駁說人類和兔子不同，人類會算數學、欣賞歌劇，而兔子不會。那麼我們可以回答說，就算這些差異用於其他的議題上確實有道理，但兔子不是因為這些差異才被用於德萊茲測試上。[26]

我們也跟彼得・辛格一樣深感不解：「怎麼會有這種事？這些人不是虐待狂，怎麼會把他們的工作時間用來把猴子逼得終生抑鬱，把狗加熱至死，或是把貓變成癮君子？他們怎麼能脫下白袍、洗手，然後回家和家人共進晚餐呢？」[27]

在稱得上仁慈的科學界，難道這些人只是少數的「害群之馬」嗎？有人可能會認為，那些不幸的猴子剛好落入了一個以折磨動物為樂的瘋狂科學家手中，而其團隊成員之所以同流合汙，只是情境使然。但事實表明，我們更有可能是在處理一種普遍情況。

一九七一年，心理學家菲利普．金巴多（Philip Zimbardo）提出一項不太尋常的實驗，想用來評估環境對人類行為的影響。他在加州史丹佛大學地下室複製了一座監獄，並招募一些志願者分別扮演囚犯和獄警。一開始，囚犯和獄警都不太認真看待自己的角色，但幾天之後，情況發生了很大的變化。獄警們開始無法容忍囚犯之間的爭吵和違反規定的行為，於是想出各種羞辱犯人的懲罰。有些囚犯的態度變得順從屈服，有些則表現出反抗的傾向。獄警們的欺凌越來越頻繁，有時非常過分，還有些暴力行為。有些囚犯崩潰了，其中一人還開始絕食抗議。眼見情況惡化到無法收拾的程度，迫使科學家在六天後就中斷這個打算為期兩週的實驗。

對於菲利普．金巴多來說，「惡是一種存心傷害、虐待、貶低、使非人化或摧毀無辜者的行為，或是利用自身的權威或體系的力量，去煽動或允許他人以你的名義施加惡行。」[28]

如果外科醫生是隻狗……

史丹佛大學的監獄實驗，以及伊拉克阿布格萊布（Abou Ghraib）監獄的美軍虐囚事件，都在告訴我們原本不嗜血的一個人，如何無視自己理應遵守的道德價值觀，成為虐囚的怪物。在全球許多監獄早已見怪不怪的這類暴行，都是在一般的情境框架下，被潛在的壓力所引發，而所有人都得服膺這個情境的邏輯，甚至被逼到犧牲個人價值的地步[29]。

如同監獄的例子一樣，某些實驗室的虐待行為不能歸咎於少數的害群之馬，而是羊群全都受到了汙染。其特點是實驗人員之間心照不宣的默契，認為對動物進行有害且往往是痛苦的實驗完全沒有問題，而且一旦測試完成也可以理直氣壯的加以殺害。這種態度一旦成為常態，稍有不慎就可能讓情況惡化為形形色色的各種動物虐待。

光是確定人類的存在比動物的存在更有價值，並不能滿足人類沙文主義者——誰能合理的懷疑這一點？——他們還要徹底擺脫對動物的一切責任和憐憫。然而，只需花幾分鐘換位思考，就能明白這種立場的矛盾之處。對此，十八世紀的法國作家杜洛倫斯（Henri-Joseph Dulaurens）寫道：

> 如果我們說，有一隻當外科醫生的狗為了治療另一隻斷腿的狗，所以打斷了人的腿，各位做何感想？如果一隻貓為了研究視神經的髓質纖維在視網膜上的分布情形，而摘下了一名小孩的眼

珠，各位做何感想？還有，如果一隻鹿想了解繁衍的奧祕，或只是為了滿足好奇心，於是拿著手術刀將一名少婦開膛剖腹，各位做何感想？難道你們不會高喊著這是殺人、這是暴行？[30]

談到這裡，我們應該想一想彼得·辛格承襲自邊沁提倡的一個論點，雖然這個論證經常遭到詆毀動物解放運動的人所扭曲、抨擊和渲染。辛格提出以下荒誕的論點：如果動物因為某些能力不如人類——例如智力、安排生活、道德價值觀（或缺乏哲學和科學天分）——而成為人類可以任意加以剝削的理由，尤其是在科學實驗領域，那我們有什麼理由不將深度昏迷且不可逆轉的植物人當成實驗對象呢？這些人確實連某些動物所具備的能力都沒有，有些大猿的智商高達七十五，而人類的平均智商也不過才一百而已。

顯然的，把人類工具化的想法令人震驚又恐懼，所幸我們有足夠的同理心和同情心，對這些人的處境能夠感同身受，即使他們無法表現出人類的任何特質。我們天生就具有物傷其類的傾向，其中當然有生物學和哲學的因素。但是，我們必須承認這種反應是偏頗的、主觀的，並且受到我們的成見所影響。

以上辛格所提出的荒誕論證，並不是要把人類動物化或把動物擬人化，也沒有暗示若能取得有益於人類的重要進展，就可以利用植物人來進行科學和醫學實驗，而是呼籲停止任意、無情的剝削動物。本質上，我們所說的並不是將我們對動物的折磨延伸到人類身上，而是將我們對人類的同情心擴及到動物身上。

替代 replacement、減少 reduction、優化 refinement

二〇一〇年，歐盟頒布了一項新指令：「動物具有必須予以尊重的固有價值……因此應當始終將其視為有感知的生命。」並補充說道：「因此，只有在沒有排除動物的其他替代方法時，才應該考慮將動物用於科學或教育用途。」[31]

歐盟指令在序言中規定：「儘管最理想的情況，是透過排除使用動物的其他方式來取代活體動物實驗，但為了保護人類和動物的健康與環境，使用活體動物仍然有其必要性。」[32]不過，該指令也強調必須改善研究用動物的福利，同時顧及動物福利的科學新知，包括動物感受和表達疼痛、痛苦及焦慮的能力。在動保組織持續不斷的遊說下，歐盟指令已禁止在化妝品測試中使用動物[33]。今後，所有使用動物的實驗都必須依規定標明痛苦程度。

該指令的適用對象不僅是脊椎動物，還包括頭足綱動物（高等軟體動物），並建議遵守最早由動物學家威廉．羅素（William Russell）和微生物學家雷克斯．伯奇（Rex Burch）在一九五九年提出來的3R原則，即替代（remplacement）、減少（réduction）及優化（raffinement）。

・盡可能使用其他模式來**替代**動物模式（尤其是電腦虛擬模式）。
・**減少**實驗使用的動物數量，以免造成過多的動物遭受折磨或殺害。
・**優化**實驗方式，使用最不具侵略性的方式，並設定結束實驗的「界限」，避免造成不必要的痛苦。

歐盟指令也關注到實驗室動物使用後的處置：「在某些情況下，應將動物放回自然棲地或合適的飼養體系，或是將貓狗等動物安置於收容所，因為民眾非常關注牠們的處境。」

另一項歐盟指令強調：「雖然有些成員國已經採取了國家強制措施，確保對科學用途的動物提供妥善保護，但其他成員國則僅落實了規定的最低要求。」二〇一〇年頒布的動物實驗指令，於二〇一三年二月正式在法國立法通過。

法學家尚皮耶・馬蓋諾認為歐洲議會跨出了重要的一步，不再將有關動物福利的主張建立在「倫理評估」之上，讓各個實驗室有高度詮釋的空間；而是補足法律欠缺的部分，把合法性置於優先地位。新的歐盟指令，要求每個成員國設立一個「保護科學用途動物的國家委員會」[34]。在馬蓋諾看來，這些規定才是真正的進步，因為「動物福利」從此跨出了「倫理反思」的框架。換句話說，動物實驗將納入法律監督的範圍，再也不會讓實驗室自行其是。新的主管機關也不再只是提供建議來協助研究人員培養正確的態度，而是根據歐盟指令所訂定的詳盡條件，來決定是否批准、拒絕、修改、更新或撤銷實驗許可[35]。

有些人認為，以上的進展違背了《歐盟基本權利憲章》所承認的「科學研究自由」原則，傷害了民主社會中的這個寶貴價值。但是，這種「自由」當然必須受到時下主流的動保意識所規範。如同馬蓋諾所說的，動物是「有知覺的生物，通常是敏感的，且有時討人喜愛，不能再繼續被當成和抹布、毛巾、手推車和電腦一樣的東西」[36]。事實上，市調公司益普索（Ipsos）於二〇〇三年所進行的一項民調結果，也顯示了同樣的看法：有六四%的法國人表示反對動物實驗。今天絕大多數的法國人都非常反對用動物來做實驗，其中有七六%的人認為動物實驗存在著太多殘忍的做法；七三%認為進行動物實驗的條件資訊不夠透明；最後，有八五%的法國人表示，若是能證明有其他可行的替代方法，他們贊成全面禁止一切動物實驗[37]。

其實，我們有太多替代方法

現在有很多替代方法，例如細胞、組織和器官培養。尤其是體外培養，可以大幅減少研究和毒性測試所需要的動物數量[38]。

體外研究也包括觀察從動物或人類活體分離出來的細胞、組織和器官。一旦從動物身上取得細胞株之後，就不再需要動用到牠們。通常情況下，要拿到組織或器官，就必須殺害提供這些樣本的動物。有些國家已經建立了人體組織和幹細胞銀行，但這些機構經常會面臨法律和道德的阻礙。在研究化學物質效應的領域中，體外試驗的前景看好。

另外，透過模擬和虛擬實境，電腦同樣可以改進許多領域的研究生態。這種類型的研究，英文稱為 in silico（電腦模擬），與**體內**（*in vivo*，在生物體內）和**體外**（*in vitro*，在體外進行細胞和組織培養）所進行的研究不同。以模擬胃、小腸和結腸所開發出來的腸胃模擬模型為例，特別適合用來研究藥物和食物之間的交互作用，以虛擬方式測試某些物質的影響。人造皮現在也可以代替動物皮，用來測試某些物質可能產生的腐蝕或壞死作用。

在教學方面，現在的學生可以使用 V-Frog 等軟體，在虛擬實境中練習活體解剖[39]。逼真的重複每一個學習階段，並可一再進行練習而不必使用活青蛙。相關的評估結果顯示，使用虛擬替代方案學習的學生，學習成績至少與使用活體動物學習的學生不相上下[40]。

在實務上，很遺憾的，動物實驗的困境短期內還不會解決。大多數的研究人員認為，如果要解決思覺失調症、癲癇或自體免疫疾病等難題，就不得不進行動物實驗，因為這類實驗需要在運作中的大腦或整個有機體身上進行。研究人員表示，僅僅靠細胞培養，無法理解這些疾病。

因此，我們只能期盼各方付出最大的努力和最多的資源來開發替代技術，以便徹底終止動物實驗，不再因為非必要的需求（化妝品）或實用性需求（家用清潔產品）而罔顧動物福利。與此同時，也應盡一切努力，在實驗期間和實驗之後，盡可能減少動物的痛苦。

尚皮耶．馬蓋諾表示，如果一切按照他的預料，歐盟將於二〇一七年十一月十日頒布的下一道指令，會根據已取得的進展重新進行評估，並祭出可以實現最終目標的唯一手段：訂立只許使用替代方法（體外和電腦模擬）的期限（二〇三〇至二〇三五年？）[41]。

儘管如此，有些進展仍無助於解決其他領域為了自身利益剝削動物的基本道德問題，除非停止盲目行使「強權即公理」的心態，否則人類良心上永遠都會有一塊無法抹滅的汙點。

第10章

五十萬與五百

全球野生動物走私概況

野生動物及其產品的貿易，是全世界最有利可圖的非法活動之一，每年可為走私者賺進至少一百五十億歐元，僅次於軍火和毒品走私，排名第三位[1]。

雖然森林砍伐、都市化和汙染是造成動植物物種消失的首要原因，但動物走私也對瀕危物種產生重大影響。買賣這些動物的活體或死亡標本，或是牠們的器官、皮革、毛皮、羽毛、骨頭，都可能導致某一物種的族群減少到攸關生存的關鍵閾值，甚至造成物種滅絕[2]。這一類的非法貿易開啟了惡性循環：物種越罕見就越昂貴；越昂貴，就越受到走私者的覬覦而可能滅絕。

瀕臨滅絕的物種受到《瀕危野生動植物國際貿易公約》（Convention on International Trade of Endangered Species，簡稱 CITES）的保護，這個跨政府的協議也稱為《華盛頓公約》，於一九七三年由一百七十個國家共同簽署[3]。該公約所設置的機構負責監督、管理或禁止瀕危動物的國際買賣。

生態浩劫與動物輓歌

根據世界自然基金會（WWF）二〇〇六年的報告和 CITES 的估計，非法野生動物貿易每年買賣的動物，包括五萬隻猴子、六十四萬至兩百萬隻的爬行動物、一百五十萬隻鳥類、三百萬隻龜類和三．五億條觀賞魚。牠們都是活生生的動物，比如紅尾灰鸚鵡（保育類動物）、紅尾蚺、大猩猩、龜類及獵豹。每年的走私項目也包括各種「衍生性產品」：一百六十萬張蜥蜴皮、兩百萬張蛇皮、三十萬張鱷魚皮、一百一十萬張皮毛、一百萬塊珊瑚，以及兩萬一千個狩獵戰利品[4]。這些產品用於中藥材和其他傳統藥材，也用於裝飾品、奢侈品及吉祥物。

巴西的藍鸚鵡是保育類動物，牠的蛋在歐洲每顆售價可以高達四千歐元，但在森林偷盜鳥蛋的亞馬遜獵人每顆蛋卻只能得到三歐元[5]。藏羚羊的毛被認為是全世界最頂級的，只取喉部最細的毛所加工製成的「沙圖什」（shahtoosh，意為羊絨之王）披肩，每條在黑市的售價可高達三千歐元。數量已經十分稀少的藏羚羊，因此成為中國走私者盜獵的對象，他們甚至會開著吉普車、持機槍加以獵捕。但其實，藏羚羊早在一九七九年就被列為保育類動物。

根據國際野生物貿易調查委員會（TRAFFIC）的估計，每年野生動物的貿易量中包括五億到六億隻熱帶魚、一千五百萬張動物毛皮、五百萬隻鳥類、兩百萬隻爬行動物和三萬隻靈長類動物，涵蓋的物種多達數萬。近年對於所謂「新寵物」的需求也日益增長，如蜥蜴、變色龍和各種大壁虎，對相關物種來說是一場大災難。根據 CITES 的統計，法國保育類爬行動物的非法貿易，在二〇〇四至二〇〇九年之間成長了二五〇%。

在中國，傳統中醫會使用熊膽入藥，認為它具有各種療效。因此，有超過一萬隻亞洲黑熊（也稱為月熊或月牙熊）終生被監禁在籠子裡，每天接受兩次抽取膽汁的穿刺過程；越南境內有兩千四百隻熊有同樣的命運，而蒙古境內的數量則不明。由於籠子窄仄，黑熊無論日夜只能躺著，甚至無法翻身。膽汁抽取最早可以從一歲開始：一根導管或大探針會永久插入膽囊中，而黑熊腰部則緊裹著鐵箍，好讓導管不會鬆脫。飼養業者也會使用效能更強的幫浦，這會帶來極大的痛苦。抽取膽汁時，黑熊不斷哀鳴並用頭撞籠子，有些甚至會痛到啃咬自己的手掌。

這些受傷、消瘦的黑熊大都活不了多久，然後就會被送進屠宰場，因為熊肉是一道昂貴且受歡迎的珍饈。能夠存活下來的黑熊必須忍受長達十年到二十年的折磨，而膽汁製劑的售價可高達每一百毫升三百五十歐元。黑熊死後，膽囊可以在中國、香港、日本、澳門、韓國或台灣市場，以一萬五千歐元的高價賣出[6]。

致力於動物福利的英國女子謝・羅便臣（Jill Robinson）曾於一九九三年冒充觀光客，首次造訪中國的一處養熊場，發現自己彷彿置身在恐怖電影當中。經過七年的研究和斡旋，她終於在二〇〇〇年成功說服中國野生動物保護協會和四川林業廳，承諾釋放五百隻黑熊[7]。這是中國政府與外國動保組織簽署的第一份協議。之後，謝・羅便臣創辦了亞洲動物基金會（Animals Asia Foundation），並在成都成立了亞洲黑熊救護中心。該基金會已經在中國境內拯救了兩百六十隻熊，最近還在越南設立保護區，雖然越南政府明令禁止抽取熊膽汁，還是有人鋌而走險[8]。根據官方資料，中國仍有六十八座熊膽農場還在營運中。成立於二〇〇〇年的歸真堂藥業公司養了四百七十隻熊，由於市場供不應求，還計畫將數量增加到一千兩百隻[9]。所以，我們還有很多事情要做。

野生動物不是非法走私的唯一受害者。在歐洲，走私業者會在貓狗達到法定年齡之前，就將牠們出口到其他國家。小狗和小貓比成年動物賣得好，但許多會在環境十分惡劣的運輸過程中死亡。比利時是寵物走私的集散中心，因為當地很容易取得出口寵物所必須出具的歐洲通行證。

野生老虎、中國、黑手黨

十年來，由於棲地消失和盜獵，野生老虎的數量減少了一半。根據估計，二十世紀初全世界大約還有十萬隻老虎，但如今已大幅銳減：現在全球僅剩下約三千兩百隻野生老虎。曾在二十四個亞洲國家中繁衍的虎群，今天在其中的十一個國家已經消失無蹤。有三個亞種已經滅絕，包括印尼在一九三〇年代失去的峇里虎、一九八〇年代的爪哇虎，最後一個是亞洲最西端的亞種裏海虎，在一九七二年絕跡。

克沙夫・瓦爾瑪（Keshav Varma）是世界銀行拯救老虎計畫「全球老虎倡議」（Global Tiger Initiative）的負責人，二〇〇八年推動該計畫時，他認為人類還有十年的時間可以拯救老虎，同時遺憾的表示：「為防止這場悲劇所投注的資源，顯然不足以對抗當今插手老虎走私的國際大型黑手黨。」[10]如果趨勢無法逆轉，野生老虎注定走向滅絕。

除此之外，中國還出現許多殘酷的「養虎園」。對此，《我們殺害的動物》（*Ces animaux qu'on assassine*）作者路易・貝里歐（Louis Bériot）在書中描述：「中國在公園、動物園及飼養場等兩百多個地方所圈養的老虎數量，是全球野生老虎數量的二到三倍。飼養場業者和許多動物園飼養老虎，是為了宰殺後將牠們的殘肢、毛皮、肉和骨頭賣到中國、韓國、台灣、日本和美國市場。因為老虎在人工飼養的環境下比較容易繁殖，已然成為『工業化』的飼養動物。」[11]

路易・貝里歐特別參觀了廣西桂林的熊森熊虎山莊，裡頭有來自孟加拉、西伯利亞、華南及鄰國的一千四百隻老虎（外加冷凍庫裡兩百到三百隻的虎屍）、四百隻中國黑熊、三百隻非洲獅和五千隻猴子[12]。這裡無疑是全世界最人的「野生」動物飼養場。除了商業繁殖，占地遼闊的園區還提供馬戲表演，吸引了許多遊客。

該公司成立於一九九三年，得到中央和地方政府的支持，獲得超過三・五億人民幣的政府補助。就在同一年，中國宣布禁止虎製品買賣。老虎全身上下都可以賣錢：虎皮、虎骨、虎鞭、虎鬚、虎爪、虎牙……一張虎皮售價高達一萬五千歐元，而虎骨更可以賣到二十萬歐元。這些虎骨專門用來製作「滋補」藥酒（據說可以治療各種疾病，促進各種生理機能），同時還製成藥膏和其他藥劑。一旦老虎成年，骨骼停止生長後，業者就會在宰殺前幾週減少或甚至中斷餵食。二〇〇九年十二月至二〇一〇年二月，在中國的瀋陽森林野生動物園內，就有四十隻西伯利亞虎被活活餓死。

關於這些用於傳統中醫的虎製品，倫敦警察廳野生動物犯罪組的安迪・費雪（Andy Fisher）表示：「針對這些產品進行的數千種測試，都顯示它們提供的營養不會比牛奶多。」[13]雖然法律明文禁止買賣這些產品，但亞洲各國政府卻很少執行，黑市交易依舊熱絡。

對象牙、犀牛角、魚翅的狂熱

全球每年約有兩萬五千頭大象因為象牙而遭到殺害。根據非政府組織「環境調查協會」（Environmental Investigation Agency，簡稱 EIA）針對一九八〇年代毀滅性盜獵的報告，國際禁止買賣象牙的禁令於一九八九年頒布並生效。接下來幾年，非洲多數地區的偷獵活動確實有大幅減少，但不幸的是，對象牙的需求仍然很大，於是大象再次遭到大規模殺害。象牙在亞洲非常受歡迎，用於珠寶、飾品及神像雕刻。從非洲出口到東亞（尤其是中國）的象牙，估計每年有七十二噸（相當於殺害七千頭大象），價值六千兩百萬美金。

國際愛護動物基金會（International Fund for Animal Welfare，簡稱 IFAW）的亞曼達・根特（Amanda Gent）表示：「在目前擁有野生象群的三十六個非洲國家中，每天大約有一百頭大象消失。中國走私業者十五年前進駐非洲，他們指揮並雇用偷獵者，使得象牙走私的規模擴大。在中國和整個東南亞，象牙都是十分搶手的奢侈品。」[14]

至於近年犀牛遭到大量獵殺的現象，大部分是因為遠東地區廣泛流傳的無稽之談，認為犀牛角可以治療癌症、陽痿和其他疾病。使用犀角粉或持有犀角雕刻，也是一種炫富行為。商人們毫不猶豫的支付九萬歐元買下一根犀牛角，研磨成粉末後，以一劑一千至兩千歐元的價格出售（比古柯鹼還貴），而付出高昂代價買的是一種沒有任何功效的產品[15]。在東方，犀角走私大部分都操控在香港的華人幫會三合會手中。供不應求的情況，使得南非（全球犀牛數量最多的國家）在二〇〇七至二〇一二年間，盜獵犀牛的數量暴增了五十倍。光是在二〇一三年，就有九百頭犀牛遭到殺害，相當於每十個小時就有一隻犀牛送命。如今，全世界只剩下大約兩萬五千頭犀牛，回顧一九五〇年代，當時數量還有六十萬頭。

此外，每年有超過兩億隻鯊魚遭到捕殺，其中七千五百萬隻是因為身上的魚鰭。漁民們割下魚鰭之後，就將受傷的鯊魚扔回海中。牠們鮮血直流，無法游動，注定只能等死[16]。魚翅主要賣到香港、泰國及中國的高級餐廳。

與貪腐、組織犯罪、恐怖組織的關聯

美國自然歷史博物館生物多樣性與保育中心的李歐．道格拉斯（Loo Douglas）[17]，以及國際愛護動物基金會的凱文．艾力（Kelvin Alie）[18]所進行的一項研究顯示，盜獵者經常勾結地方軍事組織或反叛組織的將領，因為後者會定期透過走私野生動物賺取所需要的資金[19]，像是查德和蘇丹的武裝民兵、盧安達的解放民主力量，以及索馬利亞的伊斯蘭武裝團體青年黨（Al-Shabaab）等團體。他們跨越肯亞邊境，在阿拉瓦列（Arawale）國家保護區內盜獵大象，非法所得則用於購買武器和彈藥，進一步加劇了區域衝突。

凱文．艾力表示：「貪腐就像是野火四處蔓延，涉及者包括軍人、邊防警察、警方、司法部門、關務部門、使館人員，甚至是許多國家的外交官。這些人受惠於野生動物的非法貿易，於是積極協助走私業者。」[20]犯罪學家還發現，貴重的野生動物也可以做為犯罪和恐怖組織的流通貨幣；走私動物因此成為一種有效的洗錢方式。

比起冒險走私稀有礦藏或其他珍貴的天然資源（石油、天然氣、礦石、稀有樹種等），走私動物確實比較容易，成本與風險也更低，而且當局更難以監控和杜絕這些非法行為。護林員和反盜獵小組的裝備通常不夠精良，薪資也不高，人數上的劣勢讓他們既不能對抗配備 AK-47 自動步槍和榴彈發射器的盜獵者，也無法監控走私網絡，畢竟走私業者擁有雄厚的資金賄賂地方官員，而且可以大搖大擺的穿越邊界。

當觀光客購買象牙、龜殼等工藝品，或是其他保育類動物的副產品時，也等於是這些不法行為的幫兇，更進一步助長了盜獵的長期積弊。稀有物種的收藏家也是如此。大量動物被迫離開牠們的自然棲息地，可能會破壞生態系統的平衡，瓦解棲地所有物種所建構起來的依存關係，並衝擊到當地動植物的整個生態系統[21]。

走私熱點

野生動物買賣的「熱點」和集散地，包括中國邊境、印尼、馬來西亞、新幾內亞、加勒比海地區、墨西哥、所羅門群島、曼谷素萬那普（Suvarnabhumi）國際機場，以及歐盟的東部邊界。

曼谷的恰圖恰（Chatuchak）週末市場，就是出了名的野生動物非法交易中心，販賣蜥蜴、靈長類動物和其他瀕危物種。南美的亞馬遜地區也是如此，祕魯的伊基托斯（Iquitos）和巴西的馬瑙斯（Manaus）市場，販賣著各式各樣的熱帶森林動物肉品，包括刺豚鼠、貒豬和陸龜。許多其他的保育類動物，尤其是鸚鵡和猴子，則在這些市場中當成寵物買賣。二〇〇九年三月，四百五十名巴西警察逮捕了七十八名走私集團成員，這個集團每年走私五十萬隻動物，其中包括巨蚺、捲尾猴、短角鹿、紫藍金剛鸚鵡及李爾氏金剛鸚鵡等保育類動物[22]。

盜獵者偏愛獵取幼獸，為此，他們經常殺害試圖保護孩子的母獸。盜獵者在獵捕樫柳猴、狨猴、蜘蛛猴、僧面猴和許多其他種類的猴子時，會瞄準高處樹枝上帶著孩子的母親開槍，造成許多幼猴直接從高高的樹上掉下來摔死。

獵捕和運送過程中的巨大損失

遭到捕獲的動物因為壓力和暴力，以及失去自由的監禁環境和非法運輸的過程，經常會出現極高的死亡率。平均來說，從自然棲息地捕獲的十隻動物中，只有一隻能存活下來；馬達加斯加變色龍的存活率甚至僅有一％[23]。為此，走私業者通常會加大在野外的捕捉數量，以彌補預期中的損失。美國是亞馬遜熱帶雨林動物的主要目的地，走私方式和毒品一樣，都是利用汽車後車廂、行李箱或貨櫃。洛杉磯機場曾逮捕一名走私者，從他的衣服中取出十四隻珍稀鳥類。一九九九年，法蘭克福機場在一名從墨西哥回國的法國人行李箱中，搜到了一千三百隻的狼蛛（估計目前市價約十二萬歐元）[24]，類似例子時有所聞。

慈善團體由於資源有限，只能照料海關部門沒收的少部分動物。在大多數情況下，有關當局別無選擇，因為沒有能力安置這些野生動物，也無法將牠們送回原生地，只能對成千上萬隻沒收來的野生動物進行安樂死。

銷毀之後，價格更高

二〇〇五年，達賴喇嘛在印度直言譴責許多有錢藏人在節慶期間高調穿著虎皮、豹皮和水獺皮服飾的習俗，他表示這種習俗完全無法反映西藏悠久的傳統，而且顯然違背了佛教的教誨。他還強調：「看見族人還在助長這種風氣，我只願自己可以早點離開人世。」這番話像野火般迅速傳遍西藏，幾乎所有藏人都將服飾上的獸皮撕下，聚集成堆後在廣場上燒毀。

二〇〇七年十二月，印度野生動植物信託基金會（WTI）在喀什米爾公開燒毀八輛卡車所運載的保育類動物皮革和毛皮（老虎、豹、雪豹、黑熊、水獺、狼等），這應該是有史以來最大宗野生動物毛皮被如此公開銷毀。

遺憾的是，這些示範性、用意良好的干預措施卻適得其反，反而大舉推升動物毛皮的價格，造成走私更加猖獗。非政府組織環境調查協會（EIA）首席調查員黛比・班克斯（Debbie Banks）發現，西藏的毛皮走私非但沒有停止，反而更加嚴重[25]。班克斯和同事在拉薩碰到幾名走私者，他們才剛把數十張大虎皮賣到中國、韓國、台灣和馬來西亞。後來，班克斯一行人也很容易就找到了準備賣給中國製藥公司的大批虎骨。

拉薩的賣家很得意於自己可以繼續高枕無憂的進行走私，因為他們在尼泊爾和中國當局的高層都有人脈，確保自己不會遭到逮捕或受罰。有些人還表示，雖然達賴喇嘛的呼籲造成藏人對獸皮的需求減少，但他們每個月仍能賣出二十五張豹皮。此外，中國官員為了抵制達賴喇嘛，還強迫藏人重新穿上虎皮，無視此舉違反了中國法律。

這些走私者所走的主要路線，是印度北方邦、喜馬偕爾邦（Himachal Pradesh）、喀什米爾的拉達克（Ladakh）等警戒鬆散的隘口，以及尼泊爾和不丹的邊界。

法令不足、執行不力

大動作沒收或摧毀象牙、保育類動物毛皮和其他副產品，或許可以短暫阻礙野生動物的走私，但都不是長遠之計，加強現有法律並著重落實才是治本之道，但目前的情況卻遠非如此。對此，法國動保團體 One Voice 指出：「儘管國際上有保護法令，但我們還是不得不承認，在自然棲地捕捉和盜獵野生動物，包括保育類物種在內，仍持續在發生。」[26]

像亞洲黑熊和美洲黑熊這類瀕危物種，雖然受到《華盛頓公約》保護，卻仍持續在印度或中國遭到迫害，提供膽汁、熊肉，甚至演出「跳舞熊」來娛樂好奇的觀光客。在非洲，人們還會把獅子野放出來當成狩獵目標，吸引業餘人士前來遊獵或圍捕。

李歐．道格拉斯表示，走私野生動物特別有利可圖：「因為這種行為並沒有真正受到社會譴責，而且遭到逮捕的風險很小，就算少數幾個不法人士最終受到法律制裁，但不痛不癢的罰則通常只讓人感到荒唐可笑。」二〇一四年，兩名犀牛角走私販子在愛爾蘭被捕，貨品市值約為五十萬歐元，但罰款卻僅有五百歐元[27]……。

第11章

競技場上，莊嚴的赴死

淪為娛樂工具

在第二章提到，賓州大學動物倫理學教授詹姆斯・塞佩爾表示，當人類開始馴養動物時，雙方是建立在一種親密與奴役並存的矛盾關係之上，並因此引發痛苦的罪疚感。於是，為了擺脫這種不適感，人類就形成了種種意識形態，以便持續奴役動物，卻又不會覺得良心不安[1]。

後來，降服動物和支配自然的能力開始成為衡量人類文明成功的標準，甚至演變成展現個人、文化或國家威望的一種手段。例如，巴比倫和亞述國王會將野生動物圈養在堅固的圍場中，然後在獵犬的協助下駕著雙輪戰車加以獵捕，最後還將他們的狩獵成績銘刻在裝飾宮牆的淺浮雕上，流傳後世[2]。

來玩吧，看誰能把豬打死

古希臘人雖然不會無故殘忍對待動物，但卻非常喜歡展示各種珍禽異獸的壯觀遊行。西元前三世紀，希臘帝國當時的文化中心亞歷山卓城，每年都會安排各式各樣的人和動物在城市體育場的看台前遊行一整天。壯觀的遊行隊伍中，可以看到大象、鴕鳥、拉動雙輪戰車的野驢，以及兩千多隻各色外來犬種、二十幾隻獅子，還有一百五十名扛著樹木的壯漢，樹上綁著各種鳥類和樹棲哺乳動物，後頭跟著豹、獵豹、猞猁、長頸鹿、犀牛，有時還可以見到北極熊[3]。

古羅馬的慶典競技會，主要是雙輪戰車競速和田徑比賽；而格鬥比賽則是淪為奴隸的戰俘以格鬥士身分相互廝殺，不過羅馬人向來也以殘忍對待動物而聞名。從皇帝到老百姓都以觀看人獸鬥為樂，專門受訓來對抗野獸的鬥獸者可以殺害無數動物。另外，在馬戲舞台上以樹木、灌木叢和小丘等植栽造景重建的自然環境中，羅馬人會安排獵手進行狩獵表演，追捕並宰殺獵物。他們還會在史上最大的體育場馬克西姆斯競技場（Circus Maximus，可容納二十五萬名觀眾）[4]、羅馬競技場及許多其他場地，激怒野獸讓牠們彼此較量。熊和公牛被鏈子拴在一起彼此撕咬，同時餵食大象、犀牛、河馬、獅子和豹興奮劑，讓牠們變得更狂暴。看台觀眾還可以付費扮演弓箭手，從看台上射殺最後倖存下來的動物。

西元八十一年，在羅馬競技場落成啟用的百日內，就有九千隻野生動物遭到殺害。在西元二四〇年的一次慶典中，至少有兩千名格鬥士、七十隻獅子、四十匹野馬、三十頭大象、三十隻豹、二十隻野驢、十九隻長頸鹿，十隻羚羊、十隻鬣狗、十隻老虎、一頭河馬及一頭犀牛遭到殺害。暴君尼祿曾允許身邊護衛用標槍屠殺四百頭熊和三百隻獅子，但紀錄保持人是好大喜功的圖拉真皇帝。在御駕親征達契亞（Dacia）凱旋之後，他下令公開屠殺一萬一千隻野生動物。康茂德（Commodus）皇帝則使用帶有新月形箭簇的箭射獵鴕鳥，直接射斷牠們的脖子，無頭的鳥身還會持續奔跑一會兒，逗得群眾樂不可支。[5] 每年多達上百種的各種娛樂，加上為競技場提供野生動物可賺取豐厚利潤，導致受害最嚴重的地區有幾種物種因此滅絕，尼羅河谷的河馬就是一例。

到了西元六世紀左右，隨著馬克西姆斯競技場年久失修而關閉，嗜血群眾對這些血腥表演的集體瘋狂狀態也逐漸式微。但是過了幾世紀，對動物暴力相向的行為還是存在於人類的娛樂活動中。美國史學家芭芭拉．塔克曼（Barbara Tuchman）描述風行於十四世紀歐洲的兩項運動：

> 選手們雙手被綁在身後，冒著臉頰或眼睛被瘋狂貓爪撕裂穿刺的風險，奮力用頭錘擊一隻固定在柱子上的貓，看誰能把牠殺死……還有一群手持棍棒的人在圍場裡追打一頭豬，在觀眾鼓噪的笑鬧聲中，豬隻吱叫奔跑，直到被打死為止。[6]

至於今天，鬥牛以及馬戲團的經典野生動物馴獸表演（野獸和大象）都還在上演，即使馴獸師也認為這些表演並非表面那樣無害；某些動物園中，還有負責表演的認命或半瘋的動物，這些全都是古代殘殺動物和炫耀遊行的遺毒。在這些娛樂節目討喜的面具之下，實際上是無法磨滅的殘酷嗜血，它們就是在剝削、折磨動物，甚至在鬥牛時直接殺害動物。這些無辜、無求的動物原本可以在自然環境中活得更好，最後卻痛苦的死在人類環伺的異域。「據說羅馬人對一切都很反感，但這是誤解他們了，他們始終嗜血如命。在我們今天的高盧國裡，還有多少的羅馬人！」前法國總理喬治·克里蒙梭（Georges Clemenceau）在談及鬥牛時感嘆道[7]。

本章的用意是希望喚起公眾意識，因為真正的改變必須是自願的。唯有設身處地、換位思考，承認對方的固有價值，我們才能充分尊重並關心對方的處境，不管對象是他、她或牠。利他主義是逐漸改變文化的關鍵，然後再透過立法來保障這些轉變，在蓋上橡皮圖章後，就能賦予這些轉變更正式的地位。

鬥牛，一場死亡的慶典

我之所以選擇優先討論鬥牛的問題——儘管其受害者數量（每年一萬二千頭公牛）遠不及工業化飼養的大規模宰殺（每年六百億隻動物）——首先是因為，它代表了人類病態的以殘殺動物取樂的一個典型；其次，鬥牛向來受到積極或甚至是來自「學界」的捍衛，像弗朗西斯·沃爾夫一類的傑出哲學家、作家和藝術家，都曾經或仍然為鬥牛辯護。最後，關於其存續或廢除的論戰引發了各方唇槍舌戰，激烈程度比起鬥牛本身有過之而無不及。鬥牛可以說是以人類中心主義偏見來對待動物的一個具代表性的例子，因此值得在此加以分析。在展開這場論辯之前，且讓我們想像一下狂熱支持者主觀的內心世界。

想像自己是一個鬥牛迷：從他的觀點來看，鬥牛是一場慶典，是聯絡在地社區情感的機會。場地布置一絲不苟，高潮迭起的纏鬥扣人心弦，嘹亮的號角聲振奮人心。現場觀眾和你我一樣都是尋常人，同樣過著喜怒哀樂的正常牛活。在一身華服的鬥牛士對峙公牛的高潮時刻，有許多人會興奮鼓噪，有些人則認為這是一種身歷其境的藝術形式。因此，這整件事可以歸結到觀點、主觀感受、習俗和傳統幾個重點，既讓某些人熱愛，又讓其他人驚駭又嫌惡。對鬥牛迷來說，他看待鬥牛的方式是理所當然的。

如果我們對他者（在此指的是公牛）的痛苦鮮少或根本不關心，也不在乎對方的命運和意願，那麼這種單向視野，將永遠是我們看待事物的唯一觀點。就算鬥牛迷對公牛會覺得不忍心（許多鬥牛迷確實如此），他們仍會堅持這樣的立場：為了成全「精采」的演出，讓公牛受苦是值得的。

在鬥牛表演中，即使對鬥牛士個人的牛存毫無必要性，但他仍然決定施加極大的痛苦，並奪走一條無辜的生命。哲學家弗朗西斯·沃爾夫是捍衛鬥牛的狂粉，他曾提出五十條要點來證明鬥牛存在的正當性，本書只選擇其中最重要的幾點加以檢視。「鬥牛不僅是精采的演出，不僅值得我們原諒，也因為它符合道德要求而值得加以捍衛。」[8]以上就是這位哲學家、師範學院教授以及著述豐富的作者認真提出來的主要辯護論點。

然而，殺害無辜從來就不是一種道德行為。迫使一個無論是人類或動物的生命，在沒有必要的情況下進行廝殺，而且為了取悅表演者和觀眾而注定遭到殺害，並不能視為符合道德要求。道德難道不是掌握明辨善惡的知識，使我們能夠區分何者對他人有益、何者對他人有害嗎？它要求我們承認他者的固有價值，對他者表示關心，並且為他者合乎情理的願望著想，而其中首要的、同時也是最基本的願望，就是生存。

鬥牛能培養高尚的美德？

人們有時會認為鬥牛是一種美德教育，古羅馬作家普林尼（Pline）就曾針對馬戲表演抱持相同的觀點。在為圖拉真皇帝所寫的頌詞中[9]，他認為這些暴力娛樂有助於建立道德價值，包括勇氣、紀律、堅定、耐力、視死如歸、崇尚榮譽，以及獲勝的意志[10]。就這樣，大屠殺披上了一件美德的外衣。

一些鬥牛迷也提出了相同的理由。關於鬥牛，弗朗西斯・沃爾夫就曾表示：「它體現出五或六種雋永的偉大美德，今天這些美德也許不像其他美德那樣受到推崇，例如同情心逐漸取代了正義。」這位哲學家指出，身為鬥牛士需要勇氣和冷靜、英勇和尊嚴，並表現出自制力、光明磊落和團結。他的結論是：「你必須殺死場上的對手，但唯有在過程中不顧自己安危，這樣的行為才算是具有正當性。這意味著光明磊落的面對敵手，全身心投入、盡其在我。……難道這不是我們希望企及的榜樣，不是我們見賢思齊的典範嗎？」[11]面對這樣的主張，我們只能反問自己，殺害一隻無意傷害我們的動物，有何正義可言？除非傷害和殺戮是為了對方著想，否則用傷害他者來培養美德，看來似乎是對道德有了誤解。再說，英勇、尊嚴和自制力等價值的實踐，如果必須以無辜者的性命為代價，那意義何在？真正的勇氣或英勇，難道不是冒著自己的生命危險去拯救另外一個生命嗎？當你的「對手」是個居於弱勢的無辜生命時，又何來戰士的尊嚴可言？

殺戮的「藝術」

「在美學上，最後一劍是結束鬥牛並完成作品的一個手勢；成功、完美、直接的一擊，似乎賦予了之前搏鬥過程如同藝術作品的完整性、整體性及完美無瑕。」[12]一氣呵成的動作可以用來形容天才書法家的作品，但殺戮不是藝術，死亡不是作品或表演，尤其是遭到殺害的生命全然沒有想死的念頭。面對這些論調，《哲學》雜誌的一名讀者回應：「多麼站不住腳的賜死理由！」[13]可以肯定，身為受害者的公牛更欣賞的，絕對是一種不那麼血腥的藝術形式。

沒有人會認為把長矛、標槍、劍插進人體中是一種藝術。唯有將動物貶低為物品、貶低為人類意志的傀儡，以及被迫演出一場廝殺好戲的演員，才有可能如此殘酷的加以對待。鬥牛迷告訴我們，這就是一種「儀式」，「而結局早就分曉：動物必須死，人不能死。」[14]鬥牛表演的每個環節，從構思、評估到高調論述，全都在嚴格執行以人類為中心的觀點。

公牛的存在只是為了被殺死？

將鬥牛合理化的理由，還包括 Bravo 這個公牛品種。這種公牛是專門為了鬥牛培育的，也因此鬥牛成了牠們存在的唯一理由。沃爾夫寫道：「只要適當的尊重牠們的生活條件，殺死這些公牛不算是不道德的行為，畢竟牠們活著的目的就是為了被殺死。」[15]他又說，人類對這種公牛唯一的責任是「保留牠們勇猛（brava）的本性，在不妨礙這種天性的條件下養育牠們，然後在尊重這種天性的前提下殺死牠們（因為牠們只為此而活），並視牠們為值得尊敬的動物」[16]。

但是，是誰決定挑選出最好鬥的公牛與之對抗，最後再予以殺害？再一次的，人類又堅定的站在「強權即公理」的位置上，決定最聰明及最有權力的一方，有權決定他者的生死。縱觀各方面來看，這有點類似強迫人類奴隸去生育繁衍，然後說他們的孩子成為奴隸完全是天經地義，畢竟他們就是為了這個目的而出生的。當然，這樣的類比絕對不是要把人類去人性化，而是為了凸顯鬥牛迷的思路。

此外，所謂獨一無二的 Bravo 公牛品種是否真的存在，也令人存疑。對此，歷史學家埃里克・

巴拉泰（Eric Baratay）表示：

> 無論飼養有多專業，從養殖比例低落且數量越來越少的現象中，可以得知鬥牛其實和一般牛隻沒有不同，因為未獲選上場的公牛會被當成一般肉牛送去屠宰；而且所用的飼料完全相同，尤其是到了二十世紀，除了用穀物來代替部分糧草外，所有牧場也逐漸的採用封閉圈養的方式。鬥牛士早就明白鬥牛場上的公牛不過就是尋常牛隻，一隻草食動物，天生就不具有攻擊性。著名的鬥牛士貝爾蒙特（Juan Belmonte）承認，要在場上挑釁公牛非常困難，牠必須疲累到無法逃離，並確信攻擊是唯一的出路時才會還擊，但想要達到這樣的結果，單靠個人的力量幾乎不可能做到。我們頂多只能說，鬥牛場上的公牛反應比較強烈，不過就是挑選的結果而已。誰都不能說這些生性溫和的草食動物，現在變得像肉食動物般有侵略性！[17]

不公平的競賽

作家尚皮耶．達哈克（Jean-Pierre Darracq）表示：「人獸都擁有均等的勝率……足以做為鬥牛表演正當性的唯一理由。」[18]這位作家最好修正他的數據，因為在一九五〇至二〇〇三年間，歐洲只有一名鬥牛士死亡，卻有四萬一千五百頭公牛遭到殺害[19]。毫無疑問的，鬥牛士罕見的死亡案例，比起成千上萬頭公牛的死亡，更有機會登上頭條新聞[20]。著名的西班牙鬥牛士路易斯・米蓋爾・多明哥（Luis Miguel Dominguin）就說得很清楚，鬥牛的危險性不會比大多數行業來得高[21]。弗朗西斯・沃爾夫沒談到鬥牛士和公牛的勝算均等，因為他認為鬥牛是「一場勢均力敵的搏鬥，但勝算卻不均等」。如果人獸存活機率均等，恐怕鬥牛場上早就看不見鬥牛士的身影了。儘管如此，沃爾夫仍對他的主張侃侃而談：

> 這是一場勢均力敵的搏鬥，智力對上蠻力，就像《聖經》中的少年大衛對抗巨人歌利亞；這也是一場勝算不均等的搏鬥，因為它顯示人類的智慧超越公牛的蠻力。但是，人們究竟期待什麼？你希望人獸的勝算機率，跟羅馬競技場一樣嗎？不是你死就是我活，就比較公平嗎？更野蠻倒是真的！鬥牛並不是一場勝負未定、結局難以預料的競賽；而是一種儀式，結局早就已經分曉：動物必須死，人不能死（雖然有時人會意外送命，有時也可能會赦免一頭格外英勇的公牛）。這就是鬥牛的道德準則。但不平等並不代表不夠光明坦蕩，重點就在這裡。唯有當動物的戰力（體重和犄角）夠強大且未遭人為刻意削弱，人類戰力優於動物戰力的表現才有意義。這就是鬥牛競技的倫理：一場不平等但光明正大的搏鬥。[22]

所以鬥牛比賽的設計就是讓其中一方戰無不勝，而人們還認為這很公平？應該如何定義這種

「戰力上的平等」呢？人對抗公牛？劍對抗犄角？如果人類單靠自己的智力和謀略，赤手空拳去跟公牛較量，而公牛也只靠自己的智力和與生俱來的身體特徵去迎戰，那麼輸家永遠都是人類。

如果人類的優勢是靠手上的那把劍，那麼獲勝的並不是他自己，而是靠一把屢戰屢勝的工具來壯大自己的人。那麼，如果勝利靠的是多了件武器，為什麼要用一把古老的劍呢？如果人類想要展現的是武器和本身的技術，他大可以採用殺傷力更強大的武器。事實上，比起火箭筒，古老的劍更能為這場「不平等的搏鬥」營造出虛偽的高尚氣氛，而且似乎也真的發揮了作用。因為有了這把劍，人類變得更高高在上、戰無不勝；而少了這把劍，人類就成了處於劣勢的輸家。

「真是胡說八道！」伏爾泰寫道：「我們能夠主宰動物，吃牠們的肉，其實是藉助於我們所製造的武器。人類會使用鐵和火之前，在自然狀態下，反倒是動物的食物。遠古時期的熊和虎首次與人類狹路相逢時，哪有什麼敬畏之心，尤其是在牠們肚子餓的時候。」[23]在我經常去修行的尼泊爾寺院附近，曾多次看到一隻母老虎出沒。有一天晚上，當我終於聽見牠咆哮時，心中完全沒有人類比野獸優越的念頭！

每年有大約一萬兩千頭公牛死在鬥牛場上[24]。人類一定是對自己凌駕動物的優越性感到心虛，所以才需要每年一再確認一萬兩千次。就像法國哲學家米歇・翁福雷（Michel Onfray）所寫的：「對這種死亡場面的愛好，總是揭露出弱者對力量的渴望。」[25]

為什麼是公牛？

人類在歷史上對抗過許多動物，為什麼偏偏選擇公牛當對手？我們再來聽聽弗朗西斯・沃爾夫的說法：

> 人類認為公牛是值得他出手挑戰的唯一對手，他可以自豪的與之較量，也因此拿出正大光明的態度，去迎戰這位旗鼓相當的對手。有人會為他輕視和虐待的對手，展現自己的力量嗎？在所有鬥牛場合中，人類都是以尊敬的態度迎戰，而不是將公牛視為有害、該被消滅的動物，也不會把牠們當成什麼見不得人的肉品製造機。[26]

看起來，公牛的確是值得人類較量的對手之一，鬥牛過程不僅具備足夠的娛樂性，同時還能讓人捏把冷汗卻不至於冒太大的風險。今天，觀賞野生動物生吞活剝奴隸，或是讓戰俘出身的英勇戰士彼此廝殺，已經不再是好玩的事了。至於要鬥牛士挑戰獅子，則是危險性太高了（除非把劍換成步槍）。

因此，我們看中了公牛這種戰力足以撐起娛樂性的動物，但是又不至於太過危險，因為鬥牛士在一萬次比賽中，至少得有九千九百九十九次能活下來。想像一下，如果鬥牛士面對的是一隻老虎，即使他手持利劍，人類的「優勢」會出現何種變化。所以公牛有足夠的攻擊力（換成是綿羊，只怕鬥牛迷都要吵著退票了），但又可以確保人類的勝利。

逃離，還是攻擊？

弗朗西斯．沃爾夫說：「當你攻擊哺乳動物時，牠會本能的逃跑，但是鬥牛不僅不會逃走，反而會加重攻擊力道。這證明了身上的傷口，並沒有讓牠覺得痛苦，反而是一種求戰的刺激。」[27]但首先，如果傷口不會令公牛感到痛苦，牠又怎麼會有反應？再者，如果公牛被草原上的野火燒到，或是被山上掉下來的石頭砸傷，牠是會逃離危險或回擊？牠之所以在鬥牛場上衝鋒陷陣，是因為有人持續在攻擊牠、一再傷害牠。在這種情況下，攻擊對牠來說才是最好的生存策略，尤其是當所有出口都被堵死時。

在自然界中，當動物察覺危險時會有什麼反應？答案是：取決於危險的迫切性和距離遠近。如果有足夠的時間和空間，即便是大象和獅子這類強勢動物，也寧可逃離危險，因為避免去面對威脅，才能擁有最高的存活機會。因此，數百萬年演化下來，逃避行為才會成為生存的最佳保證。

如果危險再靠近一點，動物多半會停下來仔細觀察。如果自己有可能成為對方的獵物，牠會盡可能不暴露行蹤，然後再決定下一步的行動。如果危險迫在眉睫，而且已經避無可避，大型貓科動物、公牛或獒犬等「強勢」動物會傾向發動攻擊，因為這是牠全身而退的最好機會。另外我們都知道，受傷的熊或老虎要比平時更具攻擊性或危險性。有些動物會裝死，有些動物會躲藏或逃跑，但就算是比掠食者還弱小的動物，通常也會在緊要關頭背水一戰。總之，根據物種和當下情況，動物會出現逃離、靜止或攻擊等不同反應。

鬥牛愛好者表示他們不願傷害任何生命

如果你問鬥牛迷看到公牛流血受傷是否會給他們帶來施虐的快感時，鬥牛迷會一臉震驚的覺得受到了侮辱。法國作家喬治．庫特林（Georges Courteline）描述他眼中的鬥牛迷：「我對鬥牛的厭惡，已經逐漸上升到對鬥牛迷的厭惡了。一想到人們取樂的方式竟然是嘗試激怒生性平和的動物變得凶猛，或是有人看到被開膛破肚的馬兒痛苦呻吟，並在經過縫合後二度遭到破肚而感到興奮，總會令我的反感往上竄升。」[28]米歇．翁福雷更進一步表示：「一個人必須具備過人的施虐潛力，才有辦法購票入場看一齣折磨動物的表演。讓牠受苦，殘忍的傷害牠，美化所有被允許的野蠻行徑（好比刑訊者或酷刑專家，他們深知該如何拿捏分寸，才能讓最終難逃一死的動物盡可能的活久一點），最後在公牛走投無路、終於倒下時，發出歇斯底里的喝采聲。」[29]

「胡說！」弗朗西斯．沃爾夫反駁：「雖然難以相信，但是千真萬確：鬥牛迷從不以動物的苦難為樂；沒有人能容忍虐待貓、狗、馬或其他動物，甚至是看著牠們遭受折磨。」[30]他強調：「鬥牛迷就連自家的狗狗都打不下手，又哪會忍心故意傷害貓或兔子。」對這種動物仁慈、對那種動物殘忍，司空見慣的精神解離現象令人遺憾。他們的思路就是貶低有情生物、把牠們非人化，而在鬥牛的例子中，還包括「去動物化」，有意識的認定牠們是敵人，是必須加以折磨和打倒的。鬥牛士和鬥牛迷會疼愛自己的寵物，這點毋庸置疑，但是一旦走進鬥牛場，鬥牛士和現場觀眾便啟動必要的精神解離，不再將公牛視為有知覺的動物，而是必須消滅的對手。唯有付出精神解離的代價，鬥牛士才能對動物的痛苦視若無睹，而觀眾也才能夠大聲叫好。

弗朗西斯．沃爾夫認為只有一個理由可以反對鬥牛，但並不充分：

> 那就是所謂的感性。人們無法忍受目睹（甚至是想像）動物受傷或垂死，這是一種十分高尚的情感。……同情心人皆有之，這是人性的標誌，也是道德的來源之一。但反對鬥牛的人必須理解，鬥牛迷也同樣具有這種情感。[31]……鬥牛迷必須尊重所有人的感受，而不是把自己的愛好或感受強加在別人身上。反過來想，那些反鬥牛的人士也必須認可鬥牛迷的真誠，承認他們也有人性，一樣不忍殺生且有惻隱之心……某些人的感性難道就能用來譴責其他人的感性嗎？[32]

如果鬥牛迷有人性，「不忍殺生且有惻隱之心」，為什麼不是透過保護動物來加以表達，反而是傷害和殺害牠們呢？《羅貝爾法語大詞典》（*Le Grand Robert*）對慈悲心或同情心（compassion）的定義是「憐憫，以及對他人的苦難感同身受」，但今天的心理學家、神經科學家及佛教徒談論更多的是希望彌補他者的痛苦，並消除這種痛苦的根源。從這個角度來看，在面對他者苦難時，同情是以利他之愛的形式呈現出來的[33]。

我們能把一個人的感性與另一個人的感性進行比較嗎？前者同情一隻遭到其他人多次傷害後再加以殺害的無辜動物；而後者也同情這隻動物，卻仍能以盛大的表演、慶典和藝術等理由來看著牠被殺害。我們要問的是，鬥牛迷的感性和同理心何在？比起一再被劍刺中的公牛，鬥牛迷的感性和同理心似乎已經被麻醉了。但是，我們不能只把注意力放在鬥牛觀眾身上，因為說到底，重點不在於人類的感性。沒錯，他們的態度是有點曖昧，但他們的行為並不是最重要的；我們應該關注的是公牛的處境，因為牠才是丟了性命的受害者。所以我們最該關注的，難道不是公牛嗎？

「沒有人看鬥牛是為了目睹動物遭受折磨，更別說要看著牠送命。」一位名叫阿廖沙（Aliocha）的部落客在雜誌《瑪麗安娜》（*Marianne*）中強調[34]。如果鬥牛只是在節慶上做娛樂表演，基本上就沒有折磨的問題：只要停止傷害和殺害公牛，讓鬥牛士甩動披肩，想和公牛周旋多久都沒關係（美國的鬥牛表演就是如此，沒有帶鉤的標槍、沒有傷害，也沒有死亡，只有鬥牛士和公牛為了演出效果的玩鬧對抗）。阿廖沙又繼續表示：「如果鬥牛士給了對手慈悲的一擊，我們會為他喝采。」多麼體貼備至的殺戮行為……至於那頭公牛，誰又可以大言不慚的表示牠是在沒有任何感覺的情況下死於血淋淋的傷口呢？

如果觀眾真的不愛看動物受苦，又該如何解釋一九八二年西班牙首相普里莫・德里維拉（Primo de Rivera）在頒布馬保護令時的輿情反應呢？該法令強制騎馬鬥牛士的坐騎必須穿上馬鎧護甲，因為馬經常會被公牛角頂得肚破腸流。死忠的鬥牛迷們完全無法接受這項措施，對於「正統鬥牛」的式微紛紛表示遺憾。史學家伊麗莎白・阿杜安—菲吉耶（Élisabeth Hardouin-Fugier）在其著作《十八到二十一世紀的歐洲鬥牛史》（*Histoire de la corrida en Europe du xviiie au xxie siècle*）中，引述鬥牛迷羅宏・塔亞德（Laurent Tailhade）的話：「看到五、六匹馬因此肚破腸流，總是令我心滿意足。」[35]鬥牛史學家奧古斯特・拉馮（Auguste Lafront）補充表示，隨著馬胸甲的出現，「聖潔的情感也跟著消失了。」畢卡索表示自己為此抑鬱惆悵，其他人則聲稱對馬的保護措施「讓最精采的三分之一賽事完全走樣」。法國還有些鬥牛場，例如達克斯鎮（Dax）的鬥牛場，就趁勢拒絕此一措施以吸引更多觀眾。但既然遊戲規則沒變，這麼做的唯一區別，也只是額外再奉上幾匹血淋淋的馬而已。

公牛沒有真的受苦？

總之，鬥牛迷主張動物會痛苦是個假議題，因為公牛在搏鬥中不會感到疼痛。他們引用馬德里大學獸醫學院動物生理學系主任德爾波塔（Juan Carlos Illera del Portal）的實驗室所進行的研究，表示公牛因為會分泌「激素盾」，所以只會有輕微痛覺，而且在鬥牛時，牛的身體還會產生比人體多十倍的腦內啡（有鎮痛效果）[36]。但是法國國家科學研究中心名譽研究主任喬治・夏普杰卻指出，德爾波塔的研究並未說明研究方法，也沒有提出任何佐證的科學論述。他認為將分泌腦內啡解讀為公牛不會疼的主張是「無稽之談」。相反的，學界發表的論文都表明，大腦之所以大量釋放腦內啡，表示動物正在承受劇烈的疼痛，因此身體嘗試著降低疼痛的程度[37]。

馬德里獸醫學院的成員薩爾迪瓦・拉吉亞（José Enrique Zaldívar Laguía），同樣反駁血液中腦內啡含量提高、必然能夠減輕疼痛的假設。他指出，公牛體內高濃度的腦內啡，代表牠受到非常強烈的身體和心理刺激，而不是牠不會感到痛苦[38]。

根據薩爾迪瓦・拉吉亞於二〇一〇年三月四日在加泰隆尼亞國民議會上的證詞，鬥牛場獸醫所進行的多數研究指出，騎馬鬥牛士在對抗公牛時首先使用的長矛，會造成影響二十多條肌肉的穿刺傷。這種固定在長柄上的矛是「一種鋒利、尖銳的金屬武器，矛芯長六公分，尖端為二・五公分的三角錐體，每一道凸棱都像手術刀般鋒利。……不僅肌肉、肌腱和韌帶會被切斷，就連重要的靜脈、動脈和神經也無法倖免。研究結果顯示，這些傷口的平均深度為二十公分，有的傷口甚至可深達到三十公分」。這些長矛導致「脊椎骨突斷裂和椎體穿孔、肋骨及軟骨椎間孔斷裂……。不可避免的造成脊髓損傷、髓管出血，以及非常嚴重的神經損傷……」公牛還會失血三到七公升[39]。

接下來，輪到顏色鮮豔、末端帶著利鈎的花鏢（banderille）上場，鋒利程度不輸剃刀，專門瞄準公牛背部做為放血利器，防止牠過早死於長矛引起的內出血。最後，鬥牛士會將長八十公分的劍，插入筋疲力盡的公牛肩隆處，按理它會深及牛隻胸腔的尾靜脈和後主動脈，但事實上，這種武器最常傷到靠近脊髓的神經索，導致公牛呼吸困難[40]；而且劍刃經常會引發內出血或將肺部刺破。如果出現後者情況，公牛會吐血，然後窒息而死。如果公牛沒死，鬥牛士會再用一把短劍進行處決，瞄準兩隻牛角中間，刺穿牠的腦。要是公牛仍然沒有斷氣，鬥牛士助手會拿出一把鋒利的匕首，給牠致命的最後一擊。但是根據薩爾迪瓦的說法，匕首不會立刻造成死亡，而是藉由癱瘓呼吸運動所導致的腦部缺氧，引發窒息而死[41]。這一切真的不會造成痛苦?!

法國阿爾福國家獸醫學院（Ecole nationale vétérinaire d'Alfort）的教授尚弗朗索瓦·顧侯（Jean-François Courreau）在法國議會作證時指出：「如果那些公牛真的具備承受疼痛、虐待及折磨的超能力，我相信這樣的假設應該會在科學期刊上占有大量篇幅，但截至目前為止，我什麼都沒看到。」[42]

許多偉大的思想家和藝術家都理解並喜愛鬥牛

凡是認為鬥牛迷毫無人性的人，請容我們來做個提醒，包括梅里美（Mérimée）、洛卡（Lorca）、尚·考克多（Jean Cocteau）、海明威、德蒙泰朗（Montherlant）、巴塔耶（Bataille）、賴瑞斯（Leiris）、馬奈和畢卡索在內的知名藝術家和作家都喜愛鬥牛。難道這些人全是嗜血的變態？

難道還會有外行人比他們更了解鬥牛的真實本質，明白他們發自內心並透過各自的藝術修為來傳達的感受嗎？[43]

在這一點上，這些知名人物怎麼可能全都錯了？說出以上這段話的弗朗西斯．沃爾夫對此感到不解。但是具備文學或藝術天分的名家，究竟和闡明鬥牛存廢的理由有何關聯？在科學界，將簡單的相關性與因果關係混為一談，就足以讓研究成果站不住腳。那些利用「名人助陣」來詭辯的人，就是落入這樣的謬誤之中，認為如果偉大的作家和藝術家都支持鬥牛，鬥牛就具有正當性，但兩者之間其實沒有因果關係。在專業領域表現得出類拔萃，不一定能保證就是個好人。法國作家塞利納（Louis-Ferdinand Céline）被譽為二十世紀最偉大的作家之一，但他是激進的反猶太人士；偉大的奧地利動物行為學家康拉德．勞倫茲（Konrad Lorenz）則擁護納粹主義。希特勒自誇是畫家，毛澤東自詡為詩人，而史達林是歌唱家，如果這三個人擁有林布蘭、波特萊爾或莫札特的天分，難道就可以減輕他們的罪行了？動人的好文采成就不了善良的本性，而三流作家卻可能擁有一顆金子般的心。

沃爾夫不認為自己是利用「名人」做為詭辯幌子，並回應：「從沒人說過可敬之人的意見也必然受人敬重。問題在於，我們是否可以一味的認定鬥牛是殘酷、野蠻的表演，而不願去聽聽這些藝術家、詩人、甚至包括法學家和哲學家的看法？他們認為鬥牛所要傳達的是一種至高無上的力量。至少他們對受苦的感受能力也跟其他人一樣。」[44]

那好吧，就讓我們來聽聽其中幾位傑出人士對他們所欣賞的鬥牛表達了哪些看法。海明威在描寫西班牙鬥牛傳統的小說《午後之死》（*Death in the Afternoon*）中宣稱：「當一個人在跟死亡對抗的時候，會從如上帝般的無所不能中獲得快感，也就是賜予死亡；這就是那些以殺戮取樂的人最深切的感受之一。」[45]以殺戮取樂……我們豈能欽佩一個以殺戮為樂的人，並將之尊為人類的榜樣？

海明威還說，在鬥牛場中，公牛的死亡是悲劇，而馬的死亡是喜劇……。沃爾夫提及的另一位作家米榭・賴瑞斯（Michel Leiris）則描述：「馬卑賤的鮮血」，就跟女人的經血一樣[46]。此刻，我眼前有兩張照片：其中一張是一頭公牛狠狠撞上一匹高壯白馬的肚子，就在幾秒鐘前，騎著馬的鬥牛士才用長矛刺傷公牛；在第二張照片中，馬已經站了起來，帶著流出肚子且拖地的腸子準備向前奔去。一匹無害的馬和一頭因為受傷而發怒的公牛，雙雙為了取悅人類而即將死去。

再來看看其他作家、法學家和哲學家要告訴我們什麼。他們同樣對鬥牛有足夠的了解而為文抒發，人作家左拉（Émile Zola）說：「我絕對反對鬥牛，這種殘酷的愚蠢表演，是對群眾的一種血與泥的教育。」難道左拉會因為這些說法，就成為傻子或蹩腳的作家嗎？

我們也可以擬出一份陣容堅強的名單——當然，這份名單不會比上述名單更有正當性，因為同樣是犯了「名人助陣」的謬誤——這些譴責鬥牛比賽的偉大作家、藝術家、思想家，包括詩人德埃雷迪亞（José Maria de Eleredia）、政治家克里蒙梭、作家喬治・庫特林、作家萊昂・布洛伊（Léon Bloy）、劇作家與評論家儒勒・勒梅特（Jules Lemaître）、博物學家兼探險家泰奧多爾・莫諾

（Théodore Monod）、哲學家雅克・德希達、創作歌手雅克・布雷爾（Jacques Brel，他曾唱道：「銳劍刺入而人群奮起，這是個小市民自比尼祿的凱旋時刻」）、哲學家與史學家伊麗莎白・巴丹德（Élisabeth Badinter）、新聞工作者尚弗朗索瓦・卡恩（Jean-François Kahn）、心理生理學家于貝爾・蒙塔涅（Hubert Montagner）等許多人。

要怎麼看待鬥牛是個人自由，但公牛肯定不希望被各式各樣尖銳的武器給刺穿；牠當然寧可在自己從小長大的土地上平靜離世。但是牠無法選擇，我們人類為牠做了決定，而這就是權力的濫用。

至於「惡人助陣」的謬誤，則是以捍衛動物福利的暴君和種族滅絕兇手來詭辯，同樣毫無根據。有時人們為了詆毀動保人士，會強調希特勒和納粹在對人類犯下令人髮指的罪行時，也不忘重視動物福利。如果這種說法可以成立，那麼伯根－貝爾森（Bergen-Belsen）集中營指揮官約瑟夫・克拉默（Josef Kramer）的愛樂人身分，以及其他臭名昭著的劊子手返家後成為模範父親的模樣，這些事實在套用相同的因果關係後，理應要徹底抹黑古典音樂和善待兒童的價值才對。對此，史學家伊麗莎白・阿杜安－菲吉耶表示，這些詭辯利用人類史上最醜惡的暴行，試圖抹黑保護動物的主張[47]。但是不要忘記，大多數的動保人士都曾經或至今仍是人權與女權的堅定捍衛者，他們也反對種族歧視、酷刑，以及各種形式的不公不義。

在毫無淵源的地方禁止這些傳統

弗朗西斯・沃爾夫否認自己只因為鬥牛是一種傳統才為之辯護，並樂見「多數道德觀念的重大進步，都是因為反對根深柢固的傳統而取得，其中包括奴隸制、印度寡婦的殉葬，或小女孩的割禮」。但他認為鬥牛的情況不同，他宣稱：「鬥牛之所以合法，並不是因為它是普遍存在的傳統，而是因為它只是某些地方的固有傳統。」他又補充說道：「因此，鬥牛不會是『放諸四海皆準』的善良風俗』，而是區域性的合法活動：鬥牛在斯德哥爾摩或史特拉斯堡可能被視為殘忍，但在達克斯或尼姆則是公平的競賽，是一種與在地認同密不可分的儀式性行為。」[48]

法國《刑法》中的確有條規定，明令只要符合「代代傳承不斷的地方傳統」[49]，鬥牛和鬥雞即是合法活動。因此，除了在傳統行之有年的地方之外，法國境內一律禁止鬥牛和鬥雞。這是一條什麼狗屁法律！在沒有相關傳統的地方予以禁止，到底有什麼意義？那就像在尼姆禁止鬥狗和鬥熊，在芬蘭極北的拉普蘭（Lapland）禁止鬥牛，或是在比利時禁止人類獻祭一樣，不是多此一舉嗎？如果全國都禁止，只有遵守陋習的特定地區才例外，又要如何能破除一個嗜血的殘忍傳統？正是在這類「文化」傳統的大本營裡，我們才必須努力摘下惡俗所享有的光環，讓其擁護者意識到它殘酷的程度。

此外，鬥牛這種「在地認同」似乎只涉及到少數人口。根據益普索二〇一〇年七月進行的民調顯示，法國的鬥牛聖地加爾省（Le Gard）有高達七一%的居民表示自己對鬥牛傳統並不執著；全國則有六六%的法國人贊成廢止鬥牛[50]。長期以來一直有鬥牛傳統的西班牙加泰隆尼亞，則決定根據多數公民的意願，在二〇一〇年廢除鬥牛[51]。

殺戮的自由

另一位哲學家，同時也是巴黎索邦大學的教授阿蘭・雷諾（Alain Renaut）認為，鬥牛代表「獸性（即暴力）對人類自由意志的臣服，這是自由戰勝天性的勝利」[52]。但我們談論的是什麼樣的「自由」？妄加殺戮的自由嗎？因為鬥牛完全不是面對攻擊性動物時所進行的正當防衛。在民主和法治的國家裡，只要行為不傷害到其他人，每位公民都有自由去做他想做的事。法律的目的是保護公民免受他人暴力侵害，在某種程度上可以說是一種「硬性規定」，因為每個人無論喜歡與否，都應該遵守；而違反這些法律的行為（殺人、強姦、虐待）皆不能見容於社會。

建立社會契約是文明的特徵之一，因此重點不在於「強制」禁止屠殺無辜，而是應該保護無辜者不遭到屠殺。基於此，我們可以試想一下，究竟出於何種原因，要將非人類生命排除在保護對象之外，牠們同樣是有覺知的生物。事實上，法國一八五三年在巴約訥（Bayonne）舉辦的第一場鬥牛競技，就直接違反了打擊虐待動物的《格萊蒙法》（loi Grammont），但因為歐仁妮（Eugénie）

皇后的偏袒，省長只能睜一隻眼閉一隻眼。直至今天，在法國或甚至是歐盟現行的動保法中，鬥牛仍是一個未被納入的例外。

教導孩子欣賞處死的儀式，是否恰當？

十歲以下兒童可以免費入場看鬥牛表演。在幾個國家的鬥牛學校裡（尤其是西班牙、法國和葡萄牙），兒童和青少年會使用冷兵器拿小牛當訓練對象。對弗朗西斯・沃爾夫來說，這完全不構成問題：

> 兒童可以像成年人一樣學習和理解，他很快就可以分辨人與動物的不同，特別是區分出像公牛這一類令人又敬又畏的動物，與自家養的親密貓狗不一樣。鬥牛讓父母有機會去解釋儀式中的各種象徵（兒童對這些特別敏感），和孩子談論生死，或者說明動物的行為與人類的技藝。[53]

聯合國兒童權利委員會似乎並不贊同這樣的觀點。最近他們裁定：「兒童和青少年（包括男孩和女孩）參與鬥牛相關活動，嚴重違反了《兒童權利公約》的內容。」[54]在委員會審議期間，葡萄牙弗朗茨・韋伯基金會（Fondation Franz Weber）的代表塞吉奧・卡埃塔諾（Sérgio Caetano）發表了以下聲明：「在參加鬥牛課程或活動時，孩子們必須使用尖銳、鋒利的物件，以粗暴的方式傷害公牛。他們還必須在沒有任何保護的情況下，試圖抓住公牛並加以制伏，於是經常成為意外的受害者。另一方面，參加此類活動的兒童也會目擊到極為暴力的畫面。」

因此，委員會建議所有會員國採取立法和行政措施，永久禁止兒童參加鬥牛學校的課程。

寧可像鬥牛一樣死在競技場上，也不要死在屠宰場裡？

有些人認為最好是在競技場中莊重、快速的赴死，而不是在屠宰場中卑微的死去。但事實是，無論哪種情況，還是活著最好。

弗朗西斯．沃爾夫還曾要求動保人士「選出最令動物嚮往的命運：犁田的耕牛、送去屠宰場的肉牛（或小牛，通常採集約式飼養），或是鬥牛：享受四年的自由生活，換取臨死前在場上奮戰十五分鐘」[55]。

然而，這不是在壞與最壞之間做選擇的問題，因為無論何種情況，肯定不想送命的動物都會遭到人類處死。最理想情況是保全公牛，既不送到屠宰場、也不送往競技場。取代競技場的合理地點並不是屠宰場，而是在草地上悠閒生活到老死。

如果非得在有限的幾個可能中選擇，有點理性的人都會選擇痛苦最少的那一個。但是鬥牛場和屠宰場都不是強制性的選項，最好的選擇是為動物排除這兩個地點。

這種論調同時利用的是「最壞命運的詭辯」和「安慰式的詭辯」。在處死某人之前，難道要告訴他：「開心點，一個小時的折磨很快就過去了，想想看，我們大可連續折磨你六個月。」一個性侵兒童的慣犯所找的藉口是：「比起待在集中營，這要好多了。」硬是拿一種更糟糕的處境來做對比，並不能賦予失當行為任何的正當性。問題不在於是否有比鬥牛更糟糕的命運，而是鬥牛本身是否恰當。

顯然的，死在鬥牛場上的公牛數量，與每年為滿足肉品消費而遭到屠宰的數十億隻陸生禽畜完全不成比例。但是每一條受到虐待的生命都是在痛苦中死去，手段不同，但殘酷是一樣的，只是發生的領域、受害者的數量以及人為加諸的各種包裝不同而已，這些包裝從美食、藝術到休閒運動（以休閒狩獵為例，對獵人的生存來說並無必要）都有。誠如西班牙作家安東尼奧．佐扎亞（Antonio Zozaya）所說，不論受害對象是誰，殘酷只有一種：

> 折磨動物就是讓牠們痛苦，無論這種無必要的殘忍傷害到誰，始終不改殘酷的本質。……重點不在於得知誰受到折磨，而是停止折磨。……世上只有一種殘酷，無論對象是人或動物、是思想或事物、是神靈或蚯蚓，都一樣。所以，請停止這種墮落的野蠻行徑吧。[56]

馬戲動物光鮮亮麗背後的辛酸

看著大象們用象鼻抓著前面大象的尾巴，沿著馬戲場地繞圈圈，是不是很有趣？馴獸師有膽量將頭放進獅子咆哮的大嘴巴裡，是不是很令人佩服？然而，這些精采演出不過是馬戲動物長期忍受暴力虐待的結果。馴象師手中裝飾著花朵的指揮棒，似乎是在輕撫大象耳朵來引導牠做動作，但棒子底下卻藏著一枚尖銳的鐵鉤，只要大象有一絲不服從的跡象，鐵鉤就會插進牠的耳朵裡。讓我們透過隱藏式攝影機的捕捉，來聽聽一名美國馴象師訓練學徒的實況：

> 傷害牠！讓牠尖叫！如果你害怕傷害牠……就給我滾出去。如果我要你「敲牠的頭」、「壓爛牠該死的腳」，那是什麼意思？因為這麼做非常重要，懂嗎？只要牠開始亂動，就打下去！……就在下巴下面！……把鉤子刺進去，刺到底……牢牢刺入後，再繼續推，對對對！牠會開始尖叫。當你聽到這些叫聲，就知道自己成功得到了一點牠那該死的注意力了。……好，開始吧。[57]

「全世界所有的馬戲團都是這樣訓練的。」著名的馴熊師德里亞金（Vladimir Deriabkine）表示。他曾讓手下的熊扮演調酒師、汽車修理工、水手、太空人和情人等角色。這些熊表演時，幾乎搖身一變成了人類。德里亞金已經十年沒在馬戲團裡演出，他放棄了馴獸表演。為什麼？「因為，」他說：「這是一種野蠻的活動。馴獸師總是隱瞞這一行的黑暗面，不讓觀眾知道。我現在要告訴你不會有人說出口的真相。因為了解馴獸過程，就不會有人去看馬戲表演了。」他向記者寇傑米凱恩（Vladimir Kojemiakine）詳盡交代馴獸的過程：

我曾經很熱愛我的工作。有很長一段時間，我唯一的遺憾就是當時沒能被視為一個偉大的馬戲表演者。但今天我明白，馴獸師的工作是不配擁有榮譽的；不可能有「殘酷勳章」這種東西。殘酷不會在馬戲場上露臉，而是在幕後進行。我的節目一直都很受歡迎，就是讓一頭熊跪在我的搭檔面前求婚，兩隻熊掌捧著一顆紙黏土做的愛心。從觀眾席看去，畫面十分美好動人，但排練時卻完全不是這麼回事！

我看過一隻熊因為拒絕表演而被殘忍殺害，還有馴獸師失去理智，脾氣一來就痛毆動物。有個畫面我永遠都忘不了，我看過一名馴獸師的靴子上濺滿了熊血，可見他毒打的力道有多驚人。

位來自聖彼得堡的馴獸師告訴我，他把熊當自家的孩子，他疼愛牠們、教育牠們。他的孩子，才怪！我們不過是利用這些孩子賺錢，吃美食、穿名牌，我們睡在乾淨的床上，牠們卻被關在籠子裡。即使是今天的俄羅斯，熊也被當成是罪犯一樣對待，依舊關在逼仄、骯髒的籠子裡到處巡演。因為對馴獸師來說，動物只是活道具而已。

我記得有個表演橋段叫做「團結合掌」：一隻大象伸出一隻象腳，讓老虎將爪子放在上頭，最後馴獸師再把他的手放上去。這個畫面象徵著動物和馴獸師之間的情誼。但事實上，這個氛感人的場景背後只有暴力。你試圖讓兩種天生的死敵握手言和，牠們只會在死亡威脅下才會就範，才肯配合演出。但是一旦威脅消失，牠們就會撕裂你的喉嚨。

決定離開馬戲團的時候，我手中還有六頭熊，但是馬戲團和動物園裡的熊已經太多了，找不到安置牠們的辦法。有天一大早，我的助手們把熊帶走，次日那些熊都死了。牠們曾經是藝術家，在掌聲中為觀眾帶來許多歡樂！到了最後，卻只能淪落到送命一途。[58]

當他被問道：「難道沒有比較善良的馴獸師嗎？」德里亞金回答：「那你有認識比較善良的劊子手嗎？明人不說暗話，馴獸師的工作本來就要硬起心腸。一旦你把一隻熊關進籠子，讓牠在馬戲團演出，對那隻動物來說就是災難的開始。對人來說也一樣，如果他還有良知的話。」

喜劇演員及民權運動家迪克．古格里（Dick Gregory）表示：「看到被馬戲團圈養的動物時，讓我想到了奴隸制度。馬戲團中的動物代表了我們長期以來所抗爭的統治和壓迫，牠們戴著相同的鎖鏈和枷鎖。」

根據法國動物權利保護聯盟（LEDA）統計，法國仍有兩百個巡迴馬戲團安排野生動物演出的節目；而芬蘭和丹麥已經明令禁止動物登台演出（芬蘭只有海獅例外，而丹麥則不包括亞洲象、駱駝和羊駝）[59]。我們可以觀察到，從古羅馬的馬戲團到今天的太陽馬戲團，人類對動物的關懷已經邁進了一大步，尤其是大家都知道，享譽全球的太陽馬戲團完全沒有推出任何馴獸表演節目。

動物園是公開展示的監獄，還是諾亞的方舟？

在殖民主義時代，不僅是「珍稀」動物，連「異國」人種也都會在動物園和著名的「殖民地展覽」等場合中展出。對孩子們來說這是娛樂，對家長來說則是滿足好奇心的機會。在這些人潮絡繹不絕的展覽背後，歐洲各國繁榮的首都和所屬殖民地之間發展出不受任何法律規範的「動物貿易」。在《美麗的俘虜：動物眼中的動物園史》（*Belles captives : une histoire des zoos du côté des bêtes*）一書中，埃里克．巴拉泰說明了獵捕這些動物所用的殘忍手段，以及有多少動物因此付出生命。這些非法的狩獵行為，直至兩次世界大戰之間仍可見到。「懺悔的非法動物買賣者估計這些損失（在獵捕過程中死亡的動物）大致介於一五%和三〇%之間，但有可能更高，例如寮國長臂猿的折損率就高達八〇%。」[60]巴拉泰計算運送過程及適應不良的損失，總體平均高達五〇%。最後得出，要損失十隻動物才有機會展示一隻活生生的動物。

法國作家及探險家菲利普．迪奧萊（Philippe Diolé），是生態學家雅克伊夫．庫斯托（Jacques-Yves Cousteau）的共事夥伴，同時也是法國動物權利保護聯盟的共同創辦人，他生前在法國《費加洛報》發表了一系列譴責動物園悲慘處境的專欄文章。他表示：「七〇%的動物園都應該關閉。」[61]儘管這些文章發表於一九七四年，但仍可悲的反映出當今許多國家的現況。在我居住的加德滿都，動物園只是一個讓動物等死的臨終場所。在一篇名為〈植物園裡的監獄〉的文章中，迪奧萊要求拆除巴黎植物園裡的動物園。在他看來，這是動物尊嚴淪喪之處，是舊時代的遺毒：

> 羞辱動物和羞辱人類同樣不可原諒，就像一百多年前，將半死不活的藪貓、美洲獅和老虎展示在大眾面前一樣。
>
> 牠們很絕望，但最慘的是被剝奪了一切。失去了樹林和草地的綠意，就連可供行走的土地也不復存在。貓科動物敏感的肉墊爪子被堅硬的水泥所傷；猛禽踩在自己的糞便裡；火鶴翻攪著一灘汙水。……人在監獄裡失去了自由，動物在籠子裡失去了安排複雜生活的空間。牠們的行為嚴重脫序，心理狀態也不穩定，除了發狂之外沒有其他出路，而這還算是好的下場。這就是為什麼熊會沿著牠啃噬的牆面病態的不斷來回走動，大象會不間斷的搖晃身軀，而幼狼則會拔掉自己的爪子。除了少數例外，動物園的俘虜都有精神病，被監禁的處境所困擾，沮喪、焦慮、充滿攻擊性。
>
> 這所利用動物痛苦來圖利的精神病院，既不值得我們浪費時間，也有愧於博物館相關知名人士的聲譽。巴黎市中心的植物園附屬動物園，是一處不合時宜且令人憤慨的化外之地，只要三法

郎就可以欣賞悲慘的動物、岌岌可危的建築物，以及碎裂的瓷磚。

請將這一切剷平，改種花草吧。[62]

今天，巴黎植物園附屬動物園的研究員和獸醫主任諾林·齊（Norin Chai）表示，園方已經取得了重要的進展：「動物園最終反映出來的是管理人員的心態。有些動物園仍是動物等死的場所，有些則因為公眾輿論的壓力或動保信念的驅策下，朝向更人性化的方向發展。」[63]自二〇〇〇年代開始，許多已開發國家已經修訂法令，改善了動物園的生活條件[64]。動物福利、動物保育及科學研究，如今已經成為強制性活動。在歐洲，凡是稱為動物園的機構都受到巴萊指令（directive Balai）的規範，要求這些機構提供高標準的獸醫定期診療[65]。

一九九二年，聯合國里約高峰會認可動物園的保護功能，因此這些機構可以持續經營（但別忘了，它們仍是營利企業），同時也取得了生態的正當性以吸引更多民眾造訪。動物園不再是致命的圈養場所，而是瀕危物種繁衍和保存的空間，而且在某些情況下，牠們還可以野放回原生地。今天，許多在動物園工作的科學家認為，動物園就像現代版的諾亞方舟，為了保留許多瀕臨滅絕的物種而努力。不可否認的，的確出現了幾個成功的例子：過去幾十年裡幾乎不見蹤影的阿拉伯大羚羊（Oryx leucoryx），又重新出現在阿曼和以色列的沙漠和綠洲地帶；著名的蒙古野馬（Equus przewalskii）再次馳騁於蒙古大草原上。另外，還有密克羅尼西亞翠鳥（Todiramphus cinnamominus）、加州神鷲（Gymnogyps californianus）、彎角劍羚（Oryx dammah）等瀕危物種，都因為圈養繁殖而得以存活下來，很快的，旋角羚（Addax nasomaculatus）也會加入牠們的行列。

法蘭克福動物學會、倫敦動物學會和野生動物保育學會等組織，正在實地推動野外保育計畫，在地動物園的獸醫和野生動物的獸醫合作，一同保護瀕危物種[66]。他們針對會危害特定物種生存的各種疾病進行研究，並在加拉巴哥群島的禽鳥醫學中發揮關鍵作用[67]。其中有些疾病是由汙染造成，例如南亞地區禿鷹的滅絕危機，就是因為牠們吃的農場動物腐屍中殘留著農民使用的消炎藥「雙氯芬酸」（diclofénac）。這種藥過去是獸醫常用的藥物，直到近年才遭到禁用，而且已經證實對猛禽的毒性很強，即使是低劑量，也會造成致命的腎衰竭[68]。

然而，法國動物權利保護聯盟的共同創辦人尚克勞德・努韋（Jean-Claude Nouët）教授，卻對動物園主管的樂觀持保留態度：「重新野放成功的案例，一隻手就可以數完。」埃里克・巴拉泰比較樂觀：「最多兩隻手可以數完。」的確，自一九九〇年代以來，瀕危物種的數量已經遠遠超過動物園能夠以人工飼養保育的能力。

建立真正的保留區，重新教導動物回歸自然

尚克勞德・努韋承認的確有某些物種野放成功，但他還是語多保留：「動物園所做的，不是在

保護物種而是在保存物種，一字之差大不相同。」伊麗莎白．阿杜安—菲吉耶表示：「與其建造一艘只有飛船大小且造價昂貴的諾亞方舟，還不如試圖防堵洪水。」[69]換句話說，最好採用現地保護動物自然棲息地及動物本身，而不是堅持建造拯救牠們免於滅絕的場所，因為此舉可能會造成動物嚴重的身心創傷。畢竟牠們都是被迫離開原生的莽原、森林或叢林。建立國家保護區和國家公園，是一個更好的解決方案。

只要動物園不是營利場所，就沒有理由囚禁獅子和長頸鹿，甚至在不需要時就加以殺害。至於保護瀕危物種的計畫，可以在自然棲息地內的保護區落實科學化管理[70]。其他值得重視的方案，是從走私者手中救回被捕獲的小動物，這些幼獸的母親已經被無情殺害了。網路上有一段影片，內容是一隻黑猩猩孤兒如何在瀕死邊緣，獲得珍．古德團隊收容，最後恢復健康。當治癒並拯救黑猩猩的成員準備將牠野放時，牠抱著珍．古德好長一段時間，最後才消失在森林深處[71]。

同樣的，謝．羅便臣也曾在中國和越南當地，從不肖業者手中釋放了受到榨取膽汁折磨的熊（參見第十章）[72]。動保團體 One Voice 也協助過受獵犬訓練師虐待的熊——俄羅斯的獵犬訓練師為了評估獵犬的兇猛程度，會用拴住的幼熊來做為犬隻攻擊的對象。在經過多次傷害之後，很少有幼熊能夠在這場折磨中活下來。

將動物重新野放回原生棲地非常棘手，需要大量的時間、資源和照顧，尤其是這些動物還必須重新學習狩獵技巧，或是試著融入一個陌生的群體。除了照顧牠們之外，人類還必須協助牠們學習如何去適應自由的生活。

於是，就出現了一個根本性的問題：抓住一隻動物並予以監禁，符合道德嗎？人們總說動物園可以讓兒童與野生動物發展出「實際體驗」的關係，進而培養兒童對動物的同理心。但是，讓人工飼養的野生動物成為展品，可以視為正常情況嗎？真的是培養孩子同情心的好方法嗎？看到一臉驚恐的野生動物成天沿著圍欄來回走動，始終在尋找一個不存在的出口時，我想這一點還有待商榷。而且，如果孩子真的同情這些動物，不是應該希望牠們獲得釋放嗎？現在的孩子可以透過電視和網路提供的優質紀錄片，去認識野生動物的真實生活，了解更多動物的知識，並進一步研究動物在自然環境下的行為。當我還是個青少年時，就非常喜歡賞鳥，大部分的消遣都是在野外觀察鳥類，只要去到動物園，心裡就會覺得難受。

現在有一些動物園提供園內動物更大的生活空間，讓民眾有機會去接觸生活在自然環境中的野生動物，例如位於伊夫林省（Les Yvelines）、占地有一百八十公頃的圖瓦里野生動物園（Le parc de Thoiry）。二〇一四年四月十二日，巴黎近郊的凡仙動物園（Le zoo de Vincennes）經過六年改建後重新開放，大幅改善園內動物的生活：籠子及狹窄的圍場都沒了，玻璃展示室、沙坑、鐵欄杆也不復存在了，取而代之的是開放的空間、自由的空氣以及花草植栽。但是，有了這些設備及措施，就可以將圈養動物合理化嗎？作家阿蒙・法拉奇（Armand Farrachi）表示，動物園按定義是一個人工場所，專門為圈養異國動物而設計。他寫道：「如果新的巴黎動物園能仿效其他生態公園，以『生態保育』為優先考量，並讓動物在『半自由』的環境下加以『管理』就更好了。不過，這仍是換湯不換藥：給奴隸更長的鎖鍊，並不等於還給他們自由。」[73]

如同法拉奇所強調，「善待」概念一出，就把所有自由的想法都排擠掉了，而且還強化了人類主宰及掌控自然的地位，「對低等物種為所欲為的本質仍然沒變，只是開明的主人取代了劊子手，而他的仁慈也僅止於此。」

當人類不再需要你們的時候……

當動物失去用處或過剩時，人們會如何處理？答案是：殺了牠們。哥本哈根動物園近日爆紅，因為園方將一隻不知該如何處理的小長頸鹿，以及四隻獅子（包括兩隻幼獅）「安樂死」，完全無視於西非的長頸鹿瀕臨滅絕，且整個非洲獅群的數量也在銳減的事實。

根據許多媒體報導[74]，二〇一四年二月十日，哥本哈根動物園對一隻健康的一歲半長頸鹿馬呂斯（Marius）進行「安樂死」。「安樂死」一詞是動物園單方面的說法，但實際上顯然完全不符合加諸動物身上的劇烈疼痛。園方高層認為馬呂斯不具備「有利的遺傳基因」，又不知該如何處理，於是使用屠宰槍將其射殺，然後支解了這隻健康的動物，全程在公開場合進行，還有電視轉播，而牠的肉塊則被當作餵養猛獸的食物。一群在現場的小朋友看得目瞪口呆。這次的處決行為事前有得到歐洲動物園和水族館協會（AEZA）認可，該協會內部還建制一個「保育」委員會，且向來以擁有「道德規章」而自豪[75]。

除了「安樂死」之外的解決方案全數遭到排除，動物園辯解說閹割其實更殘忍，而且會產生「不利影響」。至於野放，根據園方的說法，「不太可能成功，而且非洲國家並不歡迎野放的長頸鹿。」

二〇一四年三月，哥本哈根動物園再次宰殺動物，處決了四隻獅子，其中包括兩隻十個月大的幼獅。這一次他們的理由是：「新的獅王只要有機會，就會殺死牠們。」[76]而且「反正這兩隻幼獸也還不到足以保護自己的年齡」[77]，園方沒有足夠的空間個別收容牠們，也無法將牠們安置在別處。當人們不想花任何一毛錢來拯救過剩的獅子時，世界就會殘酷得讓牠們毫無容身之處！

動物園園長表示，值得寬慰的是：「我們這裡並非所有動物都會當著遊客的面遭到支解。」他還強調：「本園以飼養獅子而聞名世界。」最後總結：「我很自豪牠們其中一隻（上面提到的新獅王）開啟了新的世系。」果然是育獅有方……

從遊樂園到屠殺海豚

全世界每年都有數十隻被捕獲的海豚出售給海洋公園，由他們聘雇的訓練師照料。牠們遠離自然棲地，被迫在不合適的環境中生存，面臨的是高死亡率和低生育率。動保團體 One Voice 表示海豚館是利潤豐厚的企業，以訓練過的海豚提供表演，有時地點是在高級場所，同時也推出與海豚共游的所謂「海豚療法」。

生活在大海的海豚，每天泅游的距離可達一百公里，捕獵、嬉戲及培養牠與同伴的群體關係。而在圈養條件下，海豚無法表現出正常的行為：牠們不僅被剝奪了自由，也無法建立豐富的群體關係，更不能使用牠們習慣的交流方式。圈養的池水通常都加氯消毒，導致海豚疾病叢生。

虎鯨也是水上樂園的受害者，圈養壽命平均只有七年。在自然棲地裡，雌虎鯨可以活到五十歲（最長壽紀錄甚至到八、九十歲），雄虎鯨則是三十歲（最長活到五、六十歲）。無論是紀錄片《黑鯨》（*Blackfish*）[78]，或是其他相關調查都顯示，這些遊樂園（例如加州聖地牙哥的海洋世界〔Seaworld〕）的業主，刻意對大眾和新聘的訓練師隱瞞這個職業可能面臨的傷亡風險。這些來自不同群體、原先習慣每天游一百五十公里的虎鯨，現在被局限在狹窄的水池中，與子女分開，還被迫要進行各種雜技演出，於是在壓力或絕望的影響下，牠們有時會攻擊訓練員。

每一年，在長達半年的捕漁季期間，日本的和歌山縣太地町和靜岡縣富戶漁港都會上演大規模屠殺海豚的場面。漁民在海豚的遷徙路線上攔截牠們，然後一路追獵到牠們筋疲力盡，或是敲擊水中金屬棒形成音牆來困住牠們。接下來，漁民會將海豚驅趕到小海灣的淺水地帶，用漁網堵住出入口以防止牠們逃脫。最後，漁民只需使用魚叉就能在一片血色海水中獵捕海豚，將牠們吊掛在漁船上或拖拉到岸上，有時活著的海豚會被小貨車在柏油路面上拖行。每個漁季約有兩萬三千隻海豚和小型鯨被屠殺，只因為這是當地四百年來的古老傳統。

其中狀況最好的海豚會被活捉，以十五萬美金的高價出售給海豚館；剩下的則以六百至八百美元不等的價格賣給餐廳業者。由於消費者對鯨肉的需求持續下降，如果沒有跟海豚館的這筆生意，光靠海豚肉市場也將難以為繼。

理察・歐貝瑞（Richard O'Barry）是一九六〇年代的一名海豚訓練師。有一天，他負責的一隻海豚選擇放棄呼吸，當著他的面自殺（海豚不像人類會自動呼吸，而是必須有呼吸的意願才行）。歐貝瑞深受打擊，決定放棄訓練師工作，專注於鯨豚保育。他曾擔任One Voice組織的顧問，協助這個團隊在太地町拍攝一系列令人沉痛的第一手紀錄片：一大群海豚在血海中垂死掙扎的畫面傳播至世界各地，震驚全球。除了屠殺海豚的行為之外，這些影片還首次證明漁民會丟棄太小或受傷的海豚，並根據各地海豚館在訂單上所載明的標準，去選擇體態「最漂亮」的海豚[79]。

歐貝瑞也是二〇一〇年奧斯卡最佳紀錄片《血色海灣》（*The Cove*）的顧問，這支紀錄片證實購買海豚圈養的交易，與屠殺海豚之漁民的確有關聯[80]，尤其是在太地町。紀錄片由《國家地理雜誌》前攝影師路易・賽侯尤斯（Louie Psihoyos）於二〇〇七年執導，採用水下麥克風和偽裝成礁岩的攝影機祕密拍攝完成。雖然北美和歐洲對水上樂園與海豚館開始出現不滿聲浪，但遺憾的是，它們在中國的數量卻大幅增加，持續助長了對海豚和其他鯨豚類的需求。

為了終止這些非法買賣，首先必須抵制興建新的海豚館，同時要呼籲釋放各地水上樂園中被當作娛樂對象的所有鯨豚類動物。One Voice 組織建議擁有傳統經驗的漁民，改行擔任生態保育員或導覽員，帶領生態旅遊愛好者去欣賞最美麗的一場演出：在大海中自由自在泅游的海豚……

以運動或消遣為名進行殺戮的休閒式狩獵和釣魚

許多民族是為了生存而進行漁獵，但只要不是為了求生存，其他的漁獵活動就應該被歸類為「娛樂性活動」。為了娛樂而打獵的歐洲人，立場肯定和為了活命或防止被北極熊吃掉的愛斯基摩人不同。富裕國家的獵人會將大部分的獵物吃下肚，但很少是為了活命。此外，這些獵人提出的動機並不包括尋找食物，而是親近大自然（九九％）、聯絡感情（九三％）及維護產業（八九％）；這些動機本身都值得讚許，但不必動用獵槍也能達到目的[81]。

關於釣魚，法國十九世紀作家泰奧菲爾・高提耶（Théophile Gautier）以極其細膩的方式寫道：「不明究理的蠢魚兒滑稽可笑的竄游，就是一種平息焦躁的最佳哲思娛樂！」[82]只可惜，魚類無法了解原來哲學可以這麼有娛樂性……

英國前首相邱吉爾則興致高昂的表示：「釣魚返家後，讓人感覺神清氣爽……滿溢著幸福感。」魚兒肯定很樂意知道他的反應。著名的飛行員皮耶・克洛斯特曼（Pierre Clostermann）則會發揮愛心，把他釣到的魚放生回去：「好讓牠們日後能夠更謹慎的成長。」算得上是一種既嚴厲又有愛的硬漢教育。我很認同這位二戰飛行員的感受：「沒有什麼幸福，能比得上一個人安靜的在無風的池水上迎接晨曦，在清晨薄霧中輕輕搖槳。」但是，為什麼這份靜謐要跟殺害其他生命的消遣牽扯不清呢？

人類經常表現出的片面觀點，蕭伯納總結得非常簡明扼要：「殺死老虎的人是英雄，咬死人的老虎是猛獸。」鯊魚襲擊戲水客的極少數事件，在媒體的頭條新聞標題中成為：「殺人鯊兇性大發！」全球每年平均約有三十人因為不湊巧碰上鯊魚而喪命（蚊子比鯊魚更危險，曾經因為傳播瘧疾、登革熱或黃熱病，造成全球一百五十萬到兩百萬人死亡），那麼人類呢？每年平均宰殺了一億尾鯊魚。

維護生態的獵人？

法國狩獵組織的勢力龐大，任何民意代表候選人都不敢開罪他們。這些組織宣稱自己是最積極的大自然護衛軍，扮演的是調節野生動物數量的角色，其周全和有效的做法更勝於環保人士。根據法國二〇〇八年提出狩獵法案的參議員波尼亞托夫斯基（Poniatowski）的說法：「如今已公認獵人能充分扮演好管理生態平衡的角色，同時廣泛促進鄉村地區的經濟和生態發展。」[83]這也是許多人的主張，例如比利時維護和推廣狩獵的協會——皇家聖休伯特俱樂部（Le Royal Saint-Hubert Club）主席貝努瓦・派提（Benoît Petit）就指出：「獵人是獵場的管理者，全年都在觀察動物，並且管理和整治獵場。在如此辛勤的付出中，剔除掉一隻動物也只占了幾秒鐘而已。」[84]

於是，狩獵成了「生態保育的必要手段」。然而，One Voice 組織卻指出，獵人對環境的影響和他們管理野生動物的方式，都有許多可議之處[85]。他們聲稱其任務是透過「剔除」（又是一個刻意挑選的無害字眼，藉此掩蓋人類掠奪的真相），來維持動物族群的穩定和健康。因此，他們等於是取代了狼、熊、猞猁等天敵。他們辯稱，過去三十年來，野豬數量在地理範圍上不斷擴張，數量也成長了五倍，而且鹿的數量也增加了。可見透過狩獵來調節過剩的動物數量，是非常重要的。話雖如此，其實也可以考慮其他比較平和的干預措施，包括對負責繁殖的優勢雄獸進行節育。此外，在真正自然的環境中，生物多樣性十分豐富，獵物和掠食者之間會自行達到最佳的數量平衡，完全不用人類插手干預。

自然界的捕食是透過淘汰最弱勢的個體來限制種群數量，但獵人們的首要目標顯然不是這些個體，而是瞄準了「體態最美」的野生動物。有鑑於生物平衡的複雜性，任何想要替代大自然的念頭，恐怕是有點不自量力。幾年前在美國的黃石國家公園，發生過樹木數量顯著減少的現象，引發環保人士的關注。調查此一現象的生態學家證明，這是由於開放獵狼（獵人堅稱狼的數量太多了），而造成以樹木嫩芽為食的鹿群大量繁衍所致。自從園方再次禁止獵狼以後，鹿群數量下降，樹木才得以正常生長。

美國哲學家布萊恩・路克表示，在其他情況下，「鹿群數量之所以很高，是因為人們喜歡獵鹿。野生動物管理人員替換植栽，消滅鹿群的天敵，限制狩獵許可的發放，有時甚至會飼養鹿群再將牠們野放。」[86]換句話說，打獵不是因為動物數量過多而必須予以控制，而是人為提高這些動物的數量，以便有理由去獵捕牠們。

此外，獵殺野生動物或設下陷阱捕捉「有害」動物，並不能讓獵人滿足。為了提高獵捕的樂趣，他們還會特別飼養動物（野兔、雉雞）來野放，以壯大某些野生動物的數量。由於已經習慣人類無害的陪伴，這些動物在多數情況下不會害怕獵人，就算見到獵槍也不知道逃跑。根據《法國獵人》（*Le Chasseur français*）月刊引用法國國家狩獵與野生動物局（ONCFS）於一九九八至二〇〇一年間，針對每年遭到獵人殺害的三千萬隻動物所進行的研究，可以發現其中有兩千萬隻是來自專供狩獵的飼養動物[87]。對此，法學家大衛・肖韋指出：「只要這種情況持續下去，將屠殺動物合理化的那些生態主張，等於是一場空話。過去我們以為搞笑三人組『無名氏』（Les Inconnus）著名的『把灰母雞給放出來』只是搞笑橋段，但很遺憾的竟是事實！」[88]

獵人喜歡捕獵的「害畜」——野豬、野兔和斑尾林鴿，是超過八〇%農損的元凶，但被歸類為「有害」物種的時間只有一年[89]。

一九七四年，日內瓦州禁止狩獵的公投得到七二%的支持率。儘管有獵人對此提出警告，但一切進展順利。今天，該州的動物生態已經重拾以往的豐富和多樣性，並深受散步民眾的好評。

博物學家和探險家泰奧多爾．莫諾被問到對狩獵的看法時，他回答：「很明顯，史前人類必須獵殺動物，這很合理。今天，愛斯基摩人獵殺海豹，布希曼人（Bushmen）獵殺長頸鹿，這對他們來說是出於必要的行為，他們別無選擇。但若換了其他地方，就完全不合時宜了。我們這裡進行的狩獵既不是為了自衛，也不是為了養活自己；我們狩獵是為了找樂子。」[90]此外，泰奧多爾．莫諾也反對貧窮、種族歧視、酷刑、破壞生態環境以及所有的不公不義。他深受擔任牧師的父親威爾弗雷．莫諾（Wilfred Monod）和史懷哲的影響，引領著他投入人權及動物保護志業。

攜犬打獵：菁英的嗜血娛樂

雖然全球只有一小部分人口還持續在攜犬打獵，但這種狩獵方式始終是殘酷又血腥的傳統。作家阿蒙．法拉奇解釋道：「騎在馬背上，一旁有獵犬隨伺，沿路追捕野生動物，主要是雄鹿，直到牠筋疲力盡為止。如果獵犬沒有將鹿撕咬成碎片，就以匕首補上一刀，或是將牠溺斃或打斷牠的腿，最後割斷牠的喉嚨送牠『上路』。」[91]

作家亞利桑德琳．西瓦—哈希內在著作《受苦動物的恐怖詞典》（*Dictionnaire horrifié de la souffrance animale*）中強調：「我們不得不相信，阿蒙．法拉奇和許多反對犬獵隊的民眾（根據民調公司Sofres在二〇〇五年三月進行的調查結果，反對的法國人有七三%）完全不明白犬獵協會網站上所說的『考究、堅持與崇敬自然的薰陶』是怎麼回事。」[92]不過，這裡倒是有一個「堅持又崇敬」的好例子。二〇〇七年十一月三日，在法國塔恩省（Le Tarn）拉羅克市（Larroque），一隻遭到四十隻獵犬追捕的鹿，一頭撞碎了一戶民宅客廳的玻璃窗。規畫此次圍獵的格雷西涅（Grésigne）狩獵隊其中一名成員，就在該戶人家的廚房裡用匕首一刀把鹿殺了[93]。

如果根據某些歷史學家的說法，這種特殊的狩獵方式已經有上千年的歷史，但直到弗朗索瓦一世統治期間才受到重視，並在法國貴族間蔚然成風，成為一種「生活藝術」。事實上，這個傳統一直延續到二十世紀，只有身著紅色或黑色褶襉禮服，同時戴上狩獵隊旗幟顏色帽子的貴族，才有進行攔犬狩獵的特權。

和步槍狩獵的情況一樣，攔犬狩獵的擁護者聲稱此舉有助於平衡生態系統，他們把圍獵的正當性建立在悠久的貴族傳統之上，同時又對這種培養人犬耐力和技藝的「消遣」大加讚揚。今天，他們試圖淡化攔犬狩獵是菁英特權的形象，並透過建立「非營利協會」來推廣這項「運動」，就像是支付會費的體育俱樂部一樣[94]。

想像一下，在一片寧靜、涼爽的春日森林裡，只聽到啁啾鳥聲、風穿行於樹梢的輕嘆聲，以及嚙齒動物行蹤鬼祟的嘎吱聲，或是鹿行走在去年秋葉混合新生苔蘚上的腳步聲。突然間，身著紅色外套、騎著馬的狩獵隊員們高聲呼喊而來，身旁是刻意挨餓多日的獵犬們憤怒的狂吠。接著號角響起，宣告狩獵進入「高潮時刻」。有一瞬間，公鹿靜止不動，猶豫著該往哪個方向逃跑。牠向前衝去，躍過矮樹叢，拚命想找到一處淺水，洗去身上的氣味並甩掉緊跟在後的獵犬。如果幸運之神眷顧，牠會發現水源；如果牠被獵犬抓住，就會被毫不留情的撕裂、殘殺，最後再被匕首一刀斃命。在這隻剛送掉性命的健美雄鹿遺骸前，獵人們不禁讚歎：這真是個打獵的好日子……。

同樣的情形，英國獵人魯蘭．戈登—康明（Roualeyn Gordon-Cumming）在回憶錄中提到他殺死一頭非洲象的得意事跡。當捐客將大象帶到射擊範圍之後，戈登—康明決定「花些時間欣賞這頭高貴的大象，然後再將牠射殺」。他為自己沖了一杯咖啡，一邊啜飲一邊想著：「非洲最美麗的一頭大象正站在一棵樹旁，等待我去享受狩獵樂事……這片廣闊森林讓我有機會從事狩獵這項既高貴又令人興奮的運動，而我現在是森林的主人。」在長時間打量獵物之後，他終於決定開槍，過程必然包括「嘗試擊發多次，藉此找出大象的弱點」。最後，他給了大象致命的一擊，然後觀察牠臨終前的掙扎：「大滴淚珠從牠眼角湧出，牠緩緩閉上雙眼，然後再次睜開。龐大的身體抽搐顫抖著，然後倒向一邊斷了氣。牠的象牙弧度優美，是我所見過最大的一對象牙。」[95]

回到之前提到的攆犬狩獵，相關的禮節、專門的詞彙和樂聲的引導，似乎都有意淡化這項娛樂血腥殘酷的結局。對此，威爾弗雷．莫諾牧師傳神的描述：

對攆犬隊的聖禮賜福，在號角聲中進行的聖于貝爾彌撒，以及困獸成功時吹響的號角和動物的眼淚，都為人們所謂「高尚」的娛樂蒙上了一層美麗面紗。為了慶祝狩獵成功，狩獵隊會走近那隻正在痛苦呻吟、被「人類」包圍且被獵犬威脅的鹿，將牠的一隻腿割下……隊伍中的一位女性伸手接下鮮血淋漓的殘肢，她是否也是用同一雙手來領聖餐呢？[96]

這種不合時宜的狩獵行為，在二〇一三年五月成為法國立法加以禁止的對象。德國則早在一九五二年就已經廢止，比利時是在一九九五年，至於攜犬狩獵特別風行的英格蘭則是在二〇〇四年全面禁止。不過，美國（由英國移民引進這項活動）、加拿大和某些國家仍然保留著圍獵傳統。對此，我們也只能與諾貝爾和平獎的史懷哲同聲期許：

總有一天，輿論將不再容忍虐待和殺害動物的娛樂活動。總有那麼一天，但是那一天是什麼時候？我們何時才能等到那一刻，當狩獵或以「運動」之名殘殺動物的消遣，終於能被視為精神失常的行為？[97]

「黃金準則」必須適用於所有生物

讓我們思考一下，幾乎所有文化和宗教都有的金科玉律：「己所不欲，勿施於人。」如果將它擴及到一切有感知的生命，我們怎麼可能會認為動物寧可被監禁在動物園裡，或寧可承受馬戲團馴獸師的虐待，或是獻出自己的背部當成標槍的活靶，最後再被一劍斃命？就算無法揣測其他人在這些情況下是什麼感受，但我們至少可以認清動物完全有能力為自己做選擇的事實：一隻母野豬會仔細挑選牠想要生產的巢穴；一隻看到籠子門被打開的野牛動物會趁機衝出來，逃進森林裡；而任何健康的動物都會選擇活下去，而不是死亡。

那些頑固的要合理化折磨動物行為的人，首先應該解釋為什麼這條黃金準則只適用於人類，以及他們憑什麼認為自己有權利去畫出這條界線。

第12章

繼續活下去

動物的權利，人類的責任

如果因為電腦故障修不好而火大，你可以把電腦扔出窗外。當然，意氣用事無法解決問題，但這是你的權利。相反的，如果貓叫聲惹毛了你，於是你抓起貓想將牠朝牆上砸，牠肯定會掙扎並試圖逃跑。這種情況下，你的行為就嚴重多了，因為你正在傷害一個生命；你不是在行使權利，而是在濫用權力。

就像哲學家弗洛朗絲．博蓋所說：「動物反抗人類的獵捕，完全是因為要爭取牠們對一項基本權利的認可，也就是繼續活下去的權利。抗拒獵捕的動物，表達出牠對生存、對自由，以及對不願遭受折磨、傷害、監禁、捆綁或殺害的渴望。任何以自己的方式去抗爭的生命，其實都在表達希望自己的生存權能獲得承認。」[1]

如果現在要擬一份「眾生權利宣言」，其中只能有一項條文，我們可以表述如下：「所有生命都有生存權，同時有權不成為他人強制施以痛苦的受害者。」與甘地交好的英國改革家亨利・史蒂文斯・索爾特（Henry Stephens Salt）曾說：「無論施加的對象是人或動物，痛苦就是痛苦。……承受痛苦的，不管是人或動物，都是非常不舒服的；而沒來由的加諸他者痛苦……是施加者的殘忍與不公不義的表現。」[2]

如果你認為人權問題已經夠複雜了，那麼相較之下，動物權的問題還要更加複雜。許多哲學家認為，權利和義務只涉及到既有的人類，他們意識到自己的權利，也能夠尊重其他人的權利[3]。因此，這些哲學家對動物及未來世代（存在著太多不確定因素）的權利一概予以否認。

此外，英國哲學家瑪麗・米吉里認為「權利」的概念過於廣泛且模稜兩可：「廣義的權利可以用來吸引人們對問題的關注，但不能用來解決問題。就道德意義來看，權利很難不在兩邊來回擺盪，一邊是用來解決衝突的過度引申（生存權、自由權、追求幸福的權利），另一邊則是過於狹隘而窒礙難行（例如，休假期間待在家的基本人權）。因此，許多人認為這個概念的各種用途太過分歧，而無法獲得能夠發揮作用的共識。」[4]

與其去爭論權利的概念，不如把心思放在如何解決這個僵局上面，方法之一就是使用關心、尊重他人及落實善心的語言去對待一切有感知的生命。把利他主義和同情心一視同仁的擴及到所有人類，是人類得天獨厚的能力，那麼再將之擴及到動物身上，也只是合理的必然結果。前面說過，在哲學上探討權利問題極其複雜；但在實務上，賦予動物某些我們理應加以維護的合法權利，來落實保護動物的目標，則是我們責無旁貸的。

把一百萬歐元放在一隻綿羊面前——平等考量還是平等權利？

不同於那些不惜一切代價、往往以諷刺口吻將動保問題邊緣化的人，解放動物的知名倡議者（如彼得・辛格），或是動物權利的捍衛者（如哲學家與義務論者湯姆・雷根），他們都從未說過或暗示過老鼠的生命與人類生命等值；也從未聲稱老鼠和人擁有相同的權利，或是必須以完全相同的方式來加以對待。彼得・辛格知道人與動物之間存在著許多差異，但他仍主張以平等原則來看待這兩者的福利；而湯姆・雷根則認為動物因為與生俱來的固有價值，所以理當和人類一樣享有受到尊重的基本權利。

彼得・辛格的主要論點在於：除非絕對必要，否則對另一個生命施加痛苦就是不正當的，無論此生命是不是人類。儘管人與動物之間先天上就存在著無可否認的不平等（尤其是體格和智力方面），但我們必須將兩者公平對待。辛格還指出，對不同生物一視同仁，並不意味著在**待遇**和**權利**上要同等對待[5]。

顯然的，人類和非人類不必凡事都享有相同的權利。例如，為男性爭取墮胎權、為老鼠爭取受教權，那就太荒謬了。另一方面，辛格則寫道：「倘若有生命遭受到痛苦，我們沒有任何道德上的理由可以忽視。無論此一生命的本質是什麼，基於平等原則，我們必須將對方的痛苦和其他任何生命的類似痛苦都一視同仁的平等看待。」[6]

每個生命的需求都大不相同。把一百萬歐元放在綿羊面前，對牠不會有任何好處；如果將錢拿走，也不會對牠造成任何傷害。但如果換成人，反應就會完全不同。乳牛喜歡新鮮牧草，但老虎則毫無興趣。另一方面，如果拿刀刺入人和綿羊體內，兩者都會感受到相同的疼痛，而且都會拚命掙扎，想逃避死亡。

彼得．辛格認為，讓人類遭受非人對待，將動物視為物品，因種族或性別而虐待某些人類，或是只因為動物不是人類就加以虐待，都是無法接受的。根據他的說法，感覺痛苦和快樂的能力，就是確認生命有利益考量的充分條件；而最起碼的利益，就是不要受苦[7]。

湯姆．雷根則認為，在實踐中，由於功利主義可能的缺陷和偏差，以至於無法針對保護動物提出一個條理清楚的觀點[8]。因此，他主張捍衛動物應受尊重的權利，因為牠們本就具有原生價值：

我們並不是說人和其他動物在所有特徵上都是平等的。比方說，我們從沒說狗和貓會做代數，或豬和牛懂得欣賞詩歌。我們說的是，許多非人動物和人類一樣，是擁有心理狀態的生物，對幸福有自己的體驗。從這層意義上來看，牠們和我們是一樣的。……我們並沒有說人類和其他動物一律擁有相同的權利，畢竟也不是所有人類都享有相同的權利。例如，智力發育嚴重遲緩的人沒有上大學的權利。我們所強調的是，這些人和其他人一樣，與其他動物都擁有相同的基本道德權利：受到尊重的權利。……

沒錯，有些動物如蝦子或淡菜，牠們可能有痛覺，但卻沒有其他絕大部分的心智能力。如果真是如此，牠們自然就沒有其他動物所擁有的某些權利。但無論如何，我們都沒有道德上的理由，在非必要的情況下，去造成任何生命的痛苦。而且既然對人類來說，食用或以其他方式來利用蝦子、淡菜或其他類似動物，沒有其必要性，那麼利用牠們且因此為牠們帶來痛苦，也就缺乏道德上的正當性了。[9]

更具體來說，雷根認為不能只因為對其他人有好處，就認為故意傷害一個有感知的生命就是正當的[10]。因此，去傷害某個動物，只因為對十個或一百個人有好處，是絕對不能接受的。

雷根與彼得．辛格的立場一致，他也很明確的承認一條人命比起一隻狗的生命要有價值。這就是為什麼在面臨二選一的情況時，必須犧牲的是狗。此外，雷根也認為數量多寡不會動搖他的立場，某個人的死亡比某隻狗的死亡損失更大，無論是十隻、百隻或百萬隻狗中的任何一隻狗，都是個別考量的。他補充表示，十隻狗所形成的群體，不會比一個人更有分量。儘管看似合理，但是一旦數字變得極其龐大（就像近幾十年發生的狂牛症和SARS疫情），這種觀點就會出現問題。但是該如何設定一個自由心證的限度呢？這當然是最難解決的問題之一。彼得．辛格和湯姆．雷根主張，最符合邏輯的做法，就是停止大規模剝削動物，並採取純素飲食。

道德主體和道德受體

道德哲學將「道德主體」（agents moraux）和「道德受體」（patients moraux）區分開來。道德主體是指那些能夠區分善惡，並根據所認定的道德觀來決定自己行為的個體。因此，我們認為這些個體會對自己的行為負責。由於他們也可能成為其他道德主體所施加善惡行為的對象，因此這些個體之間是一種相互作用的關係。

道德受體則是指那些單方面被動接受、受道德主體好壞行為所影響的個體，而他們自己無法制定道德原則，也無法在付諸行動前權衡這些行為的道德正當性。

智力發展完整的成年人，既是道德主體，也是道德受體。另一方面，稚齡兒童、嚴重精神殘疾者則不是道德主體，因此被認為無法對自己的行為負起道德責任。但也因為這樣，他們仍然是享有某些權利的道德受體。

動物通常被認定是道德受體[11]。如果一條蛇吞下一隻青蛙，牠不是為了傷害青蛙，而是為了餵飽自己。同樣的，如果蛇咬了路過的人，那是因為牠試圖保護自己。當動物攻擊另一個道德受體（青蛙）或是一個道德主體（人）時，其行為不能用道德來加以評斷。

儘管如此，我們對待動物的態度卻經常不合邏輯。人道法學家維爾梅解釋，出於人類優勢地位所片面主張的特權，「人可以虐待動物，而不會被認為是『邪惡的』（此時動物並不被認為是道德受體）；同時卻又譴責動物出於自衛而傷害了折磨牠的人（此時動物被視為道德主體）。」[12]

如果就像動物解放運動的思想家所主張的，動物確實是道德受體，那麼我們必須對牠們負起責任。於是，我們對待動物的方式就成了道德評估的對象。對動物來說，這多少是有好處的。根據維爾梅的說法，這就是動物倫理學要關注的領域。

這種區分，使得道德主體能夠意識到自己對道德受體的責任。道德主體確實有義務關心那些沒有能力制定並主張自己權利的對象，尤其是生存權和免於受苦的權利。同樣重要的是，將這些責任和義務轉譯為法律條文。可以說，道德受體越是無助及無自衛能力，道德主體就越有責任加以保護和關心；道德受體的脆弱程度，應該與保護的需求成正比。

對湯姆．雷根來說，**尊重原則**要求我們以尊重固有價值的態度，去對待所有具備此一價值的個體，無論對象是道德主體或道德受體。此外，我們有責任不傷害道德受體。最後，無論是道德主體或道德受體，**被尊重對待的權利**是同等的，沒有強弱之別[13]。

道德觀：源自演化的能力

話雖如此，道德主體和道德受體的區別，不應該落入涇渭分明的二元論濫調，在人與動物、人道主義與動物主義之間畫出一條絕對的分界線。一旦我們意識到演化的連續性，以及各物種之間具有連動性的漸變過程，這些二分法的武斷和自以為是的特質立刻就昭然若揭了。我們在動物身上所觀察到的同情、感激、安慰、哀悼、互助、保護及公平感等表現，都不是偶然的；而判斷種種行為是利他或損人的能力，也是如此。人類具備的所有能力，都是經過數百萬年進化淘選的結果，對生存有利的能力才會保留下來。這些能力同樣也對其他物種的生存有利，所以能在動物身上發現到與人類相近的情緒和心理狀態（包括道德感），自然是預料之中的事。

因此，也難怪最近幾十年來的研究證明，人類的道德感大部分是與生俱來的。之前提到過，美國社會心理學家強納森．海特認為，我們一開始是憑著本能去評斷某個行為是否符合道德，而事後再找理由將我們的判斷合理化。動物行為學家法蘭斯．德瓦爾延續上述思路，並根據一系列的觀察和研究，在著作《倭黑猩猩與無神論者：在靈長類動物中尋找人性》（*The Bonobo and the Atheist: In Search of Humanism among the Primates*）中指出，道德觀並不像很多人以為的，是人類首創的。道德觀的發展絕對不只是人類理性思考的結果，而是在人類出現之前的那些社會性動物所發展出來的一種相關能力，讓今天的人類成為受益者[14]。

在動物身上，我們屢屢觀察到各種所謂的道德行為。在達爾文的《人與動物的情感表達》一書中，講了一隻狗的故事。這隻狗每次經過牠的朋友（一隻生病的母貓）所在的籃子時，總會舔舐對方好幾次。另外，在黑猩猩群落也可看到，只要有同伴打架，就會有其他的黑猩猩介入，以公正的態度將打架的雙方分開。這個過程表現的不僅是個體的道德感，同時也是對群體和諧相處的重視[15]。

法蘭斯・德瓦爾和心理學家莎拉・布洛斯南（Sarah Brosnan），則證明捲尾猴有公平的觀念[16]。兩隻捲尾猴被安置在可觀察到彼此的相鄰籠舍裡，實驗人員發給兩隻猴子各一枚代幣，接著伸手要牠們歸還，猴子照做後可以獲得一片黃瓜做為獎賞。兩隻猴子很快就學會這種交換的概念，而且樂此不疲。經過二十五次的以物易物之後，實驗人員發給其中一隻猴子一片黃瓜，而給另一隻捲尾猴牠們最喜歡吃的葡萄。前一隻猴子在注意到這種不公平後，不僅經常拒絕接受黃瓜片，甚至還會把黃瓜片扔出籠子外。我們也可以在狗狗身上觀察到相同的公平觀念：一群狗在沒有當場獲得獎勵的情況下，多次排演一個小型的雜耍節目，即便沒有獎勵也無所謂；但是，當牠們看到有隻狗因為做相同的表演而獲得一塊香腸當獎勵後，就拒絕繼續配合演出了[17]。

法蘭斯・德瓦爾還敘述了一隻倭黑猩猩的故事。美國密爾瓦基動物園有一隻叫洛迪的倭黑猩猩，是非常具有保護意識的優勢雄性，特別殷勤照顧一隻年邁聾盲的雌猩猩凱蒂。意識到凱蒂在一個有許多門和隧道的園區有迷路的危險，洛迪每天早上都會牽起牠的手前往灑滿陽光的草地，這也是凱蒂最喜歡的地方。日落之後，洛迪同樣會貼心的帶領凱蒂回到室內。有一次當凱蒂經常性的癲癇發作時，洛迪還堅持守候在身邊，不肯離開[18]。

有一天，獸醫芭芭拉・貝爾（Barbara Bel）伸手穿過圍欄要餵洛迪維他命，卻被洛迪咬了手指頭。洛迪在聽見喀啦聲後抬起頭，顯然非常驚訝，然後馬上就鬆開嘴巴。但因為咬得力道太大，芭芭拉的手指被咬斷，醫生無法重新接合。幾天後，芭芭拉回到動物園，看到洛迪便舉起纏著繃帶的手，好像在說：「看看你做的好事！」洛迪走過來仔細檢查芭芭拉的手，然後走到黑猩猩館內最僻靜的角落坐下，低垂著頭，用雙臂環抱著自己。

接下來幾年，芭芭拉前往另一個城市工作。意外發生的十五年後，有一天她心血來潮去了密爾瓦基動物園，混在人群裡，想去看看洛迪住的黑猩猩館。洛迪一看到芭芭拉，立刻奔上前去，想看看芭芭拉被圍欄遮住的左手。洛迪一直努力的探頭看著她的左側，直到芭芭拉把左手抬起為止。洛迪盯著缺了一根手指頭的手，接著看著芭芭拉的眼睛，然後又看著那隻手。芭芭拉說：「牠還記得。」而法蘭斯．德瓦爾根據自己的豐富經驗，也完全贊同這樣的看法。倘若倭黑猩猩確實能意識到自己行為的後果，這就表明牠們很大程度上也能體會人類因為道德感而起的類似感受。

法蘭斯．德瓦爾總結道：「這印證了我認為道德是『由下而上』的看法。道德法則既不是強制性的由上而下，也不是從論理完善的原則中推演出來的；而是源自於從遠古時期就已存在且根深柢固的各種價值觀。最基本的一個道德觀，是來自群體生活的生存價值。對歸屬感、融洽相處、愛與被愛的渴望，促使我們竭盡所能的與所依賴的對象維繫良好關係。其他的社會性靈長類動物也有這樣的價值觀，在情感和行為之間也依據同樣的準則來做取捨，以找出一個雙方都能接受的妥協方式。……道德的起點就是如此低微，從其他動物的行為中就能認清這一點。……人類的進化背景給了我們強而有力的幫助，沒了這些幫助，我們永遠不可能走到今天這一步。」[19]

了解權利是擁有權利的必要條件？

有種似是而非的論調認為，只有那些意識到自己的權利並能加以捍衛的人，才有資格獲得權利。這種說法「就像是某種生物的無所不能，或是另一種生物的軟弱，都會影響到他們與生俱來的權利一樣。……畢竟，就算是傻子、徹底的癡呆或是無法治癒的瘋子，我們也承認他們有權利」。擔任過國際動物保護法律委員會主席的律師路易・列平（Louis Lépine）表示[20]。同樣的，一個沉睡不醒而不了解自己權利的人，我們也不會因此就剝奪他身為人類所應得的權利。

此外，還有多種方式可以覺知到這種天生的權利。就算動物不了解法律的「概念」，也無法否定以下這個事實：動物和我們一樣，同樣會有免於受苦的渴望，也會盡可能尋求最有利於生存的條件。尚雅克・盧梭強調，光是有知覺的這個特質，就證明「動物也擁有天賦的權利」[21]。就這樣，盧梭推翻了霍布斯一再重申的長年主張，即「對蠢蛋、兒童和瘋子來說沒有法律，動物自然也不例外」。此一主張也得到了十七世紀荷蘭法學家胡果・格勞秀士（Hugo Grotius）的支持。他在著作《論戰爭與和平的法律》（*De jure belli ac pacis*）中申明：「除了有思辨能力的人之外，沒有任何生命有資格享有權利。」[22]

列平認為，很顯然的，「動物對自己的生存權有意識，這種意識也許模糊，卻非常真實，一般我們稱之為自我保護的本能。另外，對於自己應該在符合天性且適合其特質的條件下正常生活，動物也是有意識的。」[23]因此，他認為必須賦予動物生存的權利，以及免於遭受不必要痛苦的權利。

當我們發現到，一旦滿足他者需求而讓對方感覺幸福或不再受苦時，同理心會讓我們立即的、自發性的去感受到這種需求。接著，我們所展現出來的關心，就會引發想幫助對方滿足需求的念頭。相反的，如果我們不重視、不在意對方，他的需求對我們來說就變得不重要，甚至可能根本不會注意到。

然而經驗證明，光是指望人類的同情心是不夠的。在**保護**動物這件事上，我們還必須提防那些對動物缺乏同情心的人所加諸在動物身上的虐待和痛苦，這一點才是最重要的。我們不是因為人類意識到自己的權利，才被動去保護他們免於遭受酷刑、免於失去自由、免於遭受他人傷害，而是因為這些行為本身是不可接受的。

在不尊重人權的地方，動物權利更無立足之地。例如，挑戰西方人權概念的中國政府，根本無視於動物的痛苦。就像之前提過的，在毛皮動物飼養場、熊膽汁萃取農場、老虎肉品工廠以及許多其他動物買賣中，殘忍對待動物已經習以為常了。

「人道主義」哲學主張應對動物負起的責任

在《我們的人性》（*Notre humanité*）一書中，人道主義哲學家弗朗西斯．沃爾夫寫道：「雖然我們的責任主要是專注在人類身上，但基於推己及人的立場，這些責任的對象也可以是其他生命，例如動物。」[24]他區分出三種與寵物、家畜、野生動物有關的責任。根據他的分類：「我們與寵物建立情感關係，而且經常是一種互惠關係，這說明了為什麼我們會關心、照顧牠們並奉獻自己，而有時牠們也會對身為主人的我們同樣對待。」如果面對的是家畜和養殖動物這類帶有功利性質的動物（即所謂「營利」動物），沃爾夫認為：「我們虧欠的是一個無法與牠們所做的貢獻相當的生活條件，因此我們必須提供牠們保護和食物，以便交換牠們所給的幫助、肉或皮革。所以，宰殺那些只為此目的而活著的動物，是道德的。」[25]然而，動物並不是「自願給予」肉品和皮革，是我們決定強行奪走牠們的這些東西。況且，也很難判斷這些動物「只為此目的而活著」，因為是我們單方面決定為了宰殺而飼養牠們。就像之前所說的，武斷的認定一個孩子天生注定要成為奴隸，並不代表奴隸制合乎道德。

至於野生動物方面，沃爾夫認為，我們「沒有任何責任提供援助、保護並尊重牠們，因此也就沒有所謂的道德義務。」儘管如此，他卻認為我們對物種有一般性的義務，也就是在兼顧人類迫切需求的情況下，我們必須尊重生態系統的平衡、保護環境以及尊重生物的多樣性。這就意味著必須去打擊所謂的「有害」物種，同時保護某些瀕危物種。沃爾夫還譴責殘忍，而他的意思是指蓄意且毫無理由的造成任何生命的痛苦。這種殘忍行徑「永遠都是錯的，必須對這種卑劣、下流、枉為人類的行徑予以譴責，有時甚至需要加以制裁」。但這位哲學家卻強調對野生動物不用負起責任，這也表示休閒式狩獵或釣魚「在道德上並無可議之處，就和吃龍蝦一樣，就算這些行為會讓上鉤的魚、遭到槍殺的兔子或浸在沸水裡的龍蝦感到『痛苦』，只要我們盡可能的尊重生態平衡、生物多樣性，以及尊重野生動物生存和繁殖所需的自然環境就行」[26]。然而，既然是「休閒式」狩獵或釣魚，就代表它們並非人類生存所必需，而是為了「享樂」而為之，無論是美食、運動或消遣。這難道不是「蓄意且毫無理由的」施加痛苦嗎？

顧名思義，對動物的「人道主義」責任，完全是根據人類的利益來考量。相反的，沃爾夫將「動物主義」（animalisme）定義為「任何與動物本身有關的學說，無論是人類或非人類，都是我們道德所偏重關注或甚至是唯一關注的對象，不管其形式是同情、功利主義哲學或是權利理論。」[27]在此，我們所捍衛的道德體系並未主張要把動物當成道德的「偏重」對象，而是認為有必要將動物也視為有感知的生命。

馬丁．吉伯爾區分出兩種不同形式的人道主義：「一種是『包容性』的人道主義，以一整套的價值、規範和美德為基礎，這個道德圈會不斷往外擴大。『包容性』的人道主義捍衛平等、自由和團結，關心最弱勢的群體；它是包容性的，不會對所捍衛的價值預先設下限制。這是伏爾泰、盧梭、邊沁、彌爾、馬丁．路德．金恩、甘地的人道主義。

「另一種是『排他性』的人道主義，它所考慮的道德只限於人類。正義、平等、慈悲都只適用於持有貴賓卡的人類會員，因此排他性的人道主義在本質上與物種歧視無異，也與人類至上主義沒有差別。」[28]

享受權利就必須回報？

許多思想家，尤其是有人本主義傾向的思想家，不承認動物有任何權利，理由是牠們不具有「互惠」的能力。弗朗西斯．沃爾夫就是抱持這樣的觀點：

將一個男人或女人當成奴隸，不把他們當人看，而是視為滿足自身需求的手段，而且拒絕互惠或正義原則，違反自由、平等及人類尊嚴等原則——所有這些都不能假文化多樣性之名而行之，甚至不能以更冠冕堂皇的「道德相對性」來當藉口，單純就是野蠻而已。從定義來看，這些普遍性原則不適用於動物，因為這些原則的前提是將他者視為同等的個體，以互惠為前提；而沒有互惠就沒有公平。[29]

這樣的觀點提出了一個關鍵問題，亦即我們是否應該拒絕去尊重最弱勢者的權利。我們是否可以責備嬰兒、幼兒或精神病患不尊重心智健全者的權利？父母應該因為孩子晚上哭鬧、不尊重他們的睡眠權利而去懲罰孩子？一個思覺失調患者因幻覺而衝去毆打照護人員，難道不是送他去治療，而是把他當成暴力反擊的對象？難道我們會說上述這些人不尊重我們的權利？針對某些心智發育不成熟或擁有嚴重疾病的對象，任何權利的互惠概念實際上都無法適用。溫柔、關懷和同理心，才是我們應該對待這些人的方式，而不是要求不切實際的互惠關係。在《為動物權利辯護》（*The Case for Animal Rights*）一書中，湯姆．雷根總結：「這些動物的確沒有義務去尊重我們的權利，但這並不會抹煞或減少我們尊重動物權利的責任。」[30]

另外必須強調，弗朗西斯．沃爾夫所謂的「普遍性」原則似乎也有矛盾，因為他還補充說明，這些原則並不適用於動物。當世上至少有七百七十萬種動物時，權利的概念能否只局限於人類這個物種？就算我們的確特別聰明且具備許多才能，多一分謙虛似乎更為妥當。

對動物的責任，只是對人類的「間接責任」？

有些思想家認為，我們對動物負有責任，並不是因為我們必須關心牠們的處境，而是因為一旦習慣對動物殘忍，我們可能會失去敏感性，進而殘忍對待自己的同類。這種所謂「間接責任」（devoirs indirects）的觀點，最出名的擁護者是德國哲學家康德：

> 有人因為狗不再有用，所以殺了自己的狗。……實際上這沒有違背他對狗的責任，因為狗沒有

> 判斷的能力；但他的行為卻牴觸了內在的人性和仁慈，基於人道責任，他應該要注意到這一點。如果他不想扼殺內在的這些特質，就必須對動物展現善意，因為習慣殘忍對待動物的人，對待人類也會變得冷酷無情；但如果善待動物，這種仁慈也將體現在待人的態度上。[31]

十九世紀法國哲學家保羅．賈內（Paul Janet）質疑這種人類中心主義觀點的正當性：「有人說我們不能對動物殘忍，才不會對人類也變得殘忍。但如果一個人確定不會對人類殘忍，難道就可對動物殘忍了嗎？……我們寧可簡單的說，善待動物，就是我們對動物的責任。」[32]因此，我們務必停止以人類為中心來思考問題，並賦予動物「直接權利」，因為這些權利原本就是牠們固有的。

美國哲學家喬爾．芬伯格（Joel Feinberg）也認為我們對動物有「直接責任」，因為牠們也有自己的利益（與認知能力有關），而且有能力區分什麼對自己有利、什麼對自己有害[33]。他認為，如果主張人類有**責任**，那就不僅要以人道方式對待動物，同時還必須直接捍衛動物的利益（而不是因為對人類有好處，才間接去做）；如果我們認為這種待遇是動物應得的，且第三方可用牠們的名義加以伸張，那麼一旦被剝奪，就會構成不公義以及要負法律責任的傷害（而不只是虐待）。如果真能如此，我們才可以說動物擁有**權利**。

正如湯姆．雷根所表達的觀點[34]，我們可以對康德的立場提出三點批評。首先，康德聲稱「動物沒有自我意識」時，就已經搞錯了。大量的論述和研究一致認為，許多種動物都具有自我意識。

在第六章就已經說明，意識對於生存十分有利，因此我們認為許多物種一定也有意識，就像人類的祖先一樣。

其次，如果說動物通常「沒有判斷的能力」，就必須先對這種說法的含意達成共識。狗當然有判斷能力，牠能清楚知道某個情況是否會帶給牠痛苦，也能判斷哪個物體才是牠喜愛的骨頭。但是，如果這裡說的「判斷」是指形成道德判斷的能力[35]，某些動物物種的確不具備這種能力，例如軟體動物和昆蟲。然而，現在有證據顯示，有些動物確實擁有這種判斷能力（特別是公平的觀念），尤其是大猿和狗。此外，英國哲學家瑪麗・米吉里也指出[36]，就算動物不具有如康德所認為的「判斷」能力，也只是突顯了我們對動物有更大的責任而已。的確，我們有道德上的義務，去保護並照顧那些過於無知、脆弱、茫然、無能力，或者優柔寡斷而無法正確判斷自己是否受到傷害的生命。無論動物是我們行為下的獲益者或受害者，我們都必須對自己的行為負責。康德無法否定動物的所有權利，除非也一併剝奪了所有人類道德受體的權利，但顯然後者確實擁有權利。

最後一點，雷根指出，康德主張動物存在「只是為了滿足某個目的之手段」，而當這個目的就是人類的利益時，顯然立場令人難以信服：

說動物唯一的價值就是為人類服務，這個觀點的可信度已經越來越站不住腳了，因為我們已經開始認知到：動物就像人類一樣，也擁有自己的生活，而生活可能變得更好、也可能變得更糟，但都跟牠們對人類的用處無關。

動物的價值不能被貶低到牠們對人類是否有用的地步。早在十九世紀，美國動物學家兼哲學家約翰．霍華德．摩爾（John Howard Moore）就已經提出這樣的觀點，他明確表示：

每個生命都帶著目的而來。換句話說，在決定行為的目的時，必須考慮到每一個生命。這是世上不斷在進化的道德過程中，唯一合乎邏輯的結果。這個世界不是為了供某個特定集團獨占或享用的，也不是用來專門取悅他們。如果真要說地球屬於誰，那肯定是屬於生活在地球上的**所有**生命，屬於所有的地球居民。當某個生物或某群生物自稱是宇宙所以存在的唯一目的，並為了達到此一目的而覬覦其他生命且真的採取行動時，這就是名副其實的篡奪，別無其他可能，無論誰是篡奪者、誰是受害者。[37]

把動物工具化，是把整個世界工具化的一部分。法國哲學家帕特里斯．魯杰表示：「於是動物獲得了一個新身分，牠們是資源，是可用材料的倉庫，完全的、專門的保留給對牠們予取予取的人類。世上所有一切，都逃不過功利主義的覬覦。」[38]

就魯杰看來，這種工具化造成「人類與世界的關係退化並幻滅，整個世界僅僅被視為一種可量化的、有利可圖的資源，而且僅供人類使用……。這種關係從假設上，就徹底否定了整個非人類世界的存在。而這個非人類的世界，早在它們因為實用性而引起人類關注之前早就已經存在了」[39]。

自二〇〇七年開始，瑞士律師安端．格切爾（Antoine Goetschel）就受蘇黎世州政府委託，專門在涉及虐待動物的案件中為伸張動物權利辯護。現在，他每年經手兩百多起案件，並確保有關動物保護法令的落實。一九七三年，瑞士修改憲法，動物保護從此成為國家的責任。集約化養雞場逐漸被淘汰，取而代之的是放養制度，允許家禽自由走動、刨地、打滾、飛上高處停棲，以及在受到保護、放有適當材質的巢箱中下蛋。

動物，是人類政治共同體的「公民」

許多積極為動物請命的作家基本上的訴求是：「動物對我們唯一的要求，就是不要去打擾牠們。」[40]但實際上，光是「不去打擾」，把牠們當作生活在一個與我們無關的世界，就非常難以想像。生物圈本來就是相互依存的關係，再說人類的生活與動物的生活根本分不開。因為我們都是這個世界的活躍分子，而且透過各自的活動持續在改變這個世界。大部分時候，動物是我們的獵物，但我們偶爾也會是動物（老虎、蚊子）的獵物。有時牠們會陪在我們身邊（狗和貓），有時牠們幫助我們（導盲犬），有時則會入侵我們的生活（蝗蟲、白蟻）。即使是長期互相忽視（深海生物及無人造訪的原始森林），但隨著人類世的到來，以及人類今天對環境造成的衝擊，都使得所有的生命形式難以自外於人類活動的影響。因此，如今我們必須從世界公民的角度，以一種更一致且公平的方式重新思考我們與動物的關係。

蘇・唐納森（Sue Donaldson）和威爾・金里卡（Will Kymlicka）便十分出色的做到了這一點，二〇一一年，兩人出版的《動物城市：動物權利的政治理論》（*Zoopolis: A Polical Theory of Animal Rights*）[41]，是一本有關動物生存權和自由權的開創性作品，獲得加拿大哲學協會的雙年獎。威爾・金里卡是以政治哲學研究聞名的加拿大學者，最為人所知的著作是《正義理論：導論》（*Théories de la justice: une introduction*）[42]，並曾針對民族、種族及文化上的少數群體發表大量文章；他的伴侶蘇・唐納森則是一名獨立研究員。兩人根據動物的生活方式，設想出三種主要的動物權利。

針對野生動物，他們提議將之視為擁有主權及領土的政治共同體。主權的準則及目的，在於保護人民免受強勢人民的家長式干涉或利益干涉。以野生動物而言，《公民與政治權利國際公約》（聯合國，一九六六年）可以做為反思的基礎。《公約》第一條規定「所有民族均享有自決權」；第二條明確規定「所有民族得自由處置其天然財富及資源」，而且「無論在何種情形下，民族之生計均不容剝奪」。

野生動物確實有能力養活自己、四處走動、避開危險、掌控自己所承擔的風險、玩樂、選擇性伴侶，以及撫養家庭。在大多數情況下，牠們不會主動與人類接觸。因此，理想的情況是保持其生活方式，保護其領土，尊重其自治的願望，並避免直接危害（狩獵、破壞生物群落）或間接危害（汙染及人類活動所造成的環境全面惡化）。根據這兩位作者的觀點，沒有必要干預野生動物之間的捕食，例如從獅子口中救下瞪羚。

至於和我們一起生活、仰賴我們的馴養動物，唐納森和金里卡提議將牠們納為人類政治共同體的公民。「為什麼要將共同體、社會性、友誼和愛等概念，局限在單一物種？」[43]他們認為，在許多情況下，馴養動物可以藉由走近我們或逃跑來表達自己的好惡。此外，公民權並不限於投票權，也包括在擁有適當生活條件的領土上生存的權利，以及在政治機構中獲得代表的權利。就像兒童和精障者有權由別人出面，做出攸關自身利益的決定，馴養動物也可以由值得信任的人類當代表，而這些代表會視動物為具有偏好的個體。

唐納森和金里卡的主張與全面廢除馴養動物不同，因為停止對馴養動物的剝削，並不等於終止數百年的人畜共同生活模式。最早的馴養動物通常是野生物種，牠們親近人類，並學會了各種與人類的溝通方式。廢奴制的結果是幫奴隸回歸社會，而不是導致他們滅絕。唯一令人喜聞樂見的「滅絕」，是畜產技術所造就的怪物——這裡只舉兩個例子：身體嚴重變形而無法自然交配的火雞（特別發達的雞胸，因為人類喜歡吃這個部位）；以及體型龐大的母豬，一次能產下二十八隻仔豬，卻無法親自餵養。

動物生活在符合其偏好和需求的環境中，按照自由意志從事各種活動，而人類則可以發揮智慧從這些活動中獲益。例如，收集馬糞或其他動物的糞便作為肥料，或是把大公園的除草工作交給綿羊代勞。山羊可以清除森林內的灌木叢，以降低火災風險。狗的靈敏嗅覺可以拯救生命，在許多情況下發揮天賦能力。另外，可以用食物和照料作為交換，安排動物進行各種形式的勞動，但要考慮到每隻動物的個性，同時確保牠們是出於自願，且勞動程度不至於妨礙牠們從事其他重要的活動以及建立其他關係。

至於第三類所包括的動物，既不屬於馴養動物、也不是野生動物，而是生活在人類居住或耕種土地上過著自主生活的動物，包括鴿子、麻雀、海鷗、烏鴉、老鼠、蝙蝠、松鼠及浣熊等；牠們的生計與人類活動息息相關。唐納森和金里卡建議將牠們視為「永久住民」：牠們不是入侵者，而是有權在那裡生活。人類必須重視牠們的基本權利，但無須承擔積極的責任，例如保護牠們抵禦掠食者或是提供醫療照顧。

歸根究柢，唐納森和金里卡認為，應該依據動物的生活方式，而承認牠們擁有各種不可侵犯的權利：

> 將動物視為人或「自我」、擁有不可侵犯的權力，這意味著什麼？用最簡單的話來說，這意味著我們承認動物不是為了滿足人類目的之手段。牠們來到這世上不是為了服務、餵養或安慰我們；相反的，牠們擁有自己的主觀存在，因此擁有平等和不可侵犯的生存權和自由權，這些權

利禁止牠們受到傷害、殺害、監禁，或是遭到占有和奴役。尊重這些權利，就等於排除了動物相關產業現行的所有做法，在這些產業中，人類占有和剝削動物，以滿足人類的利益、娛樂、教育、便利或舒適等需求。[44]

人類無情的將動物排拒於法律之外

誠如傑出的法學家尚・卡波尼爾（Jean Carbonnier）所說，有很長一段時間，「人類司法文明的主要特徵之一……就是無情的將動物排拒於法律之外！」[45]此後，情況已在慢慢改善，不過還是有許多工作有待完成。

二〇一四年四月十四日，法國國民議會法律委員會根據多數法國人的意見，承認動物是「有感知的生命」（根據的是研究機構IFOP在二〇一三年所做的一份民調，有八九％的高支持度）。在此之前，根據規範整個社會並構成法國法律基礎的《民法》[46]，為某人所有的動物，「從性質上」被視為動產，而「從用途上」則為不動產，也就是服務人類及供人類利用的財產。如今，《民法》已跟《刑法》和《農村法》的立場一致，明確或間接承認動物是具有感受能力的生物。

此外，法國的《刑法》和《農村法》中，也有保護動物的相關規定。其中有兩條是關於對動物生命或其身體的完整性造成有意和無意的傷害，第三個法條是制裁虐待動物，第四個法條則是懲罰嚴重虐待動物和對動物的殘忍行為[47]。

《農村法》則明確承認動物是有感知的生命。一九七六年七月十日頒布的L214條規定：「凡是有感知的動物，須由其所有者安置在符合該物種生理需求的環境下。」至於自由自在的野生動物，則不屬於任何人。法律稱之為 res nullius，意思是「無主之物」。

以上三部法典至今仍存在著矛盾，對制定出立場一致的政策造成了阻礙；而現行條文（特別是第L214條）也離能真正落實還有一大段距離。

就整個歐洲來看，《羅馬條約》（一九五七年）將動物視為「商品和農產品」；《歐洲聯盟運作方式條約》（一九九二年）指出：「聯盟和其成員國完全承認動物是有感知的生命，並顧及其對福利的需求」；二〇一〇年關於動物用於科學研究的指令則指出：「動物福利是歐盟的價值觀之一」，並強調「動物具有必須尊重的固有價值，因此必須始終視之為有感知的生命來加以對待」。這一條規定的落實是以痛苦為前提，因為歐洲指令承認，動物的痛苦已獲得科學證明。

二〇〇二年，德國成為第一個將動物權利載入憲法的歐盟國家，之後幾個國家也紛紛跟進，將保護動物載入根本法之中，視為國家責任。德國國會以三分之二的多數，通過在要求政府「尊重且保護人類尊嚴」的憲法條文中，再加上「與動物」等字眼。奧地利、瑞士、盧森堡、印度及巴西等國的憲法，也明令要一視同仁的保護所有動物。二〇〇六年，英國通過了動物福利法案，賦予所有人類飼養的動物法律地位，並規定「善待」的義務。芬蘭的法律則更進一步，承認動物具有智力。

自二〇〇三年以來，瑞士在《民法》中明確規定：「動物不是無生命物品。」

在這方面，奧地利的法律是最先進的，其動物法規定：「凡與人類同住的動物，國家保護其生命與福利。」根據這條法律，禁止在沒有正當理由的情況下殺害動物；禁止以生產毛皮為由而飼養動物；即使不以營利為目的，也禁止在馬戲團中飼養或使用動物（家禽家畜除外）。該法律還規定，每一省必須聘請專門伸張動物權利的律師，並授權他們介入任何涉及保護動物的案件。至於在動物實驗方面，則禁止對任何一種大猿進行實驗，除非該實驗的進行對用於實驗的大猿有明確利益[48]。

根據瑞士律師安端．格切爾的說法，一旦動物列入國家憲法，就比較容易協調所有相關法規達到一致性，因為所有法規的有效性都出自憲法。此外，如果國家開始關心動物處境，每當有虐待行為發生時，只需向國家申請補救措施，不用每次都訴諸輿論來抵制虐待動物的情況[49]。除了政府之外，企業也可以制定章程，自發且堅定的承諾善待動物。

儘管在法律上有了這些改善，但許多國家的情況一點也不樂觀。以美國的肉類和乳製品產業為例，便成功獲得了足夠多的民意代表支持，讓動物畜產業得到豁免，不受動物保護相關法令的約束。

法學家尚皮耶．馬蓋諾認為：「賦予動物法律主體的地位，只能建立針對性的法律手段，在特定且必要的情況下，保護某些動物的利益。」他還說，這絕對不是要把人類的權利擴及到動物身上，因為在地位上，「法律主體」不等於「法人」，也因此不足以消弭人與動物之間的法定分野[50]。在評論這一點時，伊莉莎白．德封特內寫道：「動物就和一般的法人一樣，具有法人身分，但不被視為法律主體；我們必須闡明此一司法現實，以免誤導辯論方向。」[51]

我會把自己的快樂，建諸於動物的痛苦之上嗎？

許多法學家和生態學家認為，這樣的憲法修正案（承認動物是有感知的生命）雖然值得嘉許，但也只是象徵性的一步。法國國民議會議員勞倫斯．阿貝爾（Laurence Abeille）提出了幾個再修正案，挑戰那些拒絕承認「動物有感知能力」的做法，例如集約化飼養、鬥牛、鬥雞等。結果卻被議會以「離題」為由否決，無一成案。當被問及法國這條關於動物的修正案可以促成哪些實質改變時，法學家兼動物、倫理和科學法基金會副主席尚馬克．紐曼（Jean-Marc Neumann）回答：「《民法》中除了幾句話，一點用也沒有。……修正案通過後，動物仍受到有形財產制度的支配。……所以這個修正案不會改變人們對待動物的行為，而動物仍然照常出售、出租、遭到剝削……。而像是鬥牛、攆犬狩獵、鬥雞、儀式屠宰或其他形式的捕魚與飼養等最殘酷的做法，則完全沒有受到挑戰。」

那麼，究竟還能做什麼，才能使動物真正受到法律保護，避免一再成為各種殘酷對待的受害者呢？紐曼主張制定一部全面性的動物保護法，以協調現行的不同法典（《刑法》、《農村法》以及《環境法》）。不同法典之間對動物地位的認知差異，確實妨礙此一憲法修正案的系統性實施。例如《民法》將野生動物排除在外，由《環境法》來加以規範，但《環境法》的相關法規又不承認動物具有感知能力。此外，紐曼也表示：「《刑法》並未正式承認動物有感知能力，而只是『隱晦的』提到而已。」結果就是，侵害動物的罪行在接受制裁時，罰則比單純的盜竊罪還輕，甚至不罰。至於被飼養的動物，則由《農村法》管轄。儘管早在一九七六年，該法即承認被飼養的動物是「有感知能力的」，但實際上卻認為牠們所受的痛苦「是有益的，因為對人民的營養是必要的」，紐曼解釋道[52]。

真正的問題似乎還是要回歸到個人層面：「我們是希望繼續剝削和折磨動物，還是為了避免發生這種情況，已經準備好做出某些努力和犧牲？」諾曼問道。立法是正視問題的結果，最後促成了改革的決心，卻很少能進一步促成根本性的改變。在這種情況下，法規要有所進展，必須在集體意識慢慢演變的過程中被充分理解。雖然不可能一紙法令，一夜之間就改變我們的生活方式和飲食習慣，但我們仍舊可以逐步推進，開始建立「防線」，杜絕最殘酷的虐待動物行徑。我們每一個人都是這個社會進化過程中不可分割的一部分，都要肩負起責任，無法置身事外。每個人不妨先問問自己：「我會吃自己的朋友嗎？我應該繼續以牠們的痛苦為樂嗎？我還會想把牠們從水中拉出來，看著牠們窒息而死嗎？」

結語

無界限的同情心

二〇一四年春天，我有機會在第二屆人類精神論壇（Spirit of Humanity Forum）與冰島總統葛林姆松（Ólafur Ragnar Grimsson）見面。他告訴與會者，自二〇〇六年美國基地撤軍以來，島上沒有一名軍人。此外，他還強調，該國每年的槍械致死率是每十萬居民中僅有〇．六人。他向大家表示，冰島是「一個人們相互信任，並且歡迎各位蒞臨的國家」。

事實上，在總統官邸入口沒有設置任何安全崗哨，就像一戶可以自由進出的尋常人家。對於那些主張販售槍枝，並堅信人民武裝程度越高、治安就越好的人來說（例如美國），冰島的確是一個發人深省的啟示[1]。在與葛林姆松總統簡短寒暄時，我還是提到，冰島確實是世界各國的榜樣，但如果冰島人能夠停止每年捕殺數百頭鯨，相信這處和平港灣的形象會更完美。

這的確是一個很弔詭的情況：在前往雷克雅未克

的飛機上，我看了一部紀錄片，提到冰島是賞鯨的最佳地點之一，還帶動了生態旅遊。但與此同時，就在賞鯨區不遠處，冰島最大的商業捕鯨公司 Hvalur 正派人獵捕同一群鯨，進行每年夏天的大規模屠殺[2]。當時葛林姆松總統禮貌性的說了些客套話後，就轉身招呼下一位貴賓了……。

一個星期後，我來到智利，造訪了弗朗西斯科．瓦雷拉學校，校名是為了紀念偉大的智利神經科學家，同時也是我的一位已故友人，我有幸參與過他創辦的心靈與生命研究所（Mind & Life Institute）。在參觀了各班上課後，我在大禮堂與三百名學生進行交流，其中一位問我：「你吃肉嗎？」我回答不吃後，反問這群孩子：

牛是你們的朋友嗎？

是！

魚是你們的朋友嗎？

是！

鳥是你們的朋友嗎？

是！

他們每個人都興致高昂。然後我問他們：

那你們會想吃這些朋友嗎？

「不會！」大家異口同聲的高喊。對於這個標榜「幸福學校」的學生來說，尊重動物生命似乎是理所當然的。然而，他們多數不是素食者，智利和鄰國阿根廷一樣，是全世界肉食比例最高的國家之一。

人類真正的道德考驗，在於人如何對待所支配的動物

從這兩件事可以看出，我們的思想、深層感受和行為存在著太多矛盾。大多數人都喜歡動物，但我們的同情心卻停在了餐盤之外。另一方面，我們正面臨人類自私行為的反撲：就像之前提到的，工業化飼養是造成氣候變遷的主因之一，而經常吃肉也危害了人類的健康。這樣的情況不僅道德上有爭議，而且從任何角度來看也不合理。

這種不合理源自於對其他生命形式缺乏尊重，而缺乏尊重則是無知、傲慢、自私或意識形態所致。就動物而言，因為人類無知所造成的不尊重，尤其表現在不承認牠們有情緒、會疼痛，而這也等於無視所有物種是一個連續體的事實。當有足夠的科學證據擺在眼前，人們還選擇無視的時候，這種態度就成了對真相的否定。

傲慢造成的不尊重，是人類自以為在某些領域有絕對優越性，賦予我們支配動物生死的權利。出於自私的不尊重，則是把動物當成滿足人類欲望或促進人類經濟利益的工具。最後，意識形態所造成的不尊重，則是以宗教教義、哲學理論或文化傳統為藉口，合理化剝削動物的行為。

我們對動物的態度，挑戰且削弱了人類的整個道德觀。道德觀規範了我們如何去對待彼此，這就是為什麼我們必須承認動物的固有價值，必須關心牠們，並正視牠們的合理願望。如果將所有非人類排除在我們的道德體系之外，此一體系就會變得岌岌可危，一如米蘭．昆德拉所明確表達的：

人類真正的道德考驗（這種根本性考驗總是發生在沒人看見之處），在於人如何對待所支配的動物。在這方面，人性潰不成軍，而這場災難是如此具根本性，以至於其他災難都肇因於此。[3]

正如本書前言所指出的，重點不在於將人動物化或使動物人性化，而是尊重這兩者的固有價值，不論那是什麼。如果能將適用在人類身上的黃金準則「己所不欲，勿施於人」擴及到動物身上[4]，相信人類與動物都能受益。事實上，關注動物的處境並不會減少我們對人類命運的關心，恰恰相反，因為不論是關注動物或關心人類，都是從利他主義出發，而且除非特殊情況，這兩者並不存在直接的競爭關係。

所以，我們能夠做得比以前更好。真正的利他主義和慈悲應該是沒有界限的，它們不僅僅是起於以善行為名、「一報還一報」的觀念，也不是因為我們特別重視其他的動物。慈悲的對象，包括了所有的苦難，以及所有遭受苦難的眾生。一個真正慈悲的人，無法對其他的生命施加痛苦，正如叔本華在《論道德的基礎》所強調的：

對所有眾生無分別的慈悲心，是道德行為最穩固也最可靠的保證：有了它，便無須去辯證良心是非。一個有慈悲心的人，不會傷害任何人，不會以暴力對待任何人，也不會侵犯任何人的權利；他必看顧每個人、饒恕每個人，盡其所能的幫助每個人，而他的所有作為必顯現出公義和仁慈的印記。[5]

然而，仍然有相當多的人對動物沒有足夠的慈悲心，仍舊去虐待牠們，因此我們有必要訴諸法律，制定出保護動物的條文。生存權和不受苦的權利，並不是人類所獨有的特權。當有人試圖將剝削動物的行徑合理化時，他們就是在延續「強權即公理」的權利，而這種權利在道德上是有爭議的。英國哲學家羅素（Bertrand Russell）說過：「沒有任何客觀的理由可以認為，人類的利益高於動物的利益。我們摧毀動物比動物摧毀我們要容易得多，這是我們自稱優越的唯一堅實基礎。」[6]

反對動保人士的人，滿懷惡意的把他們描繪成烏托邦的理想主義者、動物崇拜者，認為他們應該要先關心人類數不清的苦難，而不是濫情的憐憫自家的貓狗，甚至說他們就像恐怖分子一樣，是既危險又愚蠢的狂熱者[7]。

馬丁・吉伯爾描述這種刻板印象：「然後呢？我們不打算吃素！我們不是極端分子。……你們有認真看過他們嗎？看看他們吃的素肉、穿的人造皮草，說好聽點，他們是溫柔天真的健康飲食狂；說難聽點，是道德魔人和全民公敵。沒錯，純素主義者是一群黨派分子，我們可不能讓一群嬉皮、文青或布波族告訴我們該吃什麼。他們不喜歡培根？那就去啃苜蓿啊！」[8]

雜食者醜化及嘲諷素食人士，尤其更針對那些出於道德原因而吃素的人（如果是因為醫囑而吃素，就不會受到指責）。有兩位英格蘭社會學家研究英國媒體對素食主義者的報導：五％正面，二〇％中立，七五％負面。這兩位社會學家認為，這種負面報導「可以安撫雜食讀者，讓他們認為自己的道德選擇完全正常，並進而認為自己是正常人，與反常的素食主義者不同」[9]。

美國一項研究也證實了這一點，該研究發現有近半數的雜食者會將素食者與下列負面詞彙聯想在一起：瘋狂、怪異、拘謹、嚴格、頑固、極端、說教、自以為是。這種貶損很大程度是源自於「預料自己會受到道德譴責的威脅」[10]。馬丁・吉伯爾對此表示：「『恐素者』怕的不是素食主義，而是害怕被批判。如果他不滿素食者，那是因為素食者代表了一種提醒：讓他難堪的意識到自己的認知失調。素食者甚至不用開口，就足以迫使雜食者承認吃肉是一種選擇。」[11]

大多數人都不願每天親手宰殺動物，卻對動物受死、受虐、工業化飼養和捕撈造成的生態災難視而不見或縱容，只因為「大家都這麼做」。正如學者雷南・拉盧所說的：「在某種程度上，集體同意的暴力移除了個人的責任，防止我們對此進行過多思考。而素食者的存在，通常會破壞這種無意識和心照不宣的默契。……在此之前，吃肉既不是好事也不是壞事，吃肉與道德無關。面對素食者或純素者，葷食者必須承認自己有其他選擇，而且往後他可以選擇宰殺或赦免動物，可以選擇破壞或保護自然。」[12]

二〇〇一年，巴黎舉辦史上第一場「以素食為榮」（Veggie Pride）大遊行，傳單上寫著：「素食主義質疑了監禁和宰殺數十億動物的合法性。光是素食的存在，就破壞了沉默法則。……擔心雞和牛的處境看似荒謬，但無可辯駁的是，這種荒謬壓制了種種令人不安的想法。」[13]這些示威者要求「在公司、學校及其他團膳餐廳中，擁有適當飲食的權利」。

人們對素食者的謾罵和某些人形容他們的方式，彷彿是來自另一個時代。以下是幾個例子：承認動物權利，就是「道德淪喪」[14]；保護動物不僅是「少數可愛的素食瘋子」所支持的「感情用事的理想」和「動物歇斯底里」，也是「對人類的否定」和「一種法西斯思想」[15]；動物倫理學「不僅卑鄙下流，而且根本是走回頭路」[16]。

倘若有人對於把蛋雞和母豬一直關在無法翻身的狹小籠子中而感到憂心，就安撫他們說：「想想看，牠們至少這輩子飲食無虞。」[17]而且，剝奪牠們的自由，可以保護牠們免受掠食者的侵擾[18]。「動物的痛苦往往是人類自己心裡的投射，人類的一種幻想。的確，養雞場的母雞無法自由行動，但牠們會覺得痛苦嗎？……我們必須停止同情那些雞，這純粹是人類的一廂情願。」[19]總之，「控訴現代集約化飼養場在虐待動物，是誇大其詞的謊言。」

說白了，沒有屠宰場的地球將是「世界末日」，而放棄肉食和所有的動物性產品，則不啻宣告「人類的滅絕」[20]。就像雷南．拉盧所說的，如果人本主義哲學家想要保留屠宰場：「並不是像人們所想的那樣，只是為了可以繼續享用豬肚腸或小牛胸腺，而是為了避免文明的衰亡。」[21]

牠們都在「服緩刑」，但等待的不是釋放，而是早就為牠們安排好的死亡

面對這樣的偏見，該採取何種務實的態度才有可能改變現狀？對此，動物倫理學教授詹姆斯．塞佩爾表示：

在我看來，想要實現全球素食主義，或徹底終結動物和環境的經濟利用，是不切實際的想法。在這層意義上，我們無法重臨樂土，畢竟它從未真正存在過。然而很明顯的，我們不能再繼續把世界及它的組成分子視為一個巨大的超級市場。不管是出自經濟、政治或宗教，支持對這個世界予取予求的意識形態都是危險的，因為它不僅會造成無法挽回的傷害，同時還因為拒絕、壓制、破壞感情及道德，而威脅到我們的生存。所幸，由於以往人類的無所節制，建立在慈悲和利他主義原則的道德論述，以及基於人類長遠利益的經濟目標，終於開始取得一致的共識，

我們只希望在這個同盟中，會走出一條合理且負責任的折衷之路。22

社會態度的大轉變是如何發生的，即使這些轉變乍看之下似乎不可能或不切實際？以往被認為天經地義的事，又是如何變得令人無法接受？它的運作方式是這樣的：一開始，有些人意識到某種情況在道德上站不住腳，他們得出的結論是，要改變現狀就必須犧牲一向奉行不疑的道德價值觀。這些開路先鋒最初遭到孤立和無視，但他們會堅持到底，並集中力量成為顛覆傳統觀念的活躍分子，從而引發一場思想改革。此時的他們還是不時會遭到嘲笑或詆毀，但漸漸的，當初質疑他們的人之中，有部分的人開始意識到這些人才是正確的，並認同他們所捍衛的理想。當這些捍衛者的人數達到臨界點時，公眾輿論就會倒向他們那一方。聖雄甘地把這樣的過程總結為：「首先，他們忽視你，然後嘲笑你，接著對抗你，再然後你就贏了。」我們不妨回想一下，許多觀念的突破都不脫同樣的過程，包括奴隸制的廢除、對人權的維護，以及支持婦女投票權等等。

有幾個因素可以促成這種轉變，並有助於文化的進展。首先是思想的力量（satyagraha，是甘地在非暴力抵抗時所喊出來的一個口號，意思是「真理的力量」或「對真理的堅持」）。其次是模仿的本能。大多數人都傾向於服從主流的態度、習俗、信仰和價值觀，而社會也鼓勵大家遵守道德規範，並譴責違反道德的行為。第三是尷尬和羞恥，也就是當我們堅持捍衛一種遭到社會多數人所反對的道德立場時，所體會到的感受。文化會不斷演進，在世代更迭中，個人與文化始終相互影響。

在新環境中成長的個人，只要養成新的行為模式，就可能改變自己的存在方式。接著，他們會推動社會的進一步發展，如此代代相傳下去。

英格蘭廢除奴隸制度，就是這種轉變的鮮活例子。對此，史學家和作家亞當·霍克希爾德（Adam Hochschild）表示：「如果你在那一年（一七八七年）的年初，站在街頭說奴隸制度在道德上是錯誤的，應該立法制止，十個人中有九個人會一笑置之，把你當成瘋子。第十個人可能原則上同意你，但他會向你保證要廢除奴隸制度太不切實際了。……在這個國家，從農民到主教，絕大多數人都認為奴隸制度完全正常。」[23]重大的經濟利益也會因為廢奴而受到威脅，但僅占少數的廢奴主義者，卻在短短幾年之內，就成功獲得了公眾輿論的認同，而一開始輿論對廢除奴隸制度漠不關心，而且還常常充滿敵意。

法國史學家奧利維·格努約（Olivier Grenouilleau）有多本探討奴隸制度的著作[24]，他提出四個主要條件來定義奴隸制度：一、奴隸是「其他人」；二、奴隸是他人所擁有；三、奴隸對主人總是「有用的」；四、奴隸是一個服緩刑的人。只要用「大規模飼養動物」來取代「人」這個字眼，就不難理解兩者的相似之處，而且也不至於「冒犯人類」。遭到剝削的動物貢獻出牠們的勞力、肉、皮革、骨頭和身體其他部位，牠們確實是「其他」物種；也歸某個主人所有（今天的主人是一個擁有多個不具名身分的工業體系）；牠們必須始終「有用」，否則就會「被除役」（遭到屠宰的委婉說法）；而且牠們的確都在「服緩刑」，但等待牠們的不是釋放，而是早就為牠們安排好的死亡。

根據科學哲學家托馬斯．勒佩提耶的說法，廢奴主義者的第一項任務，是讓英國人明白，在他們所吃的糖、所抽的菸草及所喝的咖啡背後所隱藏的真相。然而，要讓一般大眾積極反對奴隸制度之前，就得先讓他們意識到，這個制度止在毀掉他們所營造出來的自我形象。所以只有當公眾意識到，自己也間接參與了這個他們引以為恥的制度時，英國人才真正群起反對奴隸制度。

今天，至少在西方社會，不僅是奴隸制度，包括種族歧視、性別歧視及恐同等情形，雖然在現實社會中仍屢見不鮮，但理論上都會受到多數人的譴責。但願在不久的將來，我們對待動物的態度也能如此。勒佩提耶在《素食革命》（*La Révolution végétarienne*）一書中寫道：「把豬看成是一堆肉醬而不是一個生命，這種念頭的可憎之處還沒有滲透到每個人的良知之中，更別說要影響大多數人的飲食習慣。許多人仍然很難把遠與近的東西連結起來，比如把餐桌上的美食和動物的痛苦建立起關聯，即使原則上，幾乎沒有人能接受為了口腹之欲而去折磨動物。因此，在廢除屠宰場之前，我們還有很長的路要走。」

是時候，將「鄰居」概念擴展到其他生命形式了

我們都認同道德、正義及仁慈。因此，我們每個人都可以走在一條更具道德包容性的路上，並告別以往為了調和道德原則和行為所造成的認知失調。正如哲學家馬丁．吉伯爾所說：

我喜歡肉。……我也喜歡皮革和毛皮的觸感。但是，我不再將動物產品放在盤子裡或披掛在肩膀上。我不再默許動物受苦。我是素食主義者。我不是特別喜歡動物。……我和動物的關係，就跟一般人一樣，不同的是，我也很重視種種道德論證和理由。如今，我覺得這些與動物和環境有關的道德議題已經太嚴重了，因而無法再對素食主義不當回事或嗤之以鼻。……素食主義並不是一種飲食習慣……而是一場反對為了肉、奶水或毛皮而剝削動物的抵抗運動。……根本訴求很簡單。如果我們能夠在避免給動物造成不必要痛苦的情況下生存下去，那麼我們就應該這樣做。[25]

根據澳洲的一項研究顯示，人們無視於種種論辯而繼續吃肉的原因，包括：滿足口腹之欲（七八％，我就是喜歡吃肉，如此而已）、不願改變習慣（五八％）、人類天生就該吃肉（四四％）、家人都會吃肉（四三％），以及缺乏對素食的認識（四二％）[26]。

除了只能靠打獵或捕魚才能生存的族群，我似乎找不到一個站得住腳的理由（根據的是道德、正義、同情及必要性，而不是貪婪、習慣、教條、意識形態、隨波逐流、獲利或缺乏認識），可以為了吃喝、穿戴或娛樂，而理直氣壯的以其他生命的受苦和死亡做為代價。

顯然的，食用和使用那些建立在動物痛苦上的產品，與我們這個社會所捍衛的價值觀背道而馳，特別是我們一直都在誇耀，在人權、女權，以及兒童、弱勢族群和被壓迫者的權利上所取得的進展。勒佩提耶在《素食革命》一書中寫道：「當我們征服、剝削、監禁和屠殺我們的鄰居時，無論對方是不同膚色、以四肢行走、渾身是毛、必須在水中生活，或具有我們所沒有的其他特徵，我們怎麼可能認為自己體現了平等、博愛及自由呢？」

因此，現在是將「鄰居」概念擴展到其他生命形式的時候了。只要我們充分理解並感受到，我們全都是「世界的公民」，而不再將動物視為次等生物，就不會再容許自己像以前那樣來對待牠們。在二十世紀初，左拉就已經寫下：「難道不能先同意我們虧欠動物一份關愛嗎？……簡單來說，就是以痛苦的名義去消滅痛苦，這種可恨的痛苦讓大自然得以生存下去，但人類應竭盡所能的消除這種痛苦，不斷去努力，因為唯有堅持下去才是明智的。」[27]

但是，當然也有好消息。過去的三十年來，保護動物的動員規模持續擴大。這樣的成績不是來自少數幾位激進的「動保人士」，而是應該歸功於眾多對動物有慈悲心和同理心的有識之士。想要假裝不知道小牛受到的折磨和盤中牛排的關係，勢必越來越困難。公眾輿論對保護動物的認同，已經在持續攀升。

全世界的素食人口正在穩步成長（今天有五億人），尤其是年輕人。現在法國的素食人口（介於一百萬到兩百萬之間）和獵人數（約一百二十萬）一樣多，而就全球來看，獵人數量每年都在減少。一九七〇至二〇一四年間，法國人口中的獵人比例從四．五％減少到一．五％[28]，減少的趨勢在年輕人中尤為明顯。美國也是如此，一九七七至二〇〇六年，擁有一名獵人的家戶比例從三二％

減少到一九%[29]。

二〇一四年四月，法國《民法》通過了一條修正案，承認動物是「有感知的生命」，並擴展到了整個法國的法律體系。就歷史合理的發展來看，大規模屠殺動物將會更進一步的被唾棄。但願有一天，人類會頒布禁止屠殺動物的國際公約，讓英國科幻小說家威爾斯（H. G. Wells）的願景成為現實：

在烏托邦圓形星球上沒有肉食。從前曾經有過，但今天已經沒有人能夠容忍設置屠宰場的想法。……我還記得當我小時候，在看到最後一間屠宰場關閉時，有多麼雀躍。[30]

現在有越來越多的人不再滿足於人類對待同類的保守倫理，並認為對一切有情眾生仁慈，不是可有可無的選項，而是倫理道德很重要的組成部分。對一切生命持續落實公平、正義及慈悲，是我們所有人責無旁貸的[31]。仁慈不是義務，而是人性最崇高的表現。

寫於不丹，帕羅，特丘赤林寺

二〇一四年五月二十一日

致謝

首先要對我的心靈導師們致上無限的感激，他們為我生命的每一刻賦予了方向、意義和喜悅；感謝啟發我發願成為素食者的甘珠爾仁波切（Kyabjé Kangyur Rinpotché），以及他的兩個兒子貝瑪旺嘉仁波切和吉美欽哲仁波切；還要感謝其他讓我敞開心胸、理解利他之愛和同情心的心靈導師，包括頂果欽哲仁波切（Kyabje Dilgo Khyentse Rinpotché），以及第十四世達賴喇嘛尊者。

非常感謝致力於人道、動物和生態關懷的Shining Hope基金會，感謝它願意出資贊助巡迴診所計畫，並在人道組織慈悲—雪謙會的協助下，每年在印度比哈爾邦（Bihar）照顧四萬名病患。這份支持讓我能在這段時間專心書寫本書，不必額外挪出時間尋找完成這項計畫所需的財務資源。

由衷感謝 Carisse Busquet 和 Christian Bruyat 校讀本書原稿時的耐心和專業。同樣要感謝 Raphaële Demandre、Martine Fournier、Caroline Lesire 和 Ilios Kotsou，他們非常仔細閱讀了許多章節，並提供寶貴的意見。本書若還有錯誤和缺點，只能怪我個人的能力有限。

非常感激巴黎政治學院教授、也是專門研究群眾暴力的專家雅克・塞米林（Jacques Semelin）。感謝他兩度閱讀〈拒絕面對真相〉這一章，還抽時間和我進行了一次熱烈的長談；感謝巴黎植物園附設動物園的獸醫主任諾林・齊（Norin Chai）閱讀書中專門討論動物園的部分，以及他慷慨貢獻的資訊；感謝傑哈・布斯凱（Gérard Busquet）提供關於印度、印度教和伊斯蘭教的寶貴建議和資訊；謝謝巴黎高等師範學院教授弗朗西斯・沃爾夫願意撥冗跟我見面，本著開放、真誠的態度與我交談，儘管我們對人與動物的關係有截然不同的看法，尤其是在鬥牛議題上。

感謝珍・古德的啟發和我們之間的默契，並感謝與我書信往返且理念一致的尚巴蒂斯特・尚熱納・維爾梅。

最後，我要特別感謝我的編輯群們，包括一路相伴的編輯友人 Nicole Lattès 和 Guillaume Allary。他們仔細閱讀了不同版本的手稿，並在寫作過程中向我親切指引。另外也要感謝 Allary Éditions 出版團隊致力於完成和行銷本書。但願《為動物請命》這本拙作，能為減少眾生的苦難貢獻一份心力！

關於慈悲—雪謙會：慈悲的實踐

本書的版權收入完全用於慈悲—雪謙會（Karuna-Shechen）在西藏、尼泊爾、印度所推動的人道計畫。身為非營利組織，該協會已經在印度、尼泊爾和西藏，完成超過一百三十項人道計畫，堅持任何人都不該因為缺乏資源，而被剝奪接受基本教育和醫療服務的權利。

慈悲—雪謙會成立於二〇〇〇年，根據各地社區的需求和願望擬定計畫，在尊重地方獨特文化傳統的前提下提供服務，並特別關注教育和提高婦女地位。

今天，慈悲—雪謙會每年在二十二間診所治療超過十萬名患者，並為二十一所學校的兩萬名學童提供教育。慈悲—雪謙會也為長者建造房舍、搭建橋梁、為數個村落裝設太陽能電力和雨水回收系統。另外，慈悲—雪謙會還幫助復興十多項西藏傳統技藝，為靜修人士重建避靜中心、重新翻製四百多卷古代文獻，並典藏一萬五千多幅關於喜馬拉雅藝術的照片。

願意支持我們的人，可前往慈悲—雪謙寺協會網站 www.karuna-shechen.org，或連絡 europe@karuna-shechen.org。

參考書目

以下所列著作，可幫助讀者進一步了解本書中所談論的主題。所有參考書目的資料，尤其是學術論文，都可以在書末的註解部分找到。讀者亦可前往以下網站，下載完整的參考書目檔案：https://www.matthieuricard.org/books/plaidoyer-pour-les-animaux。

Antoine, S., "Le droit de l'animal : Évolution et perspectives", *Recueil Dalloz-Sirey*, 1996, 15e cahier.

Armengaud, F., *Réflexions sur la condition faite aux animaux*, Kimé, 2011.

Ascione, F. R. & P. Arkow. *Child Abuse, Domestic Violence, and Animal Abuse: Linking the Circles of Compassion for Prevention and Intervention*. Purdue University Press, 1999.

Auffret, S. & S. Quéré, *La peau de l'ours : Le livre noir du trafic d'animaux*, Nouveau Monde éditions, 2012.

Bailly, J.-C., *Le versant animal*, Bayard, 2007.

Baratay, É., "Belles captives : Une histoire des zoos du côté des bêtes", dans Héran, E., *Beauté animale : Catalogue de l'exposition*, Grand Palais, Galeries nationales, 21 mars-16 juillet 2012, RMN, 2012.

——. *L'Église et l'Animal*, Le Cerf, 1996,

——. *Point de vue animal : Une autre version de l'histoire*, Le Seuil, coll. "L'Univers historique", 2012.

Baratay, É. & Hardouin-Fugier, É., *La corrida*, Presses Universitaires de France, 1995.

——. *Zoos. Histoire des jardins zoologiques en occident*, La Découverte, 1998.

——. *Zoos*, La Découverte, 2013.

Barr, S., P. R. Laming, J. T. Dick, & R. W. Elwood, "Nociception or Pain in a Decapod Crustacean?", *Animal Behaviour*, 75, no.3 (2008), p. 745-751.

Beck, A. M. & A. H. Katcher, *Between Pets and People: The Importance of Animal Companionship*, Putnam, 1983.

Bekoff, M. & J. Pierce, *Wild Justice: The Moral Lives of Animals*. University of Chicago Press, 2009.

Bekoff, M., *Les émotions des animaux*, Rivages, 2013.

Bekoff, M. ed., *Ignoring Nature No More: The Case for Compassionate Conservation*. Chicago: University Of Chicago Press, 2013.

Bekoff, M. & J. Goodall, *The Emotional Lives of Animals: A Leading Scientist Explores Animal Joy, Sorrow, and Empathy – and Why They Matter*. Novato, CA: New World Library, 2008.

Bekoff, M., *The Animal Manifesto: Six Reasons for Expanding Our Compassion Footprint*. Novato, CA: New World Library, 2010.

Bekoff, M. & R, Louv, *Rewilding Our Hearts: Building Pathways of Compassion and Coexistence*. Novato, CA: New World Library, 2014.

Bériot, L., *Ces animaux qu'on assassine : Trafics, mafias, massacres*, Le Cherche Midi, 2013.

Boesch, C., "Symbolic Communication in Wild Chimpanzees?", *Human Evolution*, 6, No.1, 1991, p. 81-89.

Boesch, C. & H. Boesch, "Mental Map in Wild Chimpanzees : An Analysis of Hammer Transports for Nut Cracking", *Primates*, 25, no. 2, 1984, p. 160-170.

Bondolfi, A., *L'homme et l'animal : Dimensions éthiques de leur relation*, Saint-Paul Éditions, 1995.

Boysen, S. T. & E. J. Capaldi, *The Development of Numerical Competence: Animal and Human Models*, Psychology Press, 2014.

Breuil, F. J. du, *Plaidoyer pour nos amies les bêtes*, Panharmonie, 1968.

Burgat, F., *L'animal dans les pratiques de consommation*, Presses Universitaires de France, coll. "Que sais-je?", 1998.

——. *Liberté et inquiétude de la vie animale*, Kimé, 2006.

——. *Penser le comportement animal : Contribution à une critique du réductionnisme*, Quae, 2010.

——. *La cause des animaux*. Buchet Chastel, 2015.

——. *Une autre existence : La condition animale*, Albin Michel, 2011.

Busquet, G., *À l'écoute de l'Inde : Des mangroves du Bengale aux oasis du Karakoram*, Transboréal, 2013.

Butler, V., "Inside the Mind of a Killer", 31 août 2003, *The Cyberactivist*. Traduit de l'anglais par David Olivier et publié dans *Les*

Cahiers antispécistes, no. 23, décembre 2003.

Les Cahiers antispécistes, Les, de septembre 1991 à 2014. http://www.cahiers-antispecistes.org/.

Caron, A., *No steak*, Fayard, 2013.

Cavalieri, P., *The Animal Question: Why Nonhuman Animals Deserve Human Rights*, Oxford University Press, 2003.

Chandroo, K. P., I. J. Duncan, & R. D. Moccia, " Can Fish Suffer?: Perspectives on Sentience, Pain, Fear and Stress ", *Applied Animal Behaviour Science*, 86, no. 3, 2004, p. 225-250.

Chapouthier, G., *Les droits de l'animal*, Presses Universitaires de France, 1992.

——. *Les droits de l'animal aujourd'hui*, Arléa-Corlet, 1997.

Chauvet, D., *Contre la mentaphobie*, Éditions l'Âge d'Homme, 2014.

——. *La volonté des animaux*, Droits des Animaux, 2008. Version révisée et annotée par l'auteur, reprise dans *Les Cahiers antispécistes*, no. 30-31, décembre 2008.

Chicago, J. & D. Woodman, *Holocaust Project: From Darkness Into Light*, Viking, 1993.

Civard-Racinais, A., *Dictionnaire horrifié de la souffrance animale*, Fayard, 2010.

Clutton-Brock, J., *Domesticated Animals from Early Times*, Heineman, British Museum of National History, 1981.

Coe, S., *Dead Meat*, Four Walls Eight Windows, 1996.

Coetzee, J. M., *Elizabeth Costello*, Le Seuil, 2006.

Corbey, R., & A. Lanjouw, eds., *The Politics of Species*, 1 edition.. Cambridge University Press. 2013.

Cyrulnik, B., É. de Fontenay, P. Singer, K. L. Matignon, & D. Rosane, *Les animaux aussi ont des droits*, Le Seuil, 2013.

D'Este, L., *La condition animale : Plaidoyer pour un statut de l'animal*, Le Sang de la Terre, 2006.

Darwin, C., *L'expression des émotions chez l'homme et les animaux*, C. Reinwald libraire éditeur, 1877. Rééd. Rivages, 2001.

——. *The Descent of Man and Selection in Relation to Sex*", dans Moore, J., Desmond, A., eds., Penguin, 2004.

——. *L'origine des espèces : Au moyen de la sélection naturelle ou la préservation des races favorisées dans la lutte pour la vie*, Flammarion, 2008.

Daub, J.-L., *Ces bêtes qu'on abat : Journal d'un enquêteur dans les abattoirs français*, L'Harmattan, 2009.

Derrida, J., *L'animal que donc je suis*, Galilée, 2006.

Descartes, R., *Discours de la méthode pour bien conduire sa raison et chercher la vérité dans les sciences*, Compagnie des Libraires, 1724.

Desjardins, R., D. Worth, X. Vergé, D. Maxime, J. Dyer, J. & D. Cerkowniak, "Carbon Footprint of Beef Cattle", *Sustainability*, 4, no. 12, 2012, 3279-3301.

Despret, V. & F. Burgat, *Penser comme un rat*, Quae, 2009.

Devienne, P., *Les animaux souffrent-ils ?*, Le Pommier, 2008.

Diamond, J., *Collapse: How Societies Choose to Fail or Succeed*. Rev. ed. Penguin Books, 2011. 繁體中文版《大崩壞》，時報文化出版。

Donaldson, S., & W. Kymlicka, *Zoopolis: A Political Theory of Animal Rights*, 1st ed.. OUP Oxford, 2011.

Donovan, J. & C. J. Adams, *Beyond Animal Rights: A Feminist Caring Ethic for the Treatment of Animals*, Continuum, 1996.

Douglas, L. R. & K. Alie, "High-Value Natural Resources: Linking Wildlife Conservation to International Conflict, Insecurity, and Development Concerns", *Biological Conservation*, 171, 2014, p. 270-277.

Dresner, S. & S. Siegel, *Jewish Dietary Laws*, United Synagogue Book Service, 1980.

J. Dunayer,, *Speciesism*, Ryce Publishers, 2004.

Earthlings（紀錄片，《地球上的生靈》），導演 Shaun Monson。Burbank, CA: Nation Earth, 2006. http://www.nationearth.com/

Eisemann, C. H., W. K. Jorgensen, D. J. Merritt, M. J. Rice, B. W. Cribb, P. D. Webb, & M. P. Zalucki, "Do Insects Feel Pain? -- A Biological View". *Cellular and Molecular Life Sciences* 40, no. 2, 1984, 164–167

Eisnitz, G. A., *Slaughterhouse: The Shocking Story of Greed, Neglect, and Inhumane Treatment inside the US Meat Industry*, Prometheus, 2006.

Elwood, R. W., "Pain and Suffering in Invertebrates?", *ILAR Journal* 52, no. 2, 2011, p. 175-184.

Ensminger, M. E., *Animal Science*, Prentice Hall, 1990.

FAO, *L'ombre portée de l'élevage : Impacts environnementaux et options pour atténuation*, Rome, 2006.

Farrachi, A., *Les poules préfèrent les cages : Bien-être industriel et dictature technologique*, Yves Michel Éditions, 2012.

Feinberg, J., "The Rights of Animals and Unborn Generations" [1971], trad. H.-S. Afeissa dans *Philosophie*, 97, 2008.

Ferry, L., *Le nouvel ordre écologique : L'arbre, l'animal et l'homme*, Grasset, 1992.

Fiorito, G., "Is There *Pain* in Invertebrates?", *Behavioural Processes* 12, no.4, 1986, p. 383-388.

Foer, J. S., *Eating Animals.* New York: Back Bay Books, 2010. 繁體中文版《吃動物》，台灣商務出版。

Fontenay, É. de, *Le silence des bêtes, la philosophie à l'épreuve de l'animalité*, Fayard, 1998.

——. *Quand un animal te regarde*, Gallimard Jeunesse, coll. "Giboulées", 2006.

——. *Sans offenser le genre humain : Réflexions sur la cause animale*, Albin Michel, 2008.

Francione, G. & A. Charlton, *Eat Like You Care: An Examination of the Morality of Eating Animals*, Exempla Press, 2013.

Frisch, K. von, *Vie et mœurs des abeilles*, Albin Michel, 2011.

Fry, D. P., *Beyond War: The Human Potential for Peace*, New York: Oxford University Press, 2007.

Gay, P. & A.-F. Dautheville , *Des zoos pour quoi faire? : Pour une nouvelle philosophie de la conservation*, Delachaux et Niestlé, 2005.

Géraud, A., *Déclaration des droits de l'animal*, Bibliothèque André Géraud, 1939.

Gibert, M. *Voir son steak comme un animal mort.* Lux Éditions, 2015.

Giraud, M. *Comment se promener dans les bois sans se faire tirer dessus.* Paris: Allary Éditions, 2015.

Goffi, J.-Y., *Le philosophe et ses animaux : Du statut éthique de l'animal*, Jacqueline Chambon, 1998.

Goodall, J., "Tool-Using and Aimed Throwing in a Community of Free-Living Chimpanzees", *Nature*, 201, 1964, p. 1264.

——. *Les chimpanzés et moi*, Stock, 1971.

——. *The Chimpanzees of Gombe: Patterns of Behavior*, Harvard University Press, 1986.

——. *Through A Window: Thirty Years with the Chimpanzees of Gombe*, Phoenix, 2011. 繁體中文版《大地的窗口》，格林文化出版。

——. *Ma vie avec les chimpanzés*, L'École des Loisirs, 2012.

Goodall, J., & M. Bekoff, *The Ten Trusts: What We Must Do to Care for The Animals We Love*. New York: HarperOne, 2003.

Greene, J. D., *Moral Tribes: Emotion, Reason and the Gap Between Us and Them*, Atlantic Books, 2013. 繁體中文版《道德部落》，商周出版。

Grenouilleau, O., *Qu'est-ce que l'esclavage? : Une histoire globale*, Gallimard, 2014.

Griffin, D. R., *Animal Minds: Beyond Cognition To Consciousness*, University of Chicago Press, 1992.

——. *The Question of Animal Awareness: Evolutionary Continuity of Mental Experience*, Rockefeller University Press, 1976.

Griffin, D. R., & G. B. Speck, "New evidence of animal consciousness". *Animal Cognition*, 7, no.1, 2004, 5–18.

Guichet, J.-L., *Douleur animale, douleur humaine : Données scientifiques, perspectives anthropologiques, questions éthiques*, Quae, 2010.

Haidt, J., *The Righteous Mind: Why Good People are Divided by Politics and Religion*, Allen Lane, 2012. 繁體中文版《好人總是自以為是》，大塊文化出版。

Hardouin-Fugier, É. & M. Agulhon, *Histoire de la corrida en Europe du xviiie au xxie siècle*, Connaissances et Savoirs, 2005.

Harlow, H. F., *Love in Infant Monkeys*, WH Freeman, 1959.

Harrison, R., *Animal Machines: The New Factory Farming Industry*, Rev. ed. Boston: CABI, 2013. Première édition, 1964.

Hedenus, F., S. Wirsenius, & D. J. A. Johansson, "The Importance of Reduced Meat and Dairy Consumption for Meeting Stringent Climate Change Targets", *Climatic Change*, 2014, p. 1-13.

Heim, A., *Intelligence and Personality*, Pelican, 1971.

Herrnstein, R. J., D. H. Loveland, & C. Cable, "Natural Concepts in Pigeons", *Journal of Experimental Psychology: Animal Behavior Processes*, 2, no. 4, 1976, p. 285.

Herzog, H., *Some we Love, Some we Hate, Some we Eat: Why It's So Hard to Think Straight About Animals*, Harper Perennial, 2011. 繁體中文版《為什麼狗是寵物？豬是食物？》，遠足文化出版。

Ikhwan al-Safa & L.E. Goodman, *The Case of the Animals Versus Man Before the King of the Jinn: A Tenth-Century Ecological Fable of the Pure Brethren of Basra*, Twayne Publishers, 1978.

Ingold, T., *Hunters, Pastoralists, and Ranchers: Reindeer Economies and Their Transformations*, Cambridge University Press, 1980.

Jancovici, J.-M., *L'avenir climatique : Quel temps ferons-nous?* Le Seuil, 2005.
Jeangène Vilmer, J.-B., *Éthique animale*, Presses Universitaires de France, 2008.
——. *L'éthique animale*, Presses Universitaires de France, 2011.
——. *Anthologie d'éthique animale : Apologies des bêtes*, Presses Universitaires de France, 2011.
Jonas, H., *The Phenomenon of Life: Toward a Philosophical*, Northwestern University Press, 2000.
Jouventin, P., D. Chauvet, & E. Utria, *La Raison des plus forts : La conscience déniée aux animaux*, Imho, 2010.
Joy, M., *Why We Love Dogs, Eat Pigs and Wear Cows*, Conari Press, 2010. 繁體中文版《盲目的肉食主義：我們愛狗卻吃豬、穿牛皮？》，新樂園出版。
Kemp, T. A. V. der, J.-C. Nouët, *et al.*, *Homme et animal : De la douleur à la cruauté*, L'Harmattan, 2008.King, B. J., 2013). *How Animals Grieve*, Reprint edition.. University Of Chicago Press.
Kroeber, A. L. & C. Kluckhohn, "Culture : A Critical Review of Concepts and Definitions", dans *Papers of the Peabody Museum of Archaeology & Ethnology*, Harvard University, 1952.
Kundera, M., *L'insoutenable légèreté de l'être*, Gallimard, 1989. 繁體中文版《生命中不能承受之輕》，皇冠出版。
Lambin, É., *Une écologie du bonheur*, Le Pommier, 2009.
Larue, R., *Le végétarisme et ses ennemis*, Presses Universitaires De France, 2015.
Lepeltier, T., *La révolution végétarienne*, Éditions Sciences humaines, 2013.
Lestel, D., *Les origines animales de la culture*, Flammarion, coll. "Champs essais", 2001.
——. *L'animal est l'avenir de l'homme*, Fayard, 2010.
Lévi-Strauss, C., *La pensée sauvage*, Plon, 1962. 繁體中文版《野性的思維》，聯經出版。
——. "La leçon de sagesse des vaches folles", *Études rurales,* http://etudesrurales.revues.org), 2001.
——. *Anthropologie structurale*, Pocket, 2003.
Levine, M. E., J. A. Suarez, S. Brandhorst, P. Balasubramanian, C.-W. Cheng, F. Madia, V. D. Longo, "Low Protein Intake Is Associated with a Major Reduction in IGF-1, Cancer, and Overall Mortality in the 65 and Younger but Not Older Population", *Cell*

Metabolism, 19, No. 3, 2014, p. 407-417.

Linzey, A., *Animal Gospel: Christian Faith as if Animals Mattered*, Hodder and Stoughton, 1998.

——. *The Link between Animal Abuse and Human Violence*, Sussex Academic Press, 2009.

Loisy, A. *Bon appétit !* Paris: Presses de la Cité, 2015.

Luke, B., *Brutal: Manhood and the Exploitation of Animals*, University of Illinois Press, 2007.

——. "Justice, Caring and Animal Liberation", *The Feminist Care Tradition in Animal Ethics*, 2007, p. 125-152.

Mann, J., *Cetacean Societies: Field Studies of Dolphins and Whales*. University of Chicago Press. 2000.

Marana, G. P., *L'espion dans les cours des princes chrétiens* ou *L'espion turc*, Coda, 2009.

Marguénaud, J.-P., *L'animal en droit privé*, Presses Universitaires de France, 1992.

——. "La personnalité juridique des animaux", *Recueil Dalloz*, 20, 1998, p. 205-211.

——. *Animaux et droits européens au-delà de la distinction entre les hommes et les choses*, Éditions A. Pedone, 2009.

——. *L'expérimentation animale : Entre droit et liberté*, Quae, 2011.

Marshall, A. J., *Bower-birds: Their Displays and Breeding Cycles, a Preliminary Statement*, Oxford: Clarendon Press, 1954.

Masri, A.-H. B. A., & M. Chebel, *Les animaux en Islam*. Droits des animaux, 2015.

Matignon, K. L., *À l'écoute du monde sauvage : Pour réinventer notre avenir*, Albin Michel, 2012.

Matsuzawa, T., "Use of Numbers by a Chimpanzee", *Nature*, 315, no. 6014, 1985, p. 57-59.

——. "Field Experiments on Use of Stone Tools by Chimpanzees in the Wild", *Chimpanzee Cultures*, 1994, p. 351-370.

——. "Sociocognitive Development in Chimpanzees: A Synthesis of Laboratory Work and Fieldwork", dans T. Matsuzawa, M. Tomonaga & M. Tanaka, M, eds., *Cognitive Development in Chimpanzees*, Tokyo: Springer 2006, p. 3-33. Voir également Spinney, L., "When Chimps Outsmart Humans", *New Scientist* 190, 2006, p. 48-49.

McGrew, W. C., *The Cultured Chimpanzee: Reflections on Cultural Primatology*, Cambridge University Press, 2004.

de La Mettrie, J. O., *L'homme machine*, Frédéric Henry, 1747.

Midgley, M., *Animals and Why They Matter*, University of Georgia Press, 1984.

——. *Beast and Man: The Roots of Human Nature*, Routledge, 2002.

Monod, T. & S. Estibal, *Terre et ciel : Entretiens avec Sylvain Estibal*, Actes Sud, 1997.

Monod, W., *Après la journée, souvenirs et visions, 1867-1937*, Grasset, 1938.

Monroe, K. R., *The Heart of Altruism: Perceptions of a Common Humanity*, Cambridge University Press, 1996.

Mood, A. & P. Brooke, *Estimating the Number of Fish Caught in Global Fishing Each Year*, July, 2010. http://fishcount.org.uk/published/std/fishcountstudy.pdf

Moore-Lappé, F., *Diet for a Small Planet*, Ballantine, 1971, p. 4-11. Traduction française : *Sans viande et sans regrets*, Éditions L'Étincelle, 1976.

Morris, D., *The Biology of Art: A Study of the Picture-Making Behaviour of the Great Apes and Its Relationship to Human Art*, Methuen & Co, 1962.

Nakos, J., "Théodore Monod et les protestants français défenseurs des animaux", *Les Cahiers antispécistes*, no. 30-31, décembre 2008.

Nicolino, F., *Bidoche : L'industrie de la viande menace le monde*, Les Liens qui Libèrent, 2009.

Nussbaum, M., *Frontiers of Justice: Disability, Nationality, Species Membership*, Harvard University Press, 2006.

Pachirat, T., *Every Twelve Seconds: Industrialized Slaughter and the Politics of Sight*. Yale University Press, 2011.

Pan, A., Q. Sun, A. M. Bernstein, M. B. Schulze, J. E. Manson, M. J. Stampfer, and F. B. Hu, "Red Meat Consumption and Mortality: Results from 2 Prospective Cohort Studies", *Archives of Internal Medicine*, 172, no. 7, 2012, p. 555.

Patterson, C., *Un éternel Treblinka*, Calmann-Lévy, 2008.

Payne, R., *Communication and Behavior of Whales*, Westview Press, 1983.

Pepperberg, I. M., *The Alex Studies: Cognitive and Communicative Abilities of Grey Parrots*. Harvard University Press, 2009.

Pinker, S., *The Better Angels of Our Nature: Why Violence Has Declined*, Viking Adult, 2011. 繁體中文版《人性中的良善天使》，遠流出版。

Plutarque, *Sur l'usage des viandes,* dans *Traités de morale*, traduit du grec par D. Ricard, Lefèvre Éditeur, 1844.

——. avec Fontenay, É. de, *Trois traités pour les animaux,* traduit par Amyot. Précédé de "La raison du plus fort", P.O.L, 1992.

Porcher, J., "Histoire contemporaine d'un cochon sans histoire", *Revue du M.A.U.S.S.*, no. 1, 2004, p. 397-407.

——. "Élevage/industriel : penser l'impensable ?", *Travailler*, 2, 2005, p. 9-20.

——. *Vivre avec les animaux : Une utopie pour le xxie siècle*, La Découverte, 2011.

Primatt, H., *The Duty of Mercy and the Sin of Cruelty to Brute Animals*, Centaur, 1992. Première édition, 1776.

Rachels, J., *Created from Animals: The Moral Implications of Darwinism*, Oxford University Press, 1990.

Regan, T., *Animal Rights, Human Wrongs: An Introduction to Moral Philosophy.* Lanham, MD: Rowman & Littlefield, 2003

——. *The Case for Animal Rights*, Berkeley: University of California Press, 2004. Traduction française d'E. Utria : *Les droits des animaux*, Hermann, 2013.

Rensch, B., "The Intelligence of Elephants", *Scientific American*, 196, 1957, p. 44-49.

——. "Play and Art in Apes and Monkeys", dans Menzel, E. W., *Precultural Primate Behavior*, Karger Publishers, 1973.

Reus, E. "Quels droits politiques pour les animaux? Introduction à *Zoopolis* de Sue Donaldson et Will Kymlicka", *Cahiers antispécistes*, No 37, Mai 2015.

Ricard, M., *Plaidoyer pour l'altruisme*, NiL éditions, 2013.

Richerson, P. J. & R. Boyd, *Not by Genes Alone: How Culture Transformed Human Evolution*, University of Chicago Press, 2004.

Rifkin, J., *La troisième révolution industrielle*, Les Liens qui Libèrent, 2012.

Robin, M.-M., *Les moissons du futur : Comment l'agroécologie peut nourrir le monde*, La Découverte, 2012.

Rockström, J., W. Steffen, K. Noone, Å. Persson, F. S. Chapin, E. F. Lambin, H. J. Schellnhuber, *et al.*, "A Safe Operating Space for Humanity", *Nature*, 461, no. 7263, 2009, p. 472-475.

Roe, D., T. Mulliken, S. Milledge, J. Mremi, S. Mosha, *Making a Killing or Making a Living: Wildlife Trade, Trade Controls, and Rural Livelihoods*, IIED, 2002.

Rollin, B. E., *Animal Rights and Human Morality*. Prometheus Books, 1992.

——. *The Unheeded Cry: Animal Consciousness, Animal Pain and Science*, Oxford University Press, 1989.

Rouget, P. *La Violence de l'humanisme : Pourquoi nous faut-il persécuter les animaux ?* Calmann-Lévy, 2014.

Rousseau, J.-J., *Discours sur l'origine et les fondements de l'inégalité parmi les hommes*, Aubier, 1973.

Russel, B., " If Animals Could Talk", in *Mortals and Others*, Routledge, 2009.

Ryder, R., *Animal Revolution: Changing Attitudes Towards Speciesism*, Berg, 2000.

——. " Experiments on Animals", *Animals, Men and Morals*, 1971, p. 41-82.

——. " Speciesism Again: The Original Leaflet", *Critical Society*, 2, 2010, p. 1-2.

——. *Victims of Science: The Use of Animals in Research*, Davis-Poynter Ltd, 1975.

Salt, H. S., " Animals'Rights-Considered in Relation to Social Progress", [1892], Society for Animal Rights Inc, 1980. Traduction française : " Les droits de l'animal considérés dans leur rapport avec le progrès social", *Le Débat*, 27, 1983, p. 143-151.

Schopenhauer, A., *Le Fondement de la morale*, trad. A. Burdeau, Aubier Montaigne, 1978.

Seidle, T. & H. Spielmann, *Alternative Testing Strategies: Progress Report 2011 and AXLR8-2 Workshop Report on a 'Roadmap to Innovative Toxicity Testing'*, AXLR8 Consortium, 2011.

Sémelin, J., " Du massacre au processus génocidaire", *Revue internationale des sciences sociales,* décembre 2002, p. 4.

——. *Purifier et détruire : Usages politiques des massacres et génocides*, Le Seuil, 2005.

Serpell, J., *In the Company of Animals: A Study of Human-Animal Relationships*, B. Blackwell, 1986.

Shabkar, *Les larmes du bodhisattva : Enseignements bouddhistes sur la consommation de chair animale*, Éditions Padmakara, 2005.

Shantideva, *Bodhicaryâvatâra : La Marche vers l'Éveil*, Éditions Padmakara, 2008.

Shelley, P. B., *The Complete Works of Percy Bysshe Shelley*, edited by Roger Ingpen and Walter E. Peck, Gordian Press, 1965.

Shumaker, R. W., K. R. Walkup & B. B. Beck, *Animal Tool Behavior: The Use and Manufacture of Tools By Animals*, Johns Hopkins University Press, 2011.

Sidgwick, H., " The Establishment of Ethical First Principles", *Mind* 4 , no. 13, 1879, p. 106-111.

Sinclair, U., *The Jungle*, Signet Classic, 1964. 繁體中文版《魔鬼的叢林》，柿子文化出版。

Singer, I. B., *The Penitent*, Penguin Classics, 2012. Traduction française : *Le pénitent*, Stock, 1984.

Singer, P., *Animal Liberation: The Definitive Classic of the Animal Movement*, Harper Perennial Modern Classics, 2009. Traduction française : *La libération animale*, Grasset, 1993. Réédité avec une préface de J.-B. Jeangène Vilmer, Payot & Rivages, 2012. 繁體中文版《動物解放》，關懷生命協會出版。

Singer, P. & Regan, T., *Animal Rights and Human Obligations*, Longman Higher Education, 1976.

Spinney, L., "When Chimps Outsmart Humans", *New Scientist* 190, 2006, p. 48-49.

Stich, S. P., "Do Animals Have Beliefs ?", *Australian Journal of Philosophy*, vol. LVII, no. 1, 1979, p. 18.

Stuart, T., *The Bloodless Revolution: Radical Vegetarians and the Discovery of India*, Harper Press, 2012. 繁體中文版《不流血的革命：素食主義文化史》，遠足文化出版。

Taine, H., *La Fontaine et ses Fables*, Hachette, 1911.

Thomas, K., *Man and the Natural World: A History of the Modern Sensibility*, Pantheon Books, 1983.

Toynbee, J. M. C., *Animals in Roman Life and Art*, Thames and Hudson, 1973.

Traïni, C., *La cause animale*, Presses Universitaires de France, 2011.

Tryon, T., *The Knowledge of a Man's Self*, T. Bennet, 1703.

Tuan, Yi-Fu, *The Making of Pets*, Yale University Press, 1984.

Tuchman, B. W., *A Distant Mirror: The Calamitous Fourteenth Century*, Ballantine Books, 1991. 繁體中文版《遠方之鏡：混亂又不安的十四世紀》，廣場出版。

Tudge, C., *So Shall We Reap: What's Gone Wrong with the World's Food and How To Fix It*, Penguin UK, 2004.

Turner, A. K., "Proposed EU Changes in Animal Experimentation Regulations", *Medical Communications*, 18, no. 4, 2009, p. 238.

Twain, M., *Adventures of Huckleberry Finn*, University of California Press, 2003.

Varela, F.-J., *Quel savoir pour l'éthique ? : Action, sagesse et cognition*, La Découverte, 2004.

Višak, T., *Killing Happy Animals: Explorations in Utilitarian Ethics*, Palgrave MacMillan, 2013.

Voltaire, *Pensées végétariennes*,, Renan Larue, éd., Fayard/Mille et une nuits, 2014.

Waal, F. de, *Le bon singe : Les bases naturelles de la morale*, Bayard, 1997.

——. *Bonobos*, Birkhäuser Basel, 1998.

——. *L'âge de l'empathie : Leçons de nature pour une société plus apaisée*, Les Liens qui Libèrent, 2010.

——. *The Bonobo and the Atheist: In Search of Humanism Among the Primates*, W. W. Norton & Company 2013. Traduction française : *Le bonobo, Dieu et nous*, Les Liens qui Libèrent, 2013.

Watanabe, S., J. Sakamoto, & M. Wakita, "Pigeons'Discrimination of Paintings by Monet and Picasso", *Journal of the Experimental Analysis of Behavior*, 63, no. 2), 1995, p. 165.

Weary, D. M., L. Niel, F. C. Flower, & D. Fraser, "Identifying and Preventing Pain in Animals", *Applied Animal Behaviour Science*, 100, no. 1, 2006, p. 64-76.

Whiten, A., J. Goodall, W. C. McGrew, T. Nishida, V. Reynolds, Y. Sugiyama, C. Boesch, "Cultures in Chimpanzees", *Nature*, 399, no. 6737, 1999, p. 682-685.

Wijkman, A. & J. Rockström, *Bankrupting Nature: Denying Our Planetary Boundaries*, Routledge, 2013.

Wise, S. M., & J. Goodall, *Drawing the Line*, Cambridge, MA: Perseus, 2002.

Wise, S. M., & J. Goodall, *Rattling The Cage: Toward Legal Rights For Animals*, Cambridge, MA: Perseus, 2001.

Wistrand, M., *Entertainment and Violence in Ancient Rome: The Attitudes of Roman Writers of the First Century A.D.*, Sweden: Acta Universitatis Gothoburgensis, 1992.

Wolff, F., *50 raisons de défendre la corrida*, Fayard/Mille et une nuits, 2010.

——. *Notre humanité : D'Aristote aux neurosciences*, Fayard, 2010.

——. *Philosophie de la corrida*, Fayard, 2007.

Wolff, M. & M. Gardener, *The Role of Science for Conservation*, Routledge, 2012.

Wyatt, T., *Wildlife Trafficking: A Deconstruction of the Crime, the Victims, and the Offenders*. New York: Palgrave Macmillan, 2013.

Yourcenar, M., *Les yeux ouverts : Entretiens avec Matthieu Galey*, Le Livre de Poche, 1982.

Zola, É., "L'amour des bêtes", *Le Figaro,* 24 mars 1896.

註

前言　在這彼此依存的世界裡，我們都是有知覺的生命

1. M. Ricard, *Plaidoyer pour l'altruisme*, NiL éditions, 2013.
2. G. Mace *et al.*, "Biodiversity", in *Ecosystems and Human Well-being: Current State and Trends*, ed. H. Hassan, R. Scholes, and N. Ash, Island Press, 2005, pp. 79-115; S. Diaz *et al., Ibid.*, pp. 297-329.

第1章　傲慢的人類，其實很難無動於衷

1. D. P. Fry, *Beyond War: The Human Potential for Peace*, Oxford University Press, 2007; L. E. Sponsel, "The Natural History of Peace: A Positive View of Human Nature and Its Potential", *A Natural History of Peace*, ed. T. A. Gregor, TN: Vanderbilt University Press, 1996, 908-12.
2. Lord Alfred Tennyson (1809-1892), *In Memoriam A.H.H.*, 1850.
3. S. C. Strum, *Almost Human: A Journey into the World of Baboons*, University of Chicago Press, 2001.
4. J. Clutton-Brock , *Domesticated Animals from Early Times*, British Museum of National History, 1981, p. 34ff.S. Davis, "The Taming of the Few", *New Scientist*, 95, no. 1322, 1982, p. 697-700.J. Serpell 引用於 *In the Company of Animals :A Study of Human-Animal Relationships*, B. Blackwell, 1986, p. 4。
5. Fry, *Beyond War, op. cit.*, D. P. Fry, and P. Söderberg, "Lethal Aggression in Mobile Forager Bands and Implications for the Origins of War", *Science*, 341, no. 6143, 2013, p. 270-273. 根據人類學家 Jonathan Haas 的說法：「距今十萬年以前，地球上幾乎沒有任何關於戰爭形式的考古證據。」J. Haas, "The Origins of War and Ethnie Violence", in *Ancient Warfare Archaeological Perspectives*, ed. J. Carman and A. Harding, Sutton, 1999, p.11-24.
6. 根據美國人口普查局彙整的數據：http://www.census.gov/population/intemational/data/worldpop/table_history.php。

7. 二〇一一年，地球上有一半的森林已經遭摧毀，其中大部分是在過去的五十年中發生的，而且自一九九〇年以來，有一半的熱帶森林已經消失（很有可能在四十年後完全消失）。E. C. Elli, K. Klein Goldewijk, S. Siebert, D. Lightman, and N. Ramankutty, "Anthropogenic Transformation of the Biomes, 1700 to 2000", *Global Ecology and Biogeography* 19, no. 5, 2010, p. 589-606.

8. J. Rockström, W. Steffen, K. Noone, Å. Persson, F. S. Chapin, E. F. Lambin, H. J. Schellnhuber, "A Safe Operating Space for Humanity", *Nature,* 461, no. 7263, 2009, p. 472-475.

9. S. Díaz *et al.*, "Biodiversity Regulation of Ecosystem Services" in *Ecosystems and Human Well-Being: Current State and Trends*, H. Hassan, R. Scholes, & N. Ash, eds. (Washington D.C.: Island Press, 2005, p. 297-329.

10. R. Corbey and A. Lanjouw eds. *The Politics of Species*, Cambridge University Press, 2013.

11. J. Serpell, *op. cit.,* p. 142. 收錄於 M. Levine "Prehistoric Art and Ideology"，引用於 *Man in Adaptation: The Institutional Framework*, ed. Y. A. Cohen (vol. 3), Aldine Transaction, 1971, p. 426-427。

12. 根據 D. Lestel, *L'animal est l'avenir de l'homme,* Fayard, 2010, Édition Kindle, 1111。

13. J. Campbell, *The Way of Animal Powers: Historical Atlas of World Mythology*, vol. 1, Times Books Limited, 1984, p. 81-122.

14. T. Ingold, *Hunters, Pastoralists, and Ranchers: Reindeer Economies and their Transformations,* Cambridge University Press, 1980, p. 282.J. Serpell 引用，*op. cit.*, p. 144。

15. M. Fortes, "Totem and Taboo", *Proceedings of the Royal Anthropological Institute of Great Britain and Ireland,* 1966, p. 5-22.J. Serpell 引用，*op. cit.*, p. 144。

16. K. Thomas, *Man and the Natural World: A History of the Modem Sensibility,* Pantheon Books, 1983, p. 25-30.J. Serpell 引用，*op. cit.*, p. 137。

17. C. Darwin, *Notebook B,* van Wyhe ed., 1838.D. Chauvet 翻譯並引用於 *Contre la mentaphobie.* Éditions l'Âge d'Homme, 2014, p. 13。

18. J. Serpell, *op. cit.*, p. 138.

19. A. M. Beck and A. H. Katcher, *Between Pets and People: The Importance of Animal Companionship,* Putnam, 1986, p. 60. J. C. Ber-

ryman, K. Howells and M. Lloyd- Evans, "Pet Owner Attitudes to Pets and People: A Psychological Study", *Veterinary Record,* 117 (25-26), 1985, p. 659-661.J. Serpell 引用，*op. cit.*, p. 53。

20. J. Porcher, *Vivre avec les animaux : Une utopie pour le xxie siècle,* La Découverte, 2011, p. 99.

21. Virgil Butler, "Inside the Mind of a Killer", *The Cyberactivist,* 31 August 2003, http://www.cyberactivist.blogspot.com/. 由 David Olivier 譯自英文並刊載於 *Les Cahiers antispétistes,* n° 23, décembre 2003。

22. Elizabeth Fisher, *Women's Creation: Sexual Evolution and the Shaping of Society*, Doubleday, 1979, 190, 197. C. Patterson 引用於 *Un éternel Treblinka*Calmann-Lévy, 2008, p. 32-33。

23. C. Patterson, *Ibid*, p. 33.

24. 《創世記》1: 25-26。

25. C. Patterson, *op. cit.*, p. 36.

26. Livres des Pieux, *Sefer Hassidim.* Richard Schwartz 引用於 "Tsa'ar Ba'alei, Chayim-Judaism and Compassion for Animals"，收錄於 Roberta Kalechofsky (dir.), *Judaism and Animal Rights: Classical and Contemporary Responses,* Marblehead (MA), Micah Publications, 1992, p. 61。

27. *Avodah Zorah* 18b.

28. Bonnie Koppel 拉比曾表示：「根據《妥拉》，素食主義無疑是最理想的境界。」Rami Shapiro 及以色列首席拉比 Yitzhak Halevi Herzog 也認同這一立場。請參考 *The Vegetarian Mitzvah*，http://www.brook.com/jveg/，以及 É. de Fontenay. *Le silence des bêtes, la philosophie à l'épreuve de l'animalité.* Fayard, 1998。

29. Aristote, *La Politique,* J. Vrin, 1970, p. 16.

30. Cicéron, *Traité des lois.* trad. G. de Plinval. Les Belles Lettres, 1968, I, 25.

31. Porphyre 著有 *Traité contre les chrétiens* 與 *Traité de l'abstinence*，後者以博學的長篇論述頌揚素食主義。Burigny 修道院院長於一七四七年將之譯成法語，並在一七六一年將譯本贈予伏爾泰，促成後者在中晚年時期成為積極的動保人士。Voltaire, *Pensées végétariennes,* édition établie, 由 Renan Larue 評註並作跋，Fayard/Mille et une nuits, 2014。

32. M. Kundera, *L'insoutenable légèreté de l'être,* Gallimard, 1989, p. 361-366.

33. 《利未記》19: 18。
34. R. Larue, *Le végétarisme et ses ennemis*. Presses Universitaires de France, 2015, Chapitre 2.
35. 根據阿拉姆文的《艾賽尼派平安福音書》（*Evangile essénien de la paix*）。Al-Hafiz Basheer Ahmad Masri 引用於 *Les animaux en Islam,* trad. Sébastien Sarméjeanne，Malek Chebel 作序並進行科學內容校讀，Éditions Droits des Animaux, 2014, p. 112。
36. 《馬可福音》5: 11-13。同樣的故事在《馬太福音》和《路加福音》亦曾提及。
37. 《約翰福音》22: 1-13。
38. Saint Augustin, *Des mœurs de l'Église catholique. Œuvres,* " La morale chrétienne", Desclée de Brouwer, 1949, II, XVII, 59.
39. C. Patterson, *op. cit.*, p. 43.
40. Saint Thomas d'Aquin, *Somme théologique*, Le Cerf, 1984-1990, II-II, q. 25, a. 3. R. Larue 引用，*op. cit.*, p. 104-105。
41. A. Bondolfi, *L'homme et l'animal : Dimensions éthiques de leur relation.* Éditions Saint-Paul, 1995, p. 94.
42. 根據 Boris Cyrulnik，收錄於 B. Cyrulnik, É. de Fontenay, P. Singer, K. L. Matignon, and D. Rosane, *Les animaux aussi ont des droits*, Le Seuil, 2013. Kindle, 3315。
43. 根據法國獸醫同業公會理事長 Michel Baussier 參加 Ecolo-Ethik 於二〇一四年二月七日在法國參議院所舉辦「動物權利」（Le droit de l'animal）研討會中的簡報內容。
44. 此處細節為 Renan Larue 提供，十分感謝。
45. R. Descartes, *Discours de la méthode*, Ve partie, J. Vrin, 1987.
46. N. Fontaine, *Mémoires pour servir à l'histoire de Port-Royal* (vol. 2), "Aux dépens de la Compagnie", 1736, p. 52-53, Rééd. Slatkine, 1970。原文為法文，L. C. Rosenfield 引用其英譯文於 *From Beast- machine to Man-machine: Animal Souls in French Letters from Descartes to La Mettrie,* Oxford University Press, 1940。P. Singer 引用於 *Animal Liberation*, Grasset, 1993, p. 306。
47. Voltaire, *Dictionnaire philosophique*, article "Bêtes", 收錄於 *Œuvres complètes*, Arvensa Éditions. Kindle, 74852-74861。
48. I. Kant, *Leçons d'éthique,* Le Livre de poche, 1997, p. 391.
49. Jean-Paul Sartre, Cahiers pour une morale, Gallimard, 1983. P. Rouget 引用於 *La Violence de l'humanisme : Pourquoi nous faut-il*

persécuter les animaux?, Calmann-Lévy, 2014, Édition Kindle: 493-494.

50. J. M. Meyer, *Nous sommes des animaux mais on n'est pas des bêtes*, 與 Patrice de Plunkett 的訪談，Presses de la Renaissance, 2007。

51. B. Spinoza, *Éthique*, Éditions Vassade, 2013. Kindle, 3591.

52. J. Serpell, *op.cit.*, p. 134-135.

53. Philostrate, *Apollonius de Tyane. Sa vie, ses voyages, ses prodiges*. Les Belles Lettres, 1972, II, 9.

54. R. Larue, *Le végétarisme et ses ennemis*. Presses Universitaires de France, 2015, Chapitre 1, "La querelle des anciens".

55. *Ibid*, p 23-24.

56. Ovid, *Métamorphoses*, Book XV, trad. A. S., Klinehttps://ovid.lib.virginia.edu/trans/Metamorph15.htm.

57. Plutarque, *Sur l'usage des viands.* 收錄於 *Traités de morale de Plutarque*，由 Dominique Ricard 譯自希臘文，Lefèvre Éditeur, 1844, t. IV, p. 563。

58. *Ibid.*, p. 566.

59. Plutarque, *De esu carnium* [S'il est loisible de manger chair], *Trois traités pour les animaux*, POL, 1992, p. 110-111.

60. J. Meslier, *Mémoire des pensées et sentiments de Jean Meslier* [1719-1729], preuve 3, 收錄於 *Œuvres complètes*, Éditions Anthropos, 1970-1972, 1.1, p. 210-218。J.-B. Jeangène Vilmer 引用於 *Anthologie d'éthique animale : apologies des bêtes*, Presses Universitaires de France, 2011, p. 51。

61. 感謝 Renan Larue 的說明。

62. A. Linzey and D. Cohn-Sherbok, *After Noah:Animals and the Liberation of Theology*, Mowbray, 1997, p. 10.Jean Nakos 引用於 *Les Cahiers antispécistes*, no. 30-31, décembre 2008。

63. H. Primatt, *The Duty of Mercy and Sin of Cruelty to Brute Animals*, [1776]. ed. R. Ryder (Frontwell, Sussex: Centaur, 1992). 收錄於 R. Ryder（1989）, p. 66。J.-B. Jeangène Vilmer 引用於 *L'éthique animale*, Paris: Presses Universitaires de France, 2011, p. 32。

64. H. Primatt, *op. cit.*, p. 8-12, trad. E. Utria. Jeangène Vilmer 引用於 *L'éthique animale*, p. 88。

65. A. Linzey and R. Barry Clarke, "Animal Rights", *Dictionary of Ethics, Theology and Society,* 1976. J.-B. Jeangène Vilmer 引用，*op. cit.*, p. 110。

66. A. Linzey, *Animal Gospel: Christian Faith as if Animals Mattered,* Hodder and Stoughton, 1998. Estiva Reus 翻譯並刊載於 *Les Cahiers antispécistes* n° 28 (mai 2007)。

67. A. Linzey, *Animal Gospel*, chap. 3.

68. R. Runicie, "Address at the Global Forum of Spiritual and Parliamentary Leaders on Human Survival", 11 April 1988, p. 13-14.

69. É. Baratay, *L'Église et l'Animal*, Le Cerf, 1996, p. 289.

70. Pape François, Lettre encyclique *Laudato si* "Sur la sauvegarde de la maison commune", 24 mai 2015, paragraphes 92 et 130.

71. 參見 R. Larue, *Op.cit.*, p. 89.

72. 猶太拉比 David Rosen 刊載於 *La Gazette de Londres* 副刊，p. 23-31 (décembre 2009)。David Rosen 同時也是世界和平宗教會議的國際主席。

73. S. Dresner and S. Siegel, *Jewish Dietary Laws,* United Synagogue Book Service, 1980.

74. 法語版片名為 *Terriens*，導演 Shaun Monson，可於以下網址觀看：www.earthlings.com。

75. Al-Hafiz Basheer Ahmad Masri, *Les animaux en Islam,* trad. Sébastien Sarméjeanne. Malek Chebel 作序並進行科學內容校訂，Éditions Droits des Animaux, 2014。

76. Masri, *op.cit.* 2014, p. 51.

77. 這段的多處來源參見 Al-Hafiz Basheer Ahmad Masri, *op.cit.*, 2014, p. 59-60 et 75-77。

78. 感謝 Carisse et Gérard Busquet 告訴我這些小故事。請參考 Ikhwan al-Safa and L. É. Goodman 英譯，*The Case of the Animals versus Man Before the King of the Jinn: A Tenth-century Ecological Fable of the Pure Brethren of Basra,*Twayne Publishers, 1978, p. 5-6。Richard C. Foltz 引用於 *Studies in Contemporary Islam* 3, 2001。

79. Malek Chebel 引用於他為 Al-Hafiz Basheer Ahmad Masri 著作所作的序言 , *op. cit.,* 2014, p. 8。

80. 法國農業部報導，n° 11167，農業部長 Bruno Le Maire。Franz-Olivier Giesbert 引用於 *L'animal est une personne: Pour nos soeurs et frères les bêtes*. Fayard, 2014, p. 139。

81. Jean-Luc Daub et Fréderic Freund，私人通信。
82. K. M. Ganguli, *The Mahâbhârata of Krishna-Dwaipayana Vyasa* (12 vols), Munshiram Manohar Lai Publishing House, 1970.
83. 《摩奴法典》5.33，W. Doniger 引用於 *The Hindus: An Alternative History,* Penguin/Viking, 2009。
84. *Ibid.,* p. 48-50.
85. 節錄自《古臘箴言》（*Tirukkural*），約二二〇〇年前由印度教聖人 Thiruvalluvar 在印度南部的泰米爾納德邦所作的教誨詩。根據 Carisse 和 Gérard Busquet，以及維基百科文章 "Tirukkural"。
86. A. Caron, *No steak.* Fayard, 2013. Kindle, 4524-4554.
87. M. K. Gandhi, *Autobiographie ou Mes expériences de vérité.* Stock, 1982, p. 230.
88. G. Busquet, *À l'écoute de l'Inde : des mangroves du Bengale aux oasis du Karakoram,* Transboréal, 2013, p. 243-250.
89. 節錄自 Shabkar, *Les larmes du bodhisattva : Enseignements bouddhistes sur la consommation de chair animale.* Éditions Padmakara, 2005, p. 68.
90. 詳細內容可參閱 Wulstan Fletcher 為 Shabkar 所作之序文，*Ibid.*
91. Shantideva, *Bodhicaryâvatâra : La Marche vers l'Éveil,* Padmakara, 2008, chap. VIII, versets 95-96.
92. Dalaï-lama, T. Gyatso, *Comme un éclair déchire la nuit.* Albin Michel, 1992.
93. 植物的生長激素（auxine 生長素）集中在莖背光的一側，其生長速度比向光側快速，因而導致莖出現彎曲，該現象會因為花朵的重量而更加明顯。相反的，哲學家 Hans Jonas 強調，動物不僅能夠移動而且還能從遠距離感知環境。即使面對類似的外界情況，動物也可能出現不同的反應。請參考 H. Jonas, *The Phenomenon of Life: Toward a Philosophical Biology,* Northwestern University Press, 2000。參見 D. Lestel, *Les origines animales de la culture,* Flammarion, coll. " Champs essais", 2001, p. 275。
94. Shabkar 引用，*op. cit.,* p. 68。
95. 在茹素的著名性靈導師中，有許多藏傳佛教的噶當派大師，首先是阿底峽，之後有各個藏傳佛教派別的大師，例如密勒日巴、覺巴吉天頌恭、達隆塘巴・扎西華、帕摩竹巴、無著賢大師、竹巴袞列等。近代則有吉美林巴、顏加啤瑪朵都、巴楚仁波切，還有今天的甘珠爾仁波切及他的兒子貝瑪旺嘉仁波切和吉美欽哲仁波切，以及今天已屆高齡一百零二歲的恰札仁波切。

96. 阿育王禁止殺害動物的第五號敕令，刻於現存十九根阿育王石柱的其中一根，現位於德里的 Feroz Shah Kotla。這根石柱於十四世紀由當時的蘇丹王 Firoz Shah Tughlaq 從德里城外運到他的新皇宮。感謝 Gérard Busquet 提供的這些資料。

97. 在今天的西藏，糧食、蔬菜、水果可經由陸路由中國運輸過來，比以往容易得多。

98. Flavius, *Vita Apollonii,* éd. G. Olearius, Lipsiae, 1709. T. Stuart 引用於 *The Bloodless Revolution: Radical Vegetarians and the Discovery of India,* Harper Press, 2012. Kindle, 1133-1139。

99. T. Stuart, *Ibid.,* Kindle, 1176.

100. G. Busquet, *Vaches sacrées et chiens maudits*（未發表原稿）。

101. T. Tryon, *Phibtheos Physiologus: A Dialogue between an East-Indian Brackmanny or Heathen-Philosopher, and a French Gentleman, in The Way to Health, Long Life and Happiness,* Andrew Sowle, Kindle, 1683.

102. T. Tryon, *The Knowledge of a Man's Self: Or the Second Part of the Way to Long Life,* T. Bennet, 1703, p. 36. T. Stuart 引用，*op. cit.*. Kindle, 1706-1707。

103. G. R. Marana, *L'espion dans les cours des princes chrétiens, ou Lettres and mémoires d'un envoyé secret de la porte dans les cours de l'Europe où l'on voit les découvertes qu'il a faites dans toutes les cours où il s'est trouvé, avec une dissertation curieuse de leurs forces, politique and religion.* 一般稱為 *L'espion turc.* Coda, 2009。T. Stuart 引用，*op. cit.*. Kindle, 2725。這本小說啟發了孟德斯鳩的《波斯書簡》（*Lettres persanes*）。

104. Buffon, *Histoire naturelle, IV,* 1766, p. 164-194. T. Stuart 引用，*op. cit.*, Kindle, 4267。

105. T. Stuart, *op. cit.*, Kindle, 2311.

106. Voltaire, "Il faut prendre un parti". 收錄於 *Œuvres complètes,* Garnier, 1877, t. 28, p. 534-35。

107. A. Schopenhauer, *Le Fondement de la morale,* trad. A. Burdeau, Aubier Montaigne, 1978, p. 153-154, p. 158.

108. P. B. Shelley, *The Complete Works of Percy Bysshe Shelley,* ed. R. Ingpen and W. E. Peck, Gordian Press, 1965. T. Stuart 引用，*op. cit.*, Kindle, 8342。

109. 根據 Élisabeth de Fontenay，收錄於 B. Cyrulnik *et al. op. cit.* Kindle, 1849。
110. C. Tudge, *So Shall We Reap: What's Gone Wrong with the World's Food and How to Fix it.* Penguin UK, 2004.
111. C. Darwin, *The Descent of Man, and Selection in Relation to Sex,* John Murray, 1871, p. 193.
112. 達爾文談物種演變的筆記，Part II. Second notebook [C] (February to July 1838). Edit by G. de Beer. *Bulletin of the British Museum (Natural History). Historical Series* 2, no. 3 (May 1960): 75-118. Beer, Gavin ed. 1960, p. 196。
113. Darwin, C., (1871) *The Descent of Man, and Selection in Relation to Sex.* 法文版：C. Darwin, *La descendance de l'homme et la sélection sexuelle,* Reinwald, Libraire-éditeur, 1891, p. 101。
114. 關於這些主張，詳情可參閱 J.-B. Jeangène Vilmer, *Éthique animale,* Presses Universitaires de France, 2008, p. 35。
115. R. Ryder, "Speciesism Again: The Original Leaflet", *Critical Society,* 2, 2010, p. 1-2.
116. P. Singer, *Animal Liberation: The Definitive Classic of the Animal Movement,* Harper Perennial Modem Classics, 2009. 初版於 1975 年問世。法譯本再版請參考 P. Singer, L. Rousselle et J.-B. Jeangène Vilmer, *Animal Liberation,* Payot and Rivages, 2012。
117. 私人通信。
118. WWF為世界自然基金會（World Wildlife Fund）；EIA為環境調查協會（Environmental Investigation Agency）。

第 2 章　眼不見，心不煩

1. Alina Pavlakos 針對美國中產家庭所進行的一項研究，刊載於 W. Crain, "Animal Suffering: Learning Not to Care and Not to Know", *Encounter,* Summer 2009. vol. 22, no. 2 (Summer 2009), p. 2。
2. F. Burgat, *La cause des animaux,* Buchet Chastel, 2015, p. 15.
3. 根據 Élisabeth de Fontenay，收錄於 B. Cyrulnik *et al., Les animaux aussi ont des droits, op. cit.,* Kindle, 2009。
4. M. Ricard, *Plaidoyer pour l'altruisme, op. cit.,* chap. 29.
5. Le Bestiaire spirituel de Paul Claudel, Lausanne: Mermod, 1949, p. 16-131; *Figures et paraboles,* Gallimardm, 1936. J.-B. Jeangène Vilmer 引用，*op. cit.,* p. 275。

6. 這些例外包括法國的 France 2 頻道播出 Yann Arthus-Bertrand 的一部紀錄片，以及 Arte 頻道在二〇一二年三月二十七日播出包括 *No Steak* 在內的其他紀錄片。

7. *Earthlings, op. cit.*; *Food, Inc.*（二〇一〇年紀錄片，導演 R. Kenner）；*LoveMEATender*（二〇一二年紀錄片，導演 M. Coeman）：http://festivaMmenterre.be/love-meat- tender/。

8. 這部遭到ＮＢＣ拒播的廣告可在ＰＥＴＡ網站上瀏覽：http://www.peta.org/b/thepetafiles/archive/2009/11/23/NBC-Nixes-FamilyFriendly-Thanks- giving-Day-Parade-Ad.aspx。善待動物組織（ＰＥＴＡ）是一個促進動物權利的非營利性協會，旗下擁有超過兩百萬名會員和支持者，專注耕耘於四大關鍵議題：工業化養殖、毛皮動物養殖、動物實驗、動物娛樂表演。ＰＥＴＡ還處理諸如捕魚、大規模殺害公認的有害動物、虐待犬隻、鬥雞、鬥牛、食用肉類等議題。

9. A. Caron, *No steak, op. cit.* Kindle, 1753.

10. É. de Fontenay. *Sans offenser le genre humain : Réflexions sur la cause animale.* Albin Michel, 2008, p. 205.

11. 根據 P. Singer, *Animal Liberation, op. cit.*, p. 328。

12. J. Porcher, "Élevage/industriel : penser l'impensable?". *Travailler,* n° 14, 2005, p. 9-20; J. Porcher, *Vivre avec les animaux, op. cit.*, chap. 3.

13. 參照 J. S. Foer, *Faut-il manger les animaux?* Le Seuil, coll. "Points", 2012, p. 88, 233。原作 *Eating Animals*, New York: Little, Borwn, 2009. EPUB54, 133。

14. *The Washington Times,* 22 October 1987. P. Singer 引用，*op. cit.*, p. 173。

15. "Frank, are you telling the truth about your chicken?", *The New York Times,* 20 October 1989.

16. J.-F. Nordmann, "Des limites et des illusions des éthiques animales", 收錄於 J.-B. Jeangène Vilmer, (dir.), *op. cit.*, p. 399-404。

17. F. Burgat, , *Op. cit.*, 2015, p. 43.

18. M. Joy, *Why We Love Dogs, Eat Pigs and Wear Cows: An Introduction to Carnism.* Conari Press, 2010, p. 11。

19. One Voice, "Le commerce de la viande de chien en Chine : une vérité choquante qui n'honore pas les hôtes des prochains Jeux olympiques", janvier 2008.A. Caron 引用，*No steak, op. cit.*。

20. A. Bandura, C. Barbaranelli, G. V. Caprara and C. Pastorelli, "Mechanisms of Moral Disengagement in the Exercise of Moral

Agency", *Journal of Personality and Social Psychology* 71, no. 2, 1996.

21. M. Gibert, *Voir son steak comme un animal mort: Véganisme et psychologie morale*. Lux Éditeur, 2015, p. 13-14.
22. B. Cyrulnik *et al., op. cit.*, Kindle, 1641.
23. J. Porcher, *op. cit.*, p. 82。
24. 根據 A. Heim, *Intelligence and Personality,* Pelican, 197[illegible], p. 150。P. Singer 引用，*op. cit.*, p. 94。
25. M. Midgley, *Animals and Why they Matter,* University of Georgia Press, 1984, p. 4.
26. *Speciesism* (Ryce Publishers, 2004) 一書作者 Joan Dunayer 在 Victor Schonfeld 執導的節目 *One Planet,* "Animais and Us"(BBC, 31 December 2009) 接受專訪的內容。
27. G. Chapouthier, *Les droits de l'animal,* Presses Universitaires de France, 1992, p. 68-71.
28. B. Luke, "Justice, Caring and Animal Liberation", *The Feminist Care Tradition in Animal Ethics,* p. 125-152. 收錄於 J. Donovan and C. J. Adams, *Beyond Animal Rights:A Feminist Caring Ethic for the Treatment of Animals,* Continuum, 1996。J.-B. Jeangène Vilmer 引用，*op. cit.*, p. 95。
29. J.-C. Bailly, *Le versant animal,* Bayard, 2007.
30. 影片上線兩個月後，有超過三百萬人次觀看其原本的葡萄牙語版本。巴西僅有極少數人口吃素，這段影片引發各方對素食主義及人類對待動物方式的熱議。

第 3 章　人人都是輸家

1. 本章是 M. Ricard, *Plaidoyer pour l'altruisme* 一書第三十四章 "Un retour de flamme" 的增補和修訂。
2. 整體而言，根據聯合國的國際勞工組織所發表在七十個國家所做的研究，自二十世紀初以來，全球大部分地區收入不平等的現象繼續擴大。
3. 政府間氣候變化專門委員會（Groupe d'experts intergouvernemental sur l'évolution du climat，簡稱ＧＩＥＣ，或英文 International Pannel on Climate change，簡稱ＩＰＣＣ）；糧食與農業組織（Organisation des Nations unies pour l'alimentation et l'agriculture，或英文 Food and Agriculture Organization，簡稱均為ＦＡＯ）。

4. 這裡是指公共、工業、私人建築物的建造（包括投入的自然資源和能源消耗）以及使用（包括電力、供暖等），所造成的溫室氣體排放。
5. M. E. Ensminge, *Animal Science,* Prentice Hall, 1990.
6. J. Diamond, Collapse: How Societies Choose to Fail or Succeed. 法譯版 *Effondrement : Comment les sociétés décident de leur disparition ou de leur survie,* Gallimard, coll.“Folio Essais”, 2009。
7. J. Rockström, W. Steffen, K. Noone, Å. Persson, F. S. Chapin, E. F. Lambin, H. J. Schellnhuber *et al.,* “A Safe Operating Space for Humanity”, *Nature* 461. no. 7263, 2009, p. 472-475. 這些研究人員已經找出有關氣候變遷的九項地球「極限」：臭氧層的縮減、土壤的利用（農業、畜牧、森林開採），淡水的消耗、生物多樣性的減少、海洋酸化、氮和磷進入生物圈和海洋，大氣中懸浮微粒含量，以及化學汙染程度。
8. 根據聯合國所主持的千年生態系統評估（ＭＥＡ）的評估結果。
9. Pavan Sukhdev 為 A. Wijkman and J. Rockström, *Bankrupting Nature: Denying Our Planetary Boundaries*(Routledge, 2013) 一書所寫的序。Sukhev 是 Corporation 2020 的創辦人，該組織致力於友善環境的經濟。
10. 根據 Worldwatch Institute。
11. *Amazon Cattle Footprint,* Greenpeace, 2009. 自一九五〇年以來，已經有超過兩億公頃的森林遭到破壞，尤其是為了建立牧場或牛舍：D. Kaimowitz, *Livestock and Deforestation in Central America in the 1980s and 1990s: A Policy Perspective,* Center for International Forest Research (CIFOR), Jakarta, Indonesia: 1996. D. Kaimowitz, B. Mertens, S. Wunder, and P. Pacheco, *Hamburger Connection Fuels Amazon Destruction*, Bogor, Indonesia: CIFOR, 2004。
12. J. Rifkin, *La troisième révolution industrielle*, Éditions Les Liens qui Libèrent, 2012. 在 Frances Moore Lappé 的著作 *Diet for a Small Planet* 一書中指出，用於種植穀物的一英畝面積所能提供的蛋白質，相當於用於生產肉類的五倍；而一英畝豆類能提供十倍的蛋白質；一英畝葉菜類則是十五倍。F. M. Lappé, *Diet for a Small Planet,* Ballantine, 1971, p. 4-11. 另可參考 J. Doyle, *Altered Harvest: Agriculture, Genetics and the Rue of the World’s Food Supply,* Viking Press, 1985，以及 M.-M. Robin, *Les moissons du futur : Comment l’agroécologie peut nourrir le monde,* La Découverte, 2012.
13. B. Parmentier, *Nourrir l’humanité : Les grands problèmes de l’agriculture mondiale au xxie siècle,* La Découverte, 2009, p. 38. A.

Caron 引用於 *No steak, op. cit.*, Kindle, 5168。如果將相同面積用於生產紅肉，產量將更低。

14. J. S. Foer, *Eating Animals, op. cit.*, p. 265, note 105. 此計算是依據美國官方和大學提供的資料。根據 Aymeric Caron 提供的數據指出，生產一卡路里的雞肉需要三到四卡的蔬菜；一卡路里的豬肉需要五到七卡路里的蔬菜；而一卡路里的牛肉或羊肉則需要九到十一卡路里的蔬菜。A. Caron, *No steak, op. cit.*,Kindle, 558.

15. F. Moore Lappé, *Diet for a Small Planet*, p. 4-11.

16. 根據美國看守世界研究中心（Worldwatch Institute）資料，這是一所美國的基礎研究機構。他們目前從事的一項計畫，是對生態永續農業創新進行比較分析，以減少貧困和饑荒。在全球各地收穫的二．二五億噸大豆中，有九〇%以上也用於飼養牲畜。 如果將飼養美國牲口的所有糧食直接供人食用，將可養活八億人口。D. Pimentel, S. Williamson, C. E. Alexander, O. Gonzalez-Pagan, C. Kontak, and S. E. Mulkey, "Reducing Energy Inputs in the US Food System", *Human Ecology* 36, no. 4, 2008, p. 459-471.

17. "Compassion in World Farming". Marjolaine Jolicoeur 引用於 AHIMSA, 2004。

18. 根據一九九一美國農業部外國農業服務局（USDA-FAS）資料。

19. 根據聯合國糧農組織資料，二〇一〇年世界營養不良人口數量達到九．二五億，比起二〇〇六至二〇〇八年的平均值增加了近九%。聯合國的世界糧食計畫署（PAM）提出了同樣的數字。A. Caron引用，*op. cit.*, p. 494與Kindle 5151-5153。

20. Jocelyne Porcher, http://www.agrobiosciences.org/article.php3?id_article=1096, septembre 2004. A. Caron 引用，*op. cit.*, 543。

21. 肉類消費量（每年人均公斤）與財富（國民生產毛額）之間的關係，參下圖。

22. A. J. McMichael, G. W. Powles, C. D. Butler, and R. Uauy, "Food, Livestock Production, Energy, Climate Change, and Health", *The Lancet* 370, no 9594, 2007, 1253-63.

23. FAO, *L'ombre portée de l'élevage: Impacts environnementaux et options pour atténuation*, Rome, 2006; FAO, *Comment nourrir le monde en 2050*, 2009.

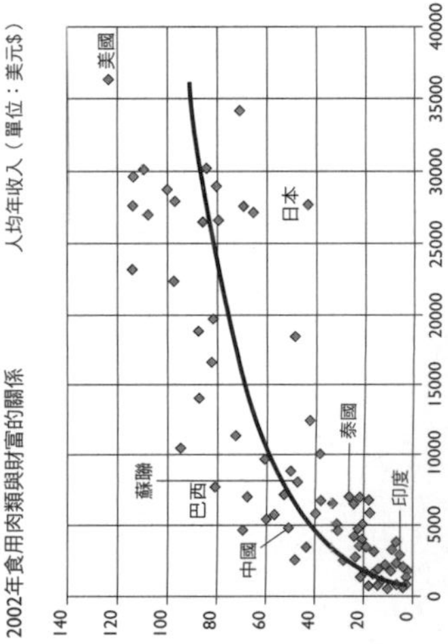

24. H. Herzog, *Some We Love, Some We Hate, Some We Eat: Why It's So Hard to Think Straight About Animals,* Harper Collins, 2010, p. 192. A. Caron 引用，*op. cit.,* Kindle, 5140。

25. Ray, "Tendances de la Chine en matière de production et de consommation de viande", 刊載於 Gestion agricole du Canada 網站，A. Caron 引用於 *No Steak, op. cit.,* Kindle, 5144。

26. FAO, *L'ombre portée de l'élevage, op. cit.,* 2006. 以及 "World Agriculture Towards 2015-2030", Rome: FAO, 2002。

27. É. Lambin, *Une écologie du bonheur,* Le Pommier, 2009, p. 70.

28. F. M. Lappé, *op. cit.,* p. 11-12, 21.

29. FAO, *L'ombre portée de l'élevage, op. cit.,* 2006.

30. M.V. Dompka, K. M. Krchnak, and N. Thome, "Summary of Experts' Meeting on Human Population and Freshwater Resources", 收錄於 Karen Krchnak (ed.). *Humait Population and Freshwater Resources: U.S. Cases and International Perspective,* Yale University, 2002。

31. G. Borgström, *Harvesting the Earth,* Abelard-Schuman, 1973, p. 64-65.根據法國國家科學研究中心（CNRS）提供的其他估計數據，要栽培出一公斤的穀物需用掉大約一噸水。如果把種植穀物飼料所需的水、動物的飲用水和生活用水都算上，那麼生產一公斤的禽肉其實需要將近四噸水；一公斤豬肉要六噸水；一公斤羊肉要九噸水；一公斤牛肉要十五・五噸水。CNRS, http://www.cnrs.fr/cw/dossiers/doseau/decouv/usages/consoDom.html. A. Caron引用，*op. cit.,* Kindle 5178-5180。

32. "The Browning of America", *Newsweek,* February 22 1981, p. 26. J. Robbins 引用於 *Se nourrir sans faire souffrir,* Alain Stanke, 1991, p. 420。相關主題科學資料可參考 A. Y. Hoekstra and P. Q. Hung, "Virtual Water Trade : A Quantification of Virtual Water Flows between Nations in Relation to International Crop Trade", *Value of Water Research Report Series,* 11, 2002, p. 166. A. K. Chapagain and A. Y. Hoekstra, *Virtual Water Flows Between Nations in Relation to Trade in Livestock and Livestock Products,* UNESCO-IHE Delft, The Netherlands, 2003. D. Zimmer and D. Renault, "Virtual Water in Food Production and Global Trade: Review of Methodological Issues and Preliminary Results", *Proceedings of the international Expert Meeting on Virtual Water Trade, Value of Water-Research Rapport Series,* 2003, p. 93-109. T. Oki, M. Sato, A. Kawamura, M. Miyake, S. Kanae, and K. Mu-

siake, "Virtual Water Trade to Japan and in the World", in A. Y. Hoekstra, *Virtual Water Trade: Proceedings of the international Expert Meeting on Virtual Water Trade, Value of Water Research Report Series,* 2003。

33. A. Caron, *op. cit.*, Kindle, 633.

34. M. W. Rosegrant and S. Meijer, "Appropriate Food Policies and Investments Could Reduce Child Malnutrition by 43% in 2020", *The Journal of Nutrition* 132, no. 11, 2002, 3437S-3440S.

35. 根據二〇一一年世界銀行與麥肯錫全球研究所，*Natural Resources,* http://www.mckinsey.com/insights/mgi/research/natural_resources。

36. 國際糧食政策研究所與聯合國環境委員會。

37. J.-M. Jancovici, *L'avenir climatique : Quel temps ferons-nous?.* Le Seuil, 2005.

38. 該數字是二〇一三年十月由糧農組織在「透過畜牧業應對氣候變遷」（Tackling Climate Change Through Livestock）報告中所提出的最新數據，這份報告是關於畜牧業溫室氣體排放迄今為止最詳盡的文件。牛隻養殖占碳排放總量的三分之二，一四．五%的數字是根據產業完整生命週期加以分析計算的結果，即包括與畜牧相關的森林砍伐所造成的碳排放、牲畜飼料的生產和包裝等，但是相同的統計方法卻未涵蓋交通運輸。劍橋大學、澳洲國立大學和其他學術單位的研究人員所提出的研究結果，顯示該數字大約一七%（A. J. McMichael *et al., op. cit.*）。駁斥這一數字的人士提出了IPCC的四%，但這只涵蓋了直接排放，而不是整個產業的生命週期。重點在於將整個生命週期考慮進去，因為牲畜的間接排放在碳排放中所占的比率相當高。

39. http://www.conservation-nature.fr/article2.php?id=105.

40. R. Desjardins, D. Worth, X. Vergé, D. Maxime, J. Dyer and D. Cerkowniak, "Carbon Footprint of Beef Cattle", *Sustainability* 4, no. 12, 2012, 3279-3301.

41. FAO, *L'ombre portée de l'élevage, op. cit.*, p. 125.

42. Peter Scarborough *et al.*, "Dietary Greenhouse Gas Emissions of Meat-Eaters, Fish-Eaters, Vegetarians and Vegans in the UK", *Climatic Change* 125, no. 2, 2014, p. 179-192. M. Gibert 引用，*Op.cit.*, 2015, p. 85。

43. F. Hedenus, S. Wirsenius, and D. J. A. Johansson, "The Importance of Reduced Meat and Dairy Consumption for Meeting Strin-

gent Climate Change Targets", *Climatic Change* 124, 2014, p.79-91.

44. 根據看守世界研究中心（Worldwatch Institute）。

45. 美國環境部與審計署（ＧＡＯ）。J. S. Foer引用，*op. cit*。

46. 每年每公頃的氮含量從兩百至一千公斤不等。H. Steinfeld, C. De Haan, and H. Blackburn, "Livestock-Environment Interactions", *Issues and Options. Report of the Commission Directorate General for Development,* Fressingfield, UK: WREN Media, 1997.

47. C. A. Narrod, R. D. Reynnellsm, and H. Wells, *Potential Options for Poultry Waste Utilization: A Focus on the Delmarva Peninsula*, United States Environmental Protection Agency (EPA), 1993.

48. 請參考 BLOOM Association 所提供的數據和報告：http://www.bloo- massociation.org/。

49. D. Pauly, D. Belhabib, R. Blomeyer, W. W. W. L. Cheung, A. M. Cisneros-Montemayor, D. Copeland, D. Zeller, "China's Distant-Water Fisheries in the 21st Century", *Fish and Fisheries* 15, no. 3, 2014, pp. 474-88.

50. 根據糧農組織（ＦＡＯ）。

51. J. S. Foer, *op. cit.,* p. 66. Environmental Justice Foundation Charitable Trust, *Squandering the Seas: How Shrimp Trawling Is Threatening Ecological Integrity and Food Security Around the World,* London : Environmental Justice Foundation, 2003.

52. EPIC (European Prospective Investigation into Cancer and Nutrition, 2005). Elio Riboli 主編的報告。另一份在 *Archives of Internal Medicine* 發表的研究以五十萬人為研究對象，顯示有 一一%的男性和一六%的女性可以透過減少紅肉攝取而降低死亡率。R, Sinha, A. J. Cross, B. I. Graubard, M. F.Leitzmann, and A. Schatzkin, "Meat Intake and Mortality: A Prospective Study of Over Half a Million People", *Archives of Internal Medicine* 169, no. 6, 2009, p. 562.

53. É. Lambin, *op. cit.*, p. 78.

54. A. Pan, Q. Sun, A. M. Bernstein, M. B. Schulze, J. E. Manson, M. J. Stampfer, F. B. Hu, " Red Meat Consumption and Mortality: Results from 2 Prospective Cohort Studies", *Archives of Internal Medicine* 172, no. 7, 2012, p. 555. 這些分析考慮到慢性病的風險因素，年齡，體重指數，身體活動，家族心臟病，或主要癌症病史。

55. R. Haque, P. C. Kearney and V. H. Freed, "Dynamics of Pesticides in Aquatic Environments", in *Pesticides in Aquatic Environments,* ed. M. A. Q. Khan, Plenum Press, 1977, p. 39-52. H. Ellgehausen, J. A. Guth and H. O. Esser, "Factors Determining the

Bioaccumulation Potential of Pesticides in the Individual Compartments of Aquatic Food Chains", *Ecotoxicology and Environmental Safety* 4, no. 2, 1980, p. 134-157.

56. É. Lambin, *op. cit.*, p. 80.

57. P. Scarborough, P. N. Appleby, A. Mizdrak, A. D. Briggs, R. C. Travis, K. E. Bradbury, and T. J. Key "Dietary Greenhouse Gas Emissions of Meat-Eaters, Fish-Eaters, Vegetarians and Vegans in the UK", *Climatic Change* 125, no. 2, 2014, p. 179-192. M. Gibert 引用，*op.cit.*, 2015, p. 85。

58. www.ncbi.nlm.nih.gov/pmc/articles/PMC3662288。M. Gibert 引用於 *Voir son steak comme un animal mort*, p. 126。

59. 根據 A. Caron, *No Steak*, Kindle。

60. 二〇一一年十月法國素食協會（Association végétarienne de France）的評估數字。

61. FAO, http://www.fao.oig/docrep/004/yl669f/yl669f09.htm. A. Caron 引用於 *No Steak*, p. 205。

62. The Hindu-CNN-IBN State of Nation Survey, 2006.

63. 根據ＢＢＣ報導，"Belgian City Plans *Veggie* days" (May 12, 2009)。

64. C. Lévi-Strauss, "La leçon de sagesse des vaches folles", *Études rurales*, 2001, http://etudesrurales.revues.org/27.

65. http://phys.org/news/2011-01-climate-tax-meat-results-greenhouse.html. A. Caron 引用於, *No Steak*, Kindle, 5180.

66. 另參見 IPCC, Intergovernmental Panel on Climate Change。

67. 二〇〇八年九月七日，英國《每日電訊報》（*Telegraph*）專訪。

68. Hedenus *et al.*, "The Importance of Reduced Meat and Dairy Consumption for Meeting Stringent Climate Change Targets", *Climatic Change*, 2014.

69. *Ibid.*

第4章　動物，成了活機器

1. 本章是 M. Ricard, *Plaidoyer pour l'altruisme*, *op. cit.*，第三十三章「剝削動物的道德偏差」（L'instrumentalisation des animaux, une aberration moral）的增補與修訂。

2. 二〇一一年六月，珍・古德在澳洲布里斯班與作者的一場談話。
3. U. Sinclair, *The Jungle*, Icon Classics, 2005, p. 42.
4. 根據聯合國糧農組織統計部門的數字，見 http://faostat.fao.org。
5. M. Joy, *Why We Love Dogs, Eat Pigs, and Wear Cows: An Introduction to Carnism.* Conari Press, 2010, p. 27. 喬伊在書中提到，此距離可從地球往返月球四趟，並足以環繞地球八十圈。
6. R.Jussiau, L. Montméas and J.-C Parot., *L'Elevage en France : 10000 ans d'histoire,* Éducagri Éditions, 1999. F. Nicolino 引用於 *Bidoche : L'industrie de la viande menace le monde.* Les Liens qui Libèrent, 2009。
7. *National Hog Farmer,* March 1978, p. 27。P. Singer 引用於 *Animal Liberation,* Harper Perennial Modern Classics, 2009, p. 126。
8. *Poultry Tribune,* November 1986. P. Singer 引用於 *Animal Liberation*, p. 174。
9. 乳牛和豬的平均壽命是二十歲。小牛在三歲時被宰殺，乳牛在約六歲時遭到「除役」（即屠宰），豬則是六個月。在正常的生活條件下，雞的平均壽命為七歲，但卻在六週時遭到屠宰。法國有十億動物的境遇都是如此。
10. U. Sinclair, *The Jungle, op. cit.*, p. 36-38.
11. David Cantor, Responsible Policies for Animals, http://www.rpaforall.org. C. Patterson 引用於 *Un éternel Treblinka, op. cit.*, p. 114。
12. J. S. Foer, *Eating Animal, op. cit.*
13. Ibid., p. 82.
14. C. Patterson, *op. cit.*, p. 166.
15. G. A. Eisnitz, *Slaughterhouse: The Shocking Story of Greed, Neglect, and Inhumane Treatment inside the US Meat Industry,* Prometheus, 1997, p. 181. C. Patterson 引用，*op. cit.*, p. 166。
16. Ibid., p. 174.
17. 根據 P. Singer, *op. cit.*, p. 163。
18. J. S. Foer, *Faut-il manger les animaux?, op. cit.*, p. 240.

19. É. de Fontenay, *Sans offenser le genre humain, op. cit.*, p. 206. Ainsi que F. Burgat, *Banimal dans les pratiques de consommation,* Presses Universitaires de France, 1998.
20. J.-L. Daub, *Ces bêtes qu'on abat : Journal d'un enquêteur dans les abattoirs français,* L'Harmattan, 2009, p. 28.
21. S. Coe, *Dead Meat,* Four Walls Eight Windows, 1996. 引用段落是摘錄自英文版（p. 111-133），同時加入 C. Patterson 節錄的段落，*Un éternel Treblinka*, p. 106-108。
22. G. A. Eisnitz, *op. cit.*, p. 182.
23. S. Coe, *op. cit.*, p. 120.
24. G. Carpenter *et al.*, "Effect of Internal Air Filtration on the Performance of Broilers and the Aerial Concentrations of Dust and Bacteria", *British Poultry Journal* 27, 1986, p. 471-480. P. Singer 引用，*op. cit.*, p. 172。
25. R. Bedichek, *Adventures With a Texas Naturalist,* University of Texas Press, 1961. R. Harrison 引用於 *Animal Machines: The New Factory Farming Industry* [1st edition, 1964], CABI Publishing, 2013, p. 154。
26. J. Breward and M. Gentle, "Neuroma Formation and Abnormal Afferent Nerve Discharges After Partial Beak Amputation (Beak Trimming) in Poultry", *Experienta* 41, no. 9, 1985, p. 1132-1134.
27. *National Geographic Magazine,* February 1970. P. Singer 引用，*op. cit.*, p. 177。
28. J. S. Foer, *op. cit.*, p. 176.
29. *Ibid.*, p. 65.
30. 密西西比州立大學推廣服務與美國農業部（USDA）合作的出版品"Dehorning, Castrating, Branding, Vaccinating Cattle", no. 384。另可參考"Beef Cattle: Dehorning, Castrating, Branding and Marking", USDA, *Farmers' Bulletin,* no. 2141, September 1972, P. Singer引用，*op. cit.*, p. 225。
31. J. Porcher, "Histoire contemporaine d'un cochon sans histoire". *Revue du MA.U.S.S.*, (1), 2004, p. 397-407.
32. J. S. Foer, *op. cit.*, p. 239。
33. J. S. Foer, *op. cit.*, p. 285。
34. *Ibid.*, p. 284-289.

35. A. Civard-Racinais 引用於 *Dictionnaire horrifié de la souffrance animale.* Fayard, 2010. Kindle, 1230。
36. Virgil Butler, "Inside the Mind of a Killer", *The Cyberactivist,* August 31, http://www.cyberactivist.blogspot.com/.
37. 參見 M. Ricard, *Plaidoyer pour l'altruisme*, op. cit.，第二十九章〈對殺戮的天生反感〉（"La répugnance naturelle à tuer", 2013, op. cit. p. 430-444）。
38. Avi Solomon, "Working Undercover in a Slaughterhouse: An Interview with Timothy Pachirat", Boingboing.net, 8 mars 2012. M. Gibert 引用，op.cit., p. 195。
39. T. Pachirat, Every Twelve Seconds: Industrialized Slaughter and the Politics of Sight. Yale University Press, 2011.
40. *Les Cahiers antispécistes,* n° 21, février 2002. B. Cyrulnik *et al.* 引用於 *Les animaux aussi ont des droits, op. cit.,* Kindle 3135-39。
41. Mark Rissi為*Swiss Animais Protecdon/EAST International*拍攝的紀錄片*A Shocking Look Inside Chinese Fur Farms*，可前往善待動物組織（ＰＥＴＡ）網站觀看：http://www.peta.org/issues/animals-used-for-clothing/chinese-fur-industry.aspx。
42. A. Caron 引用的數據，*op. cit.,* Kindle 1392。
43. J.-L. Daub, *op.cit.*, p.27.
44. *Ibid.,* p. 23.
45. A. Mood and P. Brooke, *Estimating the Number of Fish Caught in Global Fishing Each Year* (http://fishcount.org.uk/published/std/fishcountstudy.pdf), July 2010. 作者使用糧農組織所公布單一物種每年捕撈數量的統計數據，並透過估算所研究魚種的平均重量來計算魚的數量。
46. J. S. Foer, *op. cit.*, p. 245.
47. 這一論點尤其獲得 J. Porcher 的支持。*Vivre avec les animaux, op. cit.,* La Découverte, 2011.
48. T. Lepeltier, *La révolution végétarienne.* Éditions Sciences Humaines, 2013, p. 74-75.
49. J. Porcher, *op. cit.*, p. 116.
50. F. Burgat, *La cause des animaux*. Buchet Chastel, 2015, p. 15.
51. *Ibid.,* p. 31.
52. D. Chauvet, *La volonté des animaux*, Droits des animaux, 2008. 此為作者審校評註的版本，重新刊載於 *Les Cahiers antispé-*

ciste:, n° 30-31, décembre 2008。

53. 請參考 PETA、One Voice、L214 和其他協會網站、以及本書提到的紀錄片 *Earthlings*。

54. G. Cazes-Valette, *Le rapport à la viande chez le mangeur français contemporain,* Groupe ESC-Toulouse/CCIT, octobre 2003 - novembre 2004, p. 345. Estiva Reus et Antoine Comiti 引用於 *Les Cahiers antispécistes,* n° 29, février 2008。

55. 一九八六年十二月十日，Elie Wiesel 榮獲諾貝爾和平獎的得獎感言。

第5章　我們為什麼心安理得？

1. J.-J. Rousseau, *Discours sur l'origine et les fondements de l'inégalité parmi les hommes.* Aubier Montaigne, 1973, p. 59.
2. H. Sidgwick, "The Establishment of Ethical First Principles", *Mind,* no. 13, 1879, p. 106-111.
3. Shantideva, *Bodhicaryâvatâra : La Marche vers l'Éveil,* Padmakara, 2008.
4. Tom Regan 為 S. Coe 著作 *Dead Meat* 所作序文 "The Burden of Complicity", *op. cit*。Tom Regan 是美國北卡羅萊納州立大學的道德哲學教授（編按：Tom Ragan 於二〇一一年退休，二〇一七年病逝）。
5. P. Singer, *Animal Liberation, op. cit.,* p. 39.
6. J. Bentham, *An Introduction to the Principles of Morals and Legislation,* Clarendon Press., XVn, § I, IV, note 1, 1879, p. 311.
7. H. Lautard, *Zoophilie ou sympathie envers les animaux : Psychologie du chien, du chat, du cheval.* Société française d'imprimerie et de librairie, 1909, p. 7-10. J.-B. Jeangène Vilmer 引用於 *Anthologie d'éthique animale* (dir.), *op. cit.*, p. 234。
8. Luc Ferry, *Le Figaro,* 6 novembre 2014.
9. Élisabeth de Fontenay 為 Plutarque, *Trois traités pour les animaux* 所作序文 "Le droit du plus fort", POL, 1992, p. 44-45。
10. Massimo Filippi *et al.,* "The Brain Functional Networks Associated to Human and Animal Suffering Differ among Omnivores, Vegetarians and Vegans", *PLoS ONE* 5, no. 5, 2010. M. Gibert 引用，*op.cit.*, 2015, p.181-182。
11. Brooke Preylo and Hiroko Arikawa, "Comparison of Vegetarians and Non-Vegetarians on Pet Attitude and Empathy", *Anthrozoos* 21, no. 4, 2008, p. 387-395 ; Tania Signal and Nicola Taylor, "Empathy and Attitudes to Animals", *Anthrozoos* 18, no. 1, 2005, p. 18-27. M. Gibert 引用，*op.cit.*, 2015, p. 181-182。

12. 參見 www.karuna-shechen.org。
13. F. Burgat, J.-P. Marguénaud, "Les animaux ont-ils des droits ?", *Le Monde, fr,* 15 juillet 2010.
14. J.-L. Daub, *Ces bêtes qu'on abat..., op. cit.*, p. 30-31.
15. P. Singer, *op. cit.*, p. 333.
16. T. Lepeltier, *La révolution végétarienne..., op. cit.*, p. 156.
17. B. de Mandeville, *The Fable of the Bees: or, Private Vices, Public Benefits,* 1714. https://archive.org/details/fableofthebeesor027890mbp, 118-19.
18. H. Taine, *La Fontaine et ses Fables,* Hachette, 1911, p. 166, 107.
19. C. Darwin, *The Descent of Man*, Wiley Online Library, chap. 3, 1874, p. 193.
20. Jean-Henri Fabre. A. Géraud 引用於 *Déclaration des droits de l'animal.* Bibliothèque A. Géraud, 1939, p. 29。J.-B. Jeangène Vilmer 引用，(dir.), *op. cit.*, p. 244。
21. *Voltaire,* Œuvres complètes, Arvensa Éditions. Kindle, 74852-74861.
22. B. E. Rollin, *The Unheeded Cry: Animal Consciousness, Animal Pain and Science,* Oxford University Press, 1989, p. 154-156.
23. Ibid, p. 118.
24. B. Cyrulnik *et al.*, *Les animaux aussi ont des droits, op. cit.* Kindle, 3243-3245.
25. J.-B. Jeangène Vilmer, "Le critère de la souffrance dans l'éthique animale anglo-saxonne". 收錄於 J.-L. Guichet, *Douleur animale, douteur humaine : Données scientifiques, perspectives anthropologiques, questions éthiques,* Quae, 2010, p. 191-199。
26. D. B. Morton and P. H. Griffiths, "Guidelines on the Recognition of Pain, Distress and Discomfort in Experimental Animals and an Hypothesis for Assessment", *Veterinary Record* 116, no. 16, 1985, p. 431-436. B. E. Rollin 引用，*op.cit.*, p. 194。
27. 動物衛生組織（OIE）因此重申人類的道德責任，主張改善對待魚類的方式。OIE, *Aquatic Animal Health Code.* Appendix 3.4.1."Introduction to Guidelines for the Welfare of Farmed Fish", 2008.
28. K. P. Chandroo, I. J. Duncan, and R. D. Moccia, "Can Fish Suffer? Perspectives on Sentience, Pain, Fear and Stress", *Applied Animal Behaviour Science* 86, no. 3, 2004, p. 225-250. 另見 L. U. Sneddon, V. A. Braithwaite, and M. J. Gentle, "Do Fishes Have

Nociceptors? Evidence for the Evolution of a Vertebrate Sensory System", *Proceedings of the Royal Society of London, Series B: Biological Sciences* 270, no. 1520, 2003, p. 1115-1121. L. U. Sneddon, "Ethics and Welfare: Pain Perception in Fish", *Bulletin-European Association of Fish Pathologists* 26, no. 1, 2005, p. 6. AHAW, "Scientific Opinion of the Panel on Animal Health and Welfare on a Request from European Commission on General Approach to Fish Welfare and to the Concept of Sentience in Fish", *The EFSA Journal,* 954, 2009, p. 1-26. J. Nordgreen, J. P. Garner, A. M. Janczak, B. Ranheim, W. M. Muir, and T. E. Horsberg, "Thermonociception in Fish: Effects of Two Different Doses of Morphine on Thermal Threshold and Post-Test Behaviour in Goldfish (*Carassius auratus*)", *Applied Animal Behaviour Science* 119, no. l, 2009, p. 101-107。

29. 在坦尚尼亞坦干依喀湖中的伯氏妊麗魚（*Astatotilepia burtoni*）身上觀察到的行為，請見 L. Grosenick, T. S. Clement, and R. D. Femald, "Fish Can Infer Social Rank by Observation Alone", *Nature* 445, no. 7126, 2007, p. 429-432。彩虹魚（rainbowfishs）經過訓練後，可在漁網中尋找漏洞逃脫，經過五次嘗試錯誤的學習，能在十一個月後第一次就成功逃脫。請參閱 C. Brown, "Familiarity with the Test Environment Improves Escape Responses in the Crimson Spotted *Rainbowfish* (*Melanotaenia duboulayi*)", *Animal Cognition* 4, no. 2, 2001, p. 109-113。

30. R. O. Anderson and M. LeRoy Heman, "Angling as a Factor Influencing Catchability of Largemouth Bass", *Transactions of the American Fisheries Society* 98, no. 2, 1969, p. 317-320.

31. R. W. Elwood and M. Appel, "Pain Experience in Hermit Crabs?", *Animal Behaviour* 77, no. 5, 2009, p. 1243-1246.

32. J. R. Baker, "Experiments on the Humane Killing of Crabs", *Journal of the Marine Biological Association of the United Kingdom* 34, no. 1, 1955, p. 15-24.

33. P. Devienne, *Les animaux souffrent-ils?*. Le Pommier, 2008.

34. A. Civard-Racinais, *Dictionnaire horrifié de la souffrance animale,* Fayard, 2010.

35. 根據 B. Cyrulnik *et al., op. cit.* Kindle, 3534。

36. F. de Waal 引用於 *L'âge de l'empathie : Leçons de nature pour une société plus apaisée.* Les Liens qui Libèrent, 2010, p. 198-199。

37. J. Goodall, *Through a Window: My Thirty Years with the Chimpanzees of Gombe,* Phoenix, 2011, p. 190.（Flint 奄奄一息的照片見 p. 213）。

38. P. Singer 引用，*op. cit.*, p. 315, note 43。
39. *Ibid.*, p. 315, note 44.
40. 舉例來說，已知有超過五百種細菌在人類牙齒和口腔黏膜中存活，為合作和競爭提供了潛在的證據。同時也證明這些細菌之間的合作，幫助它們能夠在一個單一物種無法繁殖的環境中存活。請參考 P E. Kolenbrander, "Mutualism Versus Independence: Strategies of Mixed-Species Oral Biofilms in Vitro Using Saliva as the Sole Nutrient Source", *Infect. Immun.* 69, 2001。關於細菌的研究，另可參見 J. H. Koschwanez, K. R Foster, and A. W. Murray, "Sucrose Utilization in Budding Yeast as a Model for the Origin of Undifferentiated Multicellularity", *PLoS biology,* 9, no. 8, 2011。
41. C. Darwin, *The Descent of Man and Selection in Relation to Sex,* ed. J. Moore and A. Desmond, Penguin, 2004, p. 130.
42. Plutarque, *Sur l'usage des viandes, op. cit.,* p. 565.
43. J.-B. Jeangène Vilmer, *op. cit.,* p. 126.
44. *Ibid.,* p. 130.
45. M. Gibert, *op.cit.*, 2015, p. 148.
46. http://www.bloomassociation.org/.
47. A. Caron, *No steak, op. cit.*, Kindle, 2936.
48. 參見 M. Nespolo, "Protéines: table rase sur les mythes, " *Alternative Végétariennes,* 119, printemps, 2015, p. 18-27。
49. *Protein and Amino Acid Requirement in Human Nutrition*. WHO/FAO/UNU 合辦的專家諮詢計畫。WHO technical report series no. 935. http://:whquilibdoc.who.int/trs/who_trs_935_eng.pdf
50. F. Souci, W. Fachmann, H. Kraut, *La Composition Des Aliments. Tableaux Des Valeurs Nutritives*, 7ème Édition, Revue et Complétée, 2008. M. Nespolo 引用，*op. cit.*, 2014, p. 20。
51. M. E. Levine, J. A. Suarez, S. Brandhorst, P. Balasubramanian, C.-W. Cheng, F. Madia, V. D. Longo, "Low Protein Intake Is Associated with a Major Reduction in IGF-1, Cancer, and Overall Mortality in the 65 and Younger but Not Older Population", *Cell Metabolism* 19, no. 3, 2014, p. 407-417. 另一方面，高蛋白質飲食略有助於降低六十五歲之後的罹癌率和死亡率，但卻會造成全年齡的糖尿病死亡率增加五倍。中年時少量攝取動物性蛋白質，並在老年時適度加以攝取，似乎可以改善

健康並且延年益壽。

52. 概述參見 A. Caron, *op. cit.*, Kindle, 2939-2964。
53. http://www.inpes.sante.fr/CFESBases/catalogue/pdf/1178.pdf.
54. Carl Lewis 為以下著作所作的序文：J. Bennett and C. Lewis, *Very Vegetarian*, Thomas Nelson, 2001。
55. Shabkar, *Les larmes du Badhisattva...*, *op. cit.*, p. 61 et 64
56. J. F. Burns, "Stoning of Afghan Adulterers: Some Go to Take Part, Others Just to Watch", *International Herald Tribune* 3, November 1996.
57. M. Gibert, *Voir son steak comme un animal mort: Véganisme et psychologie morale.* Lux Éditeur, 2015, p. 27.
58. 請見 L214 的宣傳網站：www.stopgavage.com。
59. 根據 CIFOG（鵝肝產業委員會）公布的數據。二〇〇二年經濟報告，A. Civard-Racinais 引用於 *Dictionnaire horrifié de la souffrance animale*, Fayard, 2010. Kindle, 873。
60. F. Nicolino 引用，*Bidoche...*, *op. cit.*, p. 299。
61. Alexandrine Civard-Racinais 強調：「儘管歐盟於一九九八年七月二十日發布關於保護畜產動物的指令，但全球每年仍有四千三百萬隻蹼足家禽遭到灌食，其中有三千六百萬隻集中在法國的西南部和亞爾薩斯省。歐盟指令規定：『不應以造成不必要痛苦或傷害的方式，餵食或塞飽任何動物（第十四條）。』依據該指令，歐盟許多國家已禁止強迫餵食的做法。」A. Civard-Racinais, *op. cit.* Kindle, 871.

第6章　會唱歌的鳥兒，會畫畫的猩猩

1. C. Darwin, *The Descent of Man, and Selection in Relation to Sex*, vol. 1 [digital version], Cambridge University Press, 2009, 34-35.
2. C. Darwin, The Expression of Emotions in Man and Animals, D. Appleton, 1899.
3. J. Offray de La Mettrie, *L'homme machine*, Frédéric Henry, 1747, p. 159.
4. C. Mora, D. P. Tittensor, S. Adl, A. G. Simpson, and B. Worm "How Many Species Are Therer on Earth and in the Ocean? " *PLOS Biology* 9, no. 8, 2011, e1001127.

5. 二〇一四年二月七日，在 Ecolo- Ethik 於參議院舉辦「動物權利」（Le droit de l'animal）研討會上的發言。
6. A. Scally, J. Y. Dutheil, L. W. Hillier, G. E. Jordan, I. Goodhead, J. Herrero, and others.). "Insights Into Hominid Evolution From the Gorilla Genome Sequence". *Nature*, 483, no. 7388, 2012, 169-175.
7. T. Nagel, *The View from Nowhere,* New York: Oxford University Press, 1989.
8. C. Darwin, The Descent of Man, and Selection in Relation to Sex, *op. cit.*.
9. Buffon, *Œuvres complètes,* t. 1, 1828, p. 34. 引用於 D. Chauvet, *La volonté des animaux, op. cit.*, p. 19。
10. D. Lestel, *Les origines animales de la culture, op. cit.*, p. 19.
11. D. R. Griffin, *The Question of Animal Awareness: Evolutionary Continuity of Mental Experience,* Rockefeller University Press, 1976, p. 85.
12. Ibid., p. 74。
13. S. P. Stich, "Do Animals Have Beliefs?", *Australian Journal of Philosophy* 57, no. 1, 1979, p. 18.
14. Élisabeth de Fontenay 引用，收錄於 B. Cyrulnik *et al., Les animaux aussi ont des droits, op. cit.* Kindle, 1567。
15. 根據 B. Cyrulnik *et al., op. cit.* Kindle, 3273。
16. D. Diderot, *Le Rêve de D'Alembert* [1769], Youscribe Publica, 2012. Kindle, 1361.
17. S. M. Wise, *Drawing the Line,* Perseus Books, 2002, p. 104.
18. "An Interview with Alex, the African Grey Parrot", *Scientific American* (www.scientificamerican.com), September 12, 2007.
19. "Science's Best Known Parrot Died on September 6th, aged 31", *The Economist,* September 20, 2007.
20. R. J. Herrnstein and D. H. Loveland, " Complex Visual Concept in the Pigeon", *Science* 146, no 3643, 1964, p. 549; R. J. Herrnstein, D. H. Loveland, and C. Cable, "Natural Concepts in Pigeons", *Journal of Experimental Psychology: Animal Behavior Processes* 2, no. 4, 1976, p. 285.
21. S. Watanabe, J. Sakamoto, and M. Wakita, "Pigeons' Discrimination of Paintings by Monet and Picasso", *Journal of the Experimental Analysis of Behavior* 63, no. 2, 1995, p. 165; S. Watanabe, "Visual Discrimination of Real Objects and Pictures in Pigeons", *Learning and Behavior* 25, no. 2, 1997, p. 185-192.

22. T. Matsuzawa, "Use of Numbers by a Chimpanzee", *Nature* 315, no. 6014, 1985, p. 57-59.
23. C. Brown, "Familiarity with the Test Environment Improves Escape Responses in the Crimson Spotted Rainbowfish (*Melanotaenia duboulayi*)", *Animal Cognition* 4, 2001.
24. M. Helft, "Pig Video Arcades Critique Life in the Pen", *Wired,* juin 1997.
25. L. Duchene, "Are Pigs Smarter Than Dogs?", Penn State University, Probing Question, 2006. 暫時刊載於賓州州立大學網站，https://news.psu.edu/tag/probing-question。
26. S. Held, M. Mendl, C. Devereux, and R. W. Byrne, "Behaviour of Domestic Pigs in a Visual Perspective Taking Task", *Behaviour* 138, no. 11-12, 2001, 1337-54.
27. R. Helfer, *The Beauty of the Beasts,* Jeremy P. Tarcher, 1990, p. 82-83.
28. 可於以下網站瀏覽影片：http://www.dailymotion.com/video/x4xukx_ hippopotame-sauve-impala-du-crocodi_animals。
29. T. Regan, *The Case for Animal Rights,* Berkeley: University of California Press, 2004 , xvi.
30. 關於佛教對這些問題的看法，請參考 Wulstan Fletcher 所寫序文，收錄於 Shabkar, *Les larmes du Badhisattva..., op. cit.*。
31. R. Ryder, "Speciesism Again: The Original Leaflet", *Critical Society* 2 ,2010.
32. R. Ryder, " Experiments on Animals", *Animals, Men and Morals,* ed. S. Godlovitch, Grove Press, 1974, p. 81.
33. P. Singer, *Animal Liberation, op. cit.*, p. 36.
34. J. Dunayer, "The Rights of Sentient Beings. Moving Beyond Old and New Speciesism", *The Politics of Species: Reshaping Our Relationships with Other Animals,* ed. R. Corbey and Lanjouw, Cambridge University Press, *op. cit.,* 2013, p. 27-39.
35. M. Gibert, *op.cit.*, p. 168.
36. J.-B. Jeangène Vilmer, *Éthique animale,* Presses Universitaires de France, 2008, p. 47.
37. M. Joy, *Why We Love Dogs..., op. cit* , p. 24-27.
38. A. Caron, *No steak, op. cit.*, Kindle, 879, 927.
39. M. Bekoff, "Who Lives, Who Dies and Why", in R. Corbey & A. Lanjouw (eds.). *op. cit.,* 2013, p. 15-26.
40. F. Wolff, *Notre humanité : d'Aristote aux neurosciences,* Fayard, 2010, p. 337.

41. Ibid., p. 336.
42. D. Chauvet, *op. cit.*.
43. J. M. Coetzee, *Elizabeth Costello,* Viking, 2003, EPUB 79.
44. M. Gibert, *op.cit.*, 2015, p. 42. 另參見 Tatjana Višak, *Killing Happy Animals: Explorations in Utilitarian Ethics,* Palgrave MacMillan, 2013。
45. 根據瑪莎．努斯鮑姆的說法，我們也應當尊重動物在自然環境中追求並實現各種目標，同時與其他物種維繫關係並一同遊戲的可能性。M. Nussbaum, *Frontiers of Justice: Disability, Nationality, Species Membership,* Harvard University Press, 2006, p. 351, 392-400. 關於這些觀點的闡釋，請參考 J.-B. Jeangène Vilmer, *op. cit.*, p. 97-98。
46. Frans de Waal 與 Martha Nussbaum 的講座，http://www.youtube.com/。
47. 除非另有證據，如果動物行為可以描述為動物「似乎」能意識到痛苦、能進行抽象的思考等，那麼最簡單的假設，就是牠們的確在受苦。牠們具備人類所享有的抽象思考和其他能力，而我們人類則和牠們擁有相同的進化歷程，具備相同的感覺器官，並在大多數情況下會產生類似的神經和腦部反應。關於這些觀點的闡釋，請參考 B. E. Rollin, *The Unheeded Cry..., op. cit.*, chap. 6。
48. D. O. Hebb, "Emotion in Man and Animal", *Psychological Review* 53, no. 2, 1946, p. 88. G. B. Matthews 引用於 "Animais and the Unity of Psychology", *Philosophy* 53, no. 206, October 1978, p. 440。
49. C. Darwin, The Descent of Man...op. cit.,*1383-1386.*
50. D. R. Griffin, *Animal Minds: Beyond Cognition To Consciousness,* University of Chicago Press, p. 34, 1992. D. Chauvet 引用於 *Contre la mentaphobie, op. cit.*, p. 55。
51. D. Chauvet, *op. cit.*, p. 50.
52. Frans de Waal 構思出英文單字 anthropodenial，即法文的 anthropodéni，意思是在科學界和大眾身上都能見到，否定人類和動物情感之間存有任何相似性的心理狀態。
53. F. de Waal, *L'âge de l'empathie, op. cit.*, p. 196.
54. H. Taine, *La Fontaine et ses fables, op. cit.*, p. 163.

55. 二〇一四年二月七日，Élisabeth de Fontenay 在 Ecolo-Ethik 於參議院舉辦「動物權利」（Le droit de l'animal）研討會上的發言。
56. É. de Fontenay, *op. cit.*, p. 33.
57. B. E. Rollin, *op. cit.*, p. 23.
58. The Cambridge Declaration on Consciousness. http://fcmconference.org/img/CambridgeDeclarationOnConsciousness.pdf.
59. D. Lestel, *Les origines animales de la culture, op. cit.*, p. 8.
60. A. L. Kroeber, "Sub-Human Culture Beginnings", *The Quarterly Review of Biology* 3, no. 3, 1928, p. 325-342. A. L. Kroeber and C. Kluckhohn, "Culture: A Critical Review of Concepts and Definitions", *Papers of the Peabody Museum of Archaeology and Ethnology,* Harvard University, 1952. D. Lestel 引用，*op cit.*, p. 108-110。
61. A. Whiten, J. Goodall, W. C. McGrew, T. Nishida, V. Reynolds, Y. Sugiyama, C. Boesch, "Cultures in Chimpanzees", *Nature* 399, no. 6737, 1999, p. 682-685. D. Lestel 引用，*op. cit.*, p. 118。
62. D. Lestel, "Des cultures animales", *Sciences et Avenir*, no. 152, oct-nov. 2007, p. 26-29. 另可參考 D. Lestel, *op. cit.*, 以及指標性著作 W. C. McGrew, *The Cultured Chimpanzee: Reflections on Cultural Primatology,* Cambridge University Press, 2004。
63. J. Goodall, "Tool-Using and Aimed Throwing in a Community of Free-Living Chimpanzees", *Nature* 201, 1964, 1264.
64. C. Boesch and H. Boesch, "Mental Map in Wild Chimpanzees: An Analysis of Hammer Transports for Nut Cracking", *Primates* 25, no. 2, 1984, p. 160-170. T. Matsuzawa, "Field Experiments on Use of Stone Tools by Chimpanzees in the Wild", *Chimpanzee Cultures,* 1994, p. 351-370. D. Lestel 引用，*op. cit.*, p. 130-131。
65. D. Lestel, *op. cit.*, p. 69.
66. 這隻母黑猩猩首先嘗試用木棍採集蜂蜜，但無法深入蜂巢內。接著，牠拾起一個大木鑿破壞蜂巢側邊，然後改用尖端更銳利的木鑿，最後成功刺穿蜂巢，愉快享用從蜂巢壁上滴落的蜂蜜。W. C. McGrew, "The Intelligent Use of Tools: Twenty Propositions", K. R. Gibson and T. Ingold, *Tools, Language and Cognition in Human Evolution,* Cambridge University Press, 1994, p. 151-170. D. Lestel 引用，*op. cit.*, p. 85。
67. R.W. Shumaker, K. R. Walkup, and B. B. Beck, *Animal Tool Behavior: The Use and Manufacture of Took by Animals,* Johns Hop-

kins University Press, 2011.

68. D. Lestel, *op. cit.*, p. 62.

69. G. R. Hunt, “Manufacture and Use of Hook-Tools by New Caledonian Crows”, *Nature* 379 no. 6562, 1996, p. 249-251. D. Lestel 引用，*op. cit.*, p. 130。

70. K. Sumita, J. Kitahara-Frisch, and K. Norikoshi, “The Acquisition of Stone-Tool Use in Captive Chimpanzees”, *Primates* 26, no. 2, 1985, p. 168-181. 在鯨類和其他物種中也能觀察到學習行為，請參考 D. Lestel, *op. cit.*, p. 155。

71. J. Goodall, *The Chimpanzees of Gombe: Patterns of Behavior,* Harvard University Press, 1996.

72. N. Masataka, H. Koda, N. Urasopon, and K. Watanabe, “Free-Ranging Macaque Mothers Exaggerate Tool-Using Behavior When Observed by Offspring”, *PlOS One* 4, no. 3, 2009.

73. K. von Frisch, *Vie et mœurs des abeilles.* Albin Michel, 2011.

74. R. S. Payne and S. McVay, “Songs of Humpback Whales”, *Science* 173, no. 3997, 1971, p.585-597.

75. R. S. Payne, *Communication and Behavior of Whales,* Westview Press, 1983. C. W. Clark,"“Acoustic Behavior of Mysticete Whales”, in J. A. Thomas and R. A. Kastelein, *Sensory Abilities of Cetaceans: Laboratory and Field Evidence,* vol. 196, New York: Springer, 1990, p. 571-583. D. Lestel 引用，*op. cit.* p. 134。

76. B. Rensch, “The Intelligence of Elephants”, *Scientific American* 196, 1957, p. 44-49.

77. C. Boesch, “Symbolic Communication in Wild Chimpanzees?”, *Human Evolution* 6, no. 1, 1991, p. 81-89. D. Lestel 引用，*op. cit.*, p. 182。

78. B. Rensch, “Play and Art in Apes and Monkeys”, in E. W. Menzel, *Precultural Primate Behavior,* Karger Publishers, 1973. D. Lestel 引用，*op. cit.*, p. 228。

79. A. J. Marshall, *Bower-Birds: Their Displays and Breeding Cycles: A Preliminary Statement,* Clarendon Press Oxford, 1954. 另可參考：http://www.scienceshumaines.com/l-art-de-seduire-des-oiseaux-aux-humains_fr_25706.html。

80. J. Diamond and A. B. Bond, *Kea, Bird of Paradox: The Evolution and Behavior of a New Zealand Parrot.* Berkeley: University of California Press, 1998. D. Lestel 引用，*op. cit.*, p. 200。

81. L. D. Mech and L. Boitard, *Wolves:Behavior, Ecology, and Conservation,* University of Chicago Press, 2003, p. 388. D. Lestel 引用，*op. cit.*, p. 202。
82. J. Goodall, *Les chimpanzés et moi.* Stock, 1971, p. 65-66.
83. G. Flores,""When I See an Elephant... Paint?", *The Scientist,* June 1, 2007.
84. D. Morris, *The Biology of Art: A Study of the Picture-Making Behaviour of the Great Apes and its Relationship to Human Art*, Loneon: Methuen, 1962. D. Lestel 引用，*op. cit.*, p. 229。
85. D. Lestel, *op. cit.*, p. 162.
86. C. Lévi-Strauss, *Anthropologie structurale.* Pocket, 2003.
87. P. Rouget, *La Violence de l'humanisme : Pourquoi nous faut-il persécuter les animaux ?*, Calmann-Lévy, 2014, Édition Kindle, 348.
88. F. Wolff, *Notre humanité : D'Aristote aux neurosciences, op. cit.*, p. 357.
89. T. Matsuzawa."Sociocognitive Development in Chimpanzees: A Synthesis of Laboratory Work and Fieldwork", 收錄於 T. Matsuzawa, M. Tomonaga, and M. Tanaka, *Cognitive Development in Chimpanzees*, Tokyo Springer, 2006, p. 3-33。另參見 L. Spinney,""When Chimps Outsmart Humans"", *New Scientist* 190, 2006, p. 48-49。
90. 另可參考 F. de Waal, *Le bonobo, Dieu et nous,* Les Liens qui Libèrent, 2013。
91. F. Wolff, *Notre humanité*, p. 358.
92. S. Yamamoto, T. Humle, M. Tanaka, "Chimpanzees' Flexible Targeted Helping Based on an Understanding of Conspecifics' Goals", Proceedings of the National Academy of Sciences of the United States of America, 2012.
93. T. Bugnyar and B. Heinrich, "Ravens, Corvus Corax, Differentiate Between Knowledgeable and Ignorant Competitors", Proceedings of the Royal Society: Biological Sciences 272, no. 1573, 2005.
94. P. Rouget, *La Violence de l'humanisme : Pourquoi nous faut-il persécuter les animaux ?* , Calmann-Lévy, 2014, Édition Kindle, 348.
95. *Ibid.*
96. *Ibid.* 349.

第7章　拒絕面對真相

1. 在此感謝 Jacques Sémelin 建議我使用、甚至是創造一個特定名詞來描述大規模屠殺動物。我因此在本書中提出 zoocide 這個詞，避免與定義上涉及人類的 génocide（種族滅絕）混淆。希臘文 zôon（生物）原意是指除了植物以外、一切有生命的物種，因此其定義包括人類在內。然而，在廣為接受的日常使用上，它其實是專指動物，例如 zoologie（動物學）在《羅貝爾法語大詞典》中的定義是「關注動物研究的自然科學分支」；zoolâtrie（動物崇拜）則是「神化動物崇拜，引申為過度愛戀動物」。因此，我們認為 zoocide 這個詞可以用來明確描述蓄意大規模殺害動物的行為。
2. C. Patterson, *Un éternel Treblinka,* Calmann-Lévy, 2008, p. 214.
3. I. B. Singer, *Le péniten,* Stock, 1984.
4. I. B. Singer, *Collected Stories: Gimpel the Fool to The Letter Writer,*New York: Library of America, 2004.
5. 這六十七名倖存者是屬於一個叛逃團體的成員，在成功逃離集中營後，其中多數人再次遭到逮捕並殺害，但仍有幾位成功逃了出來。二〇一四年一月，只有一九二三年出生的塞繆爾．威倫伯格仍然存活，居住在以色列。
6. J. Derrida, *L'animal que donc je suis,* Galilée, 2006, p. 46.
7. 一如《農業法蘭西》（*La France agricole*）雜誌在二〇一一年二月八日所報導：「原則上，必須將動物殺死並埋在四到五公尺深，且襯有兩層乙烯基樹脂的坑洞中，但有時並不會照規定來，因為要掩埋的屍體實在太多了。」
8. 請參考 J. Porcher, *Vivre avec les animaux : Une utopie pour le xxis siècle, op. cit.,* p. 90，引用 L. Gaignard & A. Charon, "Gestion de crise et traumatisme : les effets collatéraux de la 'vache folle'. De l'angoisse singulière à l'embarras collectif". *Travailler* 14, no. 2, 2005, p.57-71, p. 66。
9. 一九七〇年十二月二十二日，Eurêka所拍攝的電視節目，節目名稱為「拯救牛……」（Sauver le boeuf...），由Guy Seligman與Paul Ceuzin旁白。請參考ＩＮＡ（法國國立視聽中心）檔案影片：http://www.ina.fr/video/CPF06020231/sauver-le-boeuf.fr.html。
10. J. Porcher, *op. cit.*, p. 92.
11. 根據一九四八年十二月九日聯合國二三〇號決議通過的《防止及懲治滅絕種族罪公約》第二條。

12. J. Sémelin, *Purifier et détruire : Usages politiques des massacres et génocides.* Le Seuil, 2005, p. 391.
13. J. Sémelin, "Du massacre au processus génocidaire", *Revue internationale des sciences sociales,* 2002, p. 4.
14. 二〇〇八年四月三日在巴黎政治學院，Jacques Sémelin 於 www.massviolence.org 網站啟用時的演說內容。
15. J. Chicago and D. Woodman, *Holocaust Project: From Darkness Into Light,* Viking, 1993, p. 58.
16. J. M. Coetzee, *Elizabeth Costello,* Viking, 2003, EPUB 69.
17. 尤其推薦參考 R. Breitman, *The Architect of Genocide. Himmler and the Final Solution,* Grafton, 1992, p. 249-250. J. Weiss, *Ideology of Death: Why the Holocaust Happened in Germany,* Ivan R. Dee, 1996, p. 272. R. Höss, *Commandant of Auschwitz: Autobiography,* World Publishing Company, 1960. C. Patterson 引用，*op. cit.*, p. 180-181。
18. K. R. Monroe, *The Heart of Altruism: Perceptions of a Common Humanity,* Cambridge University Press, 1996, p. 101-102.
19. Dominick LaCapra在Victor Schonfeld執導的ＢＢＣ節目*One Planet,* "Animals and Us"中的訪談內容，二〇〇九年十二月三十一日和二〇一〇年一月三日。
20. J. Porcher, *op. cit.*, p. 93.

第 8 章　道德精神，分裂中

1. I. Kant, *Sur un prétendu droit de mentir par humanité,* Vrin, 2000, p. 68.
2. F. J. Varela, *Ethical Know-How: Action, Wisdom, and Cognition,* Stanford University Press, 1999, p. 30.
3. C. Taylor, *Sources of the Self: The Making of the Modern Identity,* Harvard University Press, 1989. p. 3.
4. Platon, *Gorgias,* 收錄於 *Œuvres complètes,* Gallimard, "Bibliothèque de la Pléiade", 1940。
5. J. D. Greene, *Moral Tribes: Emotion, Reason and the Gap Between Us and Them,* Atlantic Books, 2013. J. Greene and J. Haidt, "How (and Where) Does Moral Judgment Work?", in *Trends in Cognitive Sciences* 6, no. 12, 2002, p. 517-523. J. D. Greene, L. E. Nystrom, A. D. Engell, J. M.Darley, and J. D. Cohen, "The Neural Bases of Cognitive Conflict and Control in Moral Judgment", *Neuron* 44, no. 2, 2004, p. 389-400.
6. J. Haidt, *The Righteous Mind: Why Good People are Divided by Politics and Religion,* Allen Lane, 2012.

7. 根據 Élisabeth de Fontenay，收錄於 B. Cyrulnik *et al.*, *Les animaux aussi ont des droits, op.cit.*, Kindle, 1674。
8. G. Francione and A. Charlton, *Eat Like You Care: An Examination of the Morality of Eating Animals,* Exempla Press, 2013.

第 9 章　動物實驗的兩難

1. http://www.understandinganimalresearch.org.uk/the-animals/numbers-of-animals
2. J.-P. Marguénaud, *L'expérimentation animale : entre droit et liberté,* (Versailles, France: Quae, 2011), Kindle, 198-202.
3. *Ibid.,* 156.
4. D. Lestel, *Les origines animales de la culture, op. cit.* Kindle, 311.
5. 毛澤東表示：「地主、富農、反革命、壞分子，加上這次的右派，共有三千萬人……。我們這六億人口裡面有三千萬，二百人裡面有一個，還怕什麼？中國的人口這麼多，折損一些有什麼大不了的呢？」Li Zhuisi and A. E Thurston, *La vie privée du président Mao,* Omnibus, 1994.（繁體中文版：李志綏《毛澤東私人醫生回憶錄》，時報文化出版）他還說：「人要不滅亡那不得了。滅亡有好處，可以做肥料。」J. Chang and J. Halliday, *Mao: The Unknown Story,* Vintage, 2007, p. 457.（繁體中文版：張戎、喬・哈利戴《毛澤東鮮為人知的故事》，香港：開放）。毛澤東直接或間接造成了五千萬人死亡。
6. WNET/13 於一九七四年十二月十二日播放的節目 "The Price of Knowledge", P. Singer 引用，*op. cit.*, p. 126 and note 2, p. 155。
7. M. Midgley, *Animals and Why they Matter,* University of Georgia Press, 1984, p. 13.
8. B. E. Rollin, *The Unheeded Cry…, op. cit.*, p. 114.
9. 國際疼痛研究協會研究和倫理問題委員會（Committee for Research and Ethical Issues of the International Association）羅列的項目。"Ethical guidelines for the investigation of experimental pain in conscious animals". *Pain* 16, 1983, p. 109-110. B. E. Rollin, *The Unheeded Cry.*, p. 188.
10. P. Singer, *Animal Liberation, op. cit.*, p. 112.
11. F. S. Vom Saal and C. Hughes, "An Extensive New Literature Concerning Low-Dose Effects of Bisphenol a Shows the Need for a

New Risk Assessment", *Environmental Health Perspectives* 113, no. 8, 2005, 926.

12. P. Singer, *op. cit.*, p. 101 and note 57.
13. P. Singer 引用，*op. cit.*, p. 102。
14. *Ibid.*, p. 99 and note 56.
15. M. A. Lennox, W. A.Sibley, and H. M. Zimmerman, "Fever and Febrile Convulsions in Kittens: A Clinical, Electroencephalographic, and Histopathologic Study", *The Journal of Pediatrics* 45, no. 2, 1954, p. 179-190. P. Singer 引用，*op. cit.*, p. 108。
16. H. F. Harlow, R. O. Dodsworth and M. K. Harlow, "Total Social Isolation in Monkeys", *Proceedings of the National Academy of Sciences of the United States of America* 54, no. 1, 1965, p. 90.
17. H. F. Harlow, "The Nature of Love", *The American Psychologist* 13, 1958, p. 673-685. H. F. Harlow, *Love in Infant Monkeys*, W. H. Freeman, 1959. P. Singer 引用，*op. cit.*, p. 71。
18. P. Singer, *op. cit.*, p. 74.
19. V. Despret 與 F. Burgat, *Penser comme un rat*. Quae, 2009. Kindle, 1553.
20. P. Singer, *op. cit.*, p. 120 and note 104.
21. *Ibid.*, p. 133-134, note 118; C. Patterson, *Un éternel Treblinka, op. cit.*, p. 208.
22. *Earthlings, op. cit.*.
23. S. Pinker, *The Better Angels of Our Nature: Why Violence Has Declined*, Viking Adult, 2011, p. 455.
24. 珍．古德參加 Ecolo-Ethik 於二〇一四年二月七日在法國參議院所舉辦「動物權利」（Le droit de l'animal）研討會的發言內容。
25. 參見 A. Civard-Racinais, *Dictionnaire horrifié de la souffrance animale, op. cit.* Kindle, 638。
26. J. Rachels, *Created From Animals: The Moral Implications of Darwinism*, Oxford University Press, 1990, p. 180-81,.
27. P. Singer, *op. cit*, p. 117.
28. P. Zimbardo, *The Lucifer Effect: Understanding How Good People Turn Evil*, Random House, 2007, p.5.
29. *Ibid*。

30. H.-J. Dulaurens, *Le compère Mathieu, ou les bigarrures de l'esprit humain* [1766], Les marchands de nouveautés, t. III, 1834, p. 11-18. J.-B. Jeangène Vilmer 引用，*op. cit.*, p. 78。

31. 關於建議的新做法，另可參見 A. K. Turner, "Proposed EU Changes in Animal Experimentation Regulations", *Medical Communications* 18, no. 4, 2009, p. 238。

32. 歐洲議會和理事會於二〇一〇年九月二十二日頒布關於保護研究用途動物的 2010/63/EU 指令。

33. 然而，許多國家仍持續使用動物測試化妝品和家用產品。此外，二〇〇三年，歐盟委員會通過一項關於歐盟區化學製品管理的提案，稱為REACH（化學品註冊、評估和授權）。該提案旨在測試已投入使用的三萬種化學品，估計需要四百萬至二千萬隻測試動物。許多動保組織及時介入，呼籲各國和歐洲當局採用不涉及動物的做法。REACH測試計畫飽受專家批評，被認為不夠縝密、成本高昂，而且不太可能實現預期目標。

34. 2010/63/UE. Article 27, 29. J.-P. Marguénaud 引用，*op. cit.*, p. 600。

35. 第 36、38、40 和 44 條。J.-P. Marguénaud 引用，*op. cit.*, p. 619。

36. J.-P. Marguénaud, *op. cit*, p. 659.

37. 根據 GIRCOR（集結公立生物或醫療研究單位，以及製藥公司和私立研究中心的協會）於二〇〇七年十二月二十七和二十八日，委託 Beaufixe 機構和 LH2 中心進行的一項調查（以一千零三人為樣本進行電話民調，涵蓋對象為十八歲及以上的法國人口），有五六％的法國人支持動物實驗，前提是該實驗是在治療項目中進行。然而，某些問題的提問方式，似乎是為了取得贊成保有現行動物實驗的回答，而特別經過設計，例如：「如果動物實驗在法國不可行，實驗室可能將研究外移至其他國家。對此，您認為：完全可以接受（五％的人勾選），還算可以接受（一三％），相當令人遺憾（四一％），非常令人遺憾（三八％），不知道（三％）？」這份調查問卷顯然利用研究外移的問題，來掩飾動物實驗的問題，結果造成有四一％和三八％的受訪者（總占比為七九％）認為動物實驗是可接受的。要讓一份問卷具有科學效力，提問的方式必須避免引導答案或造成答案的偏差。

38. 有關這些替代方法的歐盟委員會詳盡報告，請參閱 T. Seidle and H. Spielmann, "Alternative Testing Strategies Progress Report 2011 and AXLR8-2 Workshop Report on a Roadmap to Innovative Toxicity Testing", *AXLR8 Consortium,* 2011。

39. V-Frog 2.0 由 Tractus Technology 開發，請參考：http://www.tactustech.com/vfrog/。另可參閱 "Virtual Dissection", *Sci-*

erace, February 22, 2008。

40. J. P. Lalley, P. S. Piotrowski, B. Battaglia, K. Brophy and K. Chugh, "A Comparison of V-Frog To Physical Frog Dissection", *International Journal of Environmental and Science Education* 5, no. 2, 2010, p. 189-200.

41. J.-P. Marguénaud, *op. cit.*, p. 89).

第10章　五十萬與五百

1. 由於這些走私的隱祕性質，很難提供確切的數字。L. R. Douglas & K. Alie, "High-value Natural Resources: Linking Wildlife Conservation to International Conflict, Insecurity, and Development Concerns", *Biological Conservation* 171, 2014, p. 270-277.世界自然基金會（ＷＷＦ）也估計，野生動植物走私市場每年市值相當於一五〇億歐元；其他來源提供的數字則更為驚人。另參見D. Roe, *Making a Killing or Making a Living: Wildlife Trade, Trade Controls, and Rural Livelihoods,* IIED, 2002。

2. 例如對史特拉海牛來說就是這種情況，請參見維基百科的文章〈Trafic d'animaux〉（動物走私）。另可參考非政府組織 Renctas 的報告 www.renctas.org。

3. ＣＩＴＥＳ是Convention on International Trade in Endangered Species ofWild Fauna and Flora的英文縮寫。其他關心瀕危物種和野生動植物走私的主要組織還包括：TRAFFIC，反對野生動植物走私的組織，由ＷＷＦ和ＩＵＣＮ（國際自然保護聯盟）提供資金，一九四八年於瑞士成立，集結八十三個國家、一一四個政府機構、遍及一六〇個國家的一萬一千名志工科學家，以及一千多個非政府組織；FREELAND，負責協調兩個聯盟：反對奴隸制度和人口販運的Liberty Alliance，以及對抗野生動物走私的ARREST（亞洲區域應對瀕危物種走私）；環境調查機構（ＥＩＡ）；綠色和平組織（Greenpeace），反對針對鯨豚類動物進行所謂的「科學捕撈」；物種存續網絡（The Species Survival Network），由八十個非政府組織組成的國際聯盟，致力於落實CITES公約；一種聲音（One Voice）組織；大象行動聯盟（ＥＡＬ）；Wildlife at Risk；Saving Vietnam's Wildlife，以及許多其他組織。

4. A. Auffret et S. Queré, *La peau de l'ours : Le livre noir du trafic d'animaux,* Nouveau Monde éditions, 2012. Kindle, 253-260.

5. Jean-Jacques Fontaine 的報導，"Ouvrez la cage aux oiseaux", *La Liberté,* 4 mai 2009.

6. http://defenseanimale.com/ours-tortures-pour-leur-bile-en-chine/
https://www.animalsasia.org/intl/our-work/end-bear-bile-farming/
http://www.endangeredspecieshandbook.org/trade_traditional_bears.php
7. China Wildlife Conservation Association 與 Sichuan Forestry.
8. R. Brown, " Sense of Release", *Sydney Morning Herald,* July 19, 2009.
9. A. Auffret et S. Queré, *op. cit.* Kindle, 2696-2703.
10. L. Bériot, *Ces animaux qu'on assassine: Trafics, mafias, massacres.* Le Cherche Midi, 2013, p. 15-16.
11. Ibid., p. 17.
12. *Ibid.*, p. 88.
13. *Ibid.*, p. 25.
14. L. Bériot 引用，*op. cit.*, p. 24。
15. *Ibid.*, p. 27，引用 Andy Fisher。
16. 根據非政府組織 Wildlife Aid 和 L. Bériot, *op. cit.*, p. 243。
17. Center for Biodiversity and Conservation, American Museum of Natural History.
18. IFAW : International Fund for Animal Welfare.
19. A. Richard, "Les États se mobilisent contre le trafic d'animaux sauvages", *La Recherche,* n° 486, 1er avril 2014.
20. L. R. Douglas and K. Alie, "High-value Natural Resources", 2014, *op. cit.*. 另參見 *Natura Science* 公布的報告：http://www.natura-sciences.com/biodiver- site/especes-menacees/braconnage654.html
21. 根據蒙特婁自然生態博物館的 Valérie Galarneau 與 Johanne Gravel 於二〇一四年表示。
22. A. Auffret et S. Queré, *op. cit.* Kindle, 1387-1390.
23. 根據 Adam Schmedes 的紀錄片，*Madagascar: Land of the Chameleons,* 2012。
24. A. Auffret et S. Queré, *op. cit.* Kindle, 97-98.
25. L. Bériot 引用，*op. cit.*, p. 55 與 256。

26. http://www.one-voice.fr/loisirs-et-compagnie-sans-violence/sauvegarder-les-animaux-sauvages-dans-leur-milieu-naturel-0/
27. A. Richard, *op. cit.*.

第11章　競技場上，莊嚴的赴死

1. J. Serpell, *In the Company of Animals...*, *op.cit.*, p. 142.
2. W. Burkert, *Homos Necans,* Berkeley: University of California Press, 1983. J. Serpell 引用，*op. cit.,* p. 175。
3. Yi-Fu Tuan, *The Making of Pets,* Yale University Press, 1984, p. 74. J. Serpell 引用，*op.cit.*, p. 176。
4. 建於公元前六世紀，靠近羅馬，時值老塔克文（Tarquin l'Ancien）在位期間。它曾數度增建，尤其是在凱撒統治時期，可以容納二十五萬名觀眾。幾經火災肆虐後，於西元六十四年以石磚重建，並在西元五四九年舉行最後一次戰車比賽後遭到棄置，最後淪為廢墟。
5. J. M. C. Toynbee, *Animals in Roman Life and Art,* Thames and Hudson, 1973, p. 21-23. S. Goodenough, *Citizens of Rome,* Hamlyn, 1979, p. 108-110. J. Serpell 引用，*op.cit.*, p. 176。
6. B. W. Tuchman, *Distant Mirror: The Calamitous Fourteenth Century*, Ballantine Books Inc., 1991, p. 135. S. Pinker 引用於 *The Better Angels of Our Nature...*, *op. cit.*, p. 67。
7. G. Clemenceau, *Le Grand Pan,* Bibliothèque Charpentier, 1896, p. 148-354. Jeangène Vilmer 引用於 *L'éthique animale, op. cit.*, p. 204-205。
8. F. Wolff, *50 raisons de défendre la corrida,* Fayard/Mille et une nuits, 2010. Kindle, 111. 在此衷心感謝 Francis Wolff 的接待並與我懇切交談。
9. Pline, *Panegyric* xxxi. 引用段落收錄於 M. Wistrand, *Entertainment and Violence in Ancient Rome: the Attitudes of Roman Writers of the First Century a.d.*, Acta Universitatis Gothoburgensis, 1992, p. 69。
10. M. Wistrand, *op. cit.*, p. 15. T. Wiedemann, *Emperors and Gladiators,* Routledge, 1992, p. 38.
11. F. Wolff, *50 raisons de défendre la corrida,* Kindle, 750.
12. *Ibid.*, p. 351.

13. Guillaume Billaut 針對 Francis Wolff 與 André Viard 對談所做的回應，“Noces de sang”, *Philosophie Magazine* 16, January 2008.
14. F. Wolff, *Notre Humanité, d'Aristore aux neurosciences,* Fayard, 2010, p. 313.
15. *Ibid.*, p. 477.
16. *Ibid.*, p. 489.
17. É. Baratay, *Point de vue animal: Une autre version de l'histoire*, Le Seuil, coll.“L'Univers historique”, 2012. Kindle, 3784.
18. É. Baratay & É. Hardouin-Fugier, *La corrida,* Presses Universitaires de France, coll.“Que sais-je?” n° 568, 1995, p. 106.
19. É. Hardouin-Fugier, *Histoire de la corrida en Europe du XVIIIe au XXIe siècle*, Connaissances et Savoirs, 2005, p. 233. 直到二〇一〇年，在兩百多年的時間裡，從死於一七七一年的 José Candido Esposito 到一九八七年的 Pepe Câceres，總共有五十七名鬥牛士被自己所挑戰的公牛給殺害，另有七十三名騎馬鬥牛士和一百五十九名投槍鬥牛士同樣成為犧牲者。根據二〇〇七年九月由鬥牛公司 La Muleta 出版、André Lopez Lorente 所編寫的《鬥牛犧牲者致敬名錄》。引自維基百科。
20. É. Baratay et É. Hardouin-Fugier, *op. cit.*, p. 105.
21. *Ibid*。
22. F. Wolff, *Notre Humanité*, p. 313.
23. Voltaire, *Le Marseillais et le Lion*, Garnier (édition Louis Moland), 1877-1885, t. II, p. 143-144. R. Larue 引用，*op. cit.*, p. 167。
24. *Ibid.*, 460. 根據 É. Hardouin-Fugier, *op. cit.*, p. 233。二〇〇五年，光是在西班牙，就有五五三二頭公牛遭到殺害。
25. Michel Onfray, *Bulletin de l'alliance anticorrida,* n° 26, avril 2007.
26. F. Wolff, *Notre Humanité*, p. 375.
27. F. Wolff, “Corrida : vers un triomphe des valeurs humanistes?”, *Le Figaro,* 16 août 2010.
28. G. Courteline, *La phibsophie de Georges Courteline,* L'Âge d'Homme, 2000, p. 24-25. J.-B. Jeangène Vilmer 引用，*op. cit.*, p. 242。

29. M. Onfray, "Le cerveau reptilien de l'aficionado", *La chronique mensuelle de Michel Onfray*, n° 89, octobre 2012.
30. F. Wolff, *Notre Humanité,* p. 123.
31. *Ibid.*
32. *Ibid.*, p. 133.
33. 神經科學家 Tania Singer 是萊比錫 Max Planck Institute 認知神經科學主任，她將同情心定義為：幫助遭受痛苦或有需要之人的利他動機。因此，這是一種對他者痛苦的深刻體會，同時伴隨著緩解對方痛苦，並出手幫助對方的渴望。同情心是一種出於赤忱、關懷他者的感覺，但並不要求我們非得要感同身受，就像是同理心一樣。T. Singer and N. Steinbeis, "Differential Roles of Fairness-and-Compassion-Based Motivations for Cooperation, Defection, and Punishment", *Annals of the NewYork Academy of Sciences* 1167, no. 1, 2009, p. 41-50; T. Singer, " The Past, Present and Future of Social Neuroscience: A European Perspective", *Neuroimage* 61, no. 2, 2012, p. 437-449. 當時在 Tania Singer 的實驗室擔任研究員的 Olga Klimecki 總結了研究人員的觀點：在情感面上，我能體會你的感覺；在認知面上，我能理解你；在動機面上，我想要幫助你。請參考 O. Klimecki, M. Ricard and T. Singer, "Empathy Versus Compassion — Lessons From 1st and 3rd person Methods"，收錄於 T. Singer and M. Bolz, *Compassion: Bridging Practice and Science - A Multimedia Book* [E-book], 2013。關於利他主義、同情心和同理心各個方面的詳細介紹，另請參閱 M. Ricard, *plaidoyer pour l'altruisme, op. cit.*。
34. Aliocha, "Corrida : les contresens de Michel Onfray", *Marianne,* 9 octobre 2012.
35. É. Hardouin-Fugier, *Histoire de la corrida en Europe du xviiie au xxie siècle*, p. 154-155.
36. Marc Roumengou 對 Juan Carlos Illera 刊載於 torofstf.com 的結論以及 "Quand la science se penche sur la souffrance des toros" 一文進行要點摘錄，Libération.fr, 22 février 2007。引自維基百科，請見文章 "Opposition à la corrida"。
37. T. A. V. der Kemp, J.-C. Nouët *et al., Homme et animal : De la douleur à la cruauté,* L'Harmattan, 2008, p. 40-42.
38. J. E. Zaldívar Laguía, "Rapport technique vétérinaire sur les corridas : Pourquoi il est indéniable que le taureau souffre", p. 4-5，發表於 http://flac-anticorrida.org。
39. A. Civard-Racinais 引用，*Dictionnaire horrifié de la souffrance animale, op. cit.*, Kindle 1097。
40. Wikipedia.fr, article "L'estocade".

41. J. E. Zaldívar Laguía, "Rapport technique vétérinaire sur les corridas", *op. cit.*, p. 1.
42. A. Civard-Racinais 引用，*op. cit.*, Kindle 1335。
43. F. Wolff, "Corrida : vers un triomphe des valeurs humanistes?", *Le Figaro,* 16 août 2010.
44. F. Wolff, "La vaine rhétorique des avocats des taureaux", *Libération,* 7 septembre 2010.
45. E. Hemingway, *Death in the Afternoon,* Charles Scribners Sons, 1932, EPUB 183.
46. M. Leiris, *Miroir de la tauromachie.* Éditions GLM, 1938.
47. Hardouin-Fugier 特別援引著名法學家 Roger Nerson 的話，將其引述於〈法律見解下的動物處境〉一文中。後者表示，「動保人士當中存在著令人髮指的偽君子，畢竟在納粹德國期間，就在奧斯威辛集中營裡，納粹規定不得強制灌食鵝，同時禁止進行動物實驗。然而，就在同一座營地裡，人們卻被當做豚鼠般對待！」Nerson 透過這段話，硬是將兩個毫無因果關係的要素牽強混為一談。他同時還責備 Luc Ferry 在其著作《生態新秩序：樹、動物和人》（*Le nouvel ordre écologique : l'arbre, l'animal et l'homm*, Grasset, 1992）中落入了同樣的陷阱。他寫道：「最由衷坦率的戀動物癖（並非止於空談，而是已經成為事實）與人類歷史上最頑強的仇恨結合在一切，我們勢必得去質疑箇中可能令人擔憂的地方。」（p. 184）É. Hardouin-Fugier, "La vivisection est supprimée en Allemagne : Recyclage et exploitation d'une désinformation récurrente (1933- 2009)", *Revue semestrielle de droit animalier,* 1/2009, p. 207-214.
48. F. Wolff, "La vaine rhétorique des avocats des taureaux", *Libération,* 7 septembre 2010. F. Wolff, *op. cit.*, 655.
49. 法國《刑法》第 521-1 條第 3 款。
50. 二〇一〇年五月ＩＦＯＰ民調。
51. 請參閱我的文章，"L'interdiction de la corrida : un pas vers la civilisation". *Le Figaro,* 4 août 2010。
52. A. Renaut, "L'esprit de la corrida", *La Règle du jeu,* 7,1992, p. 94.
53. F. Wolff, *op. cit,* p. 546-551.
54. 世上最多國家批准的人權公約《兒童權利國際公約》保障所有十八歲以下兒童（包括男孩和女孩）享有良好生活水準的權利，促進他們的身體、心理、道德和社會發展。同時，簽署國有義務採取措施讓兒童享有這種保障。
55. F. Wolff, *op. cit.,* p. 408.

56. A. Zozaya (1859-1943), in Sociedad Protectora De Animales, *For los seres indefensos (¡Pobres animales!).Antologia Zoofila,* 1910. San Jorge 女爵於一九二五年譯為法語，*En faveur des êtres sans défense. Pauvres Bêtes! Anthologie zoophile espagnole.* Imprimerie du Courrier, Bayonne, sans date, p. 25-31。J.-B. Jeangène Vilmer 引用，*op. cit.*, p.236-237。
57. 請參見紀錄片 *Earthlings, op. cit.*。
58. 馴獸師 Vladimir Deriabkine 接受 Vladimir Kojemiakine 專訪的內容，*Courrier International,* no. 641, March 13, 2003。
59. 根據 A. Civard-Racinais, *op. cit.*, Kindle, 1041。
60. É. Baratay, "Belles captives : une histoire des zoos du côté des bêtes", 本章節收錄於 E. Héran, *Beauté animale : Catalogue de l'exposition.* Grand Palais, Galeries nationales, 21 mars-16 juillet 2012. RMN, 2012. 另可參考 É. Baratay and É. Hardouin-Fugier, *Zoos,* La Découverte, 2013。
61. "Le drame animal", *Le Figaro.* 一九七四年八月二十八日至九月二日。
62. "Prisons dans un jardin", *Le Figaro,* 11 juin 1974.
63. 在此非常感謝 Norin Chai 的說明，並撥冗校讀本書關於動物園的段落。
64. 尤其是法國在二〇〇四年三月二十五日頒布的法律：http://www.legifrance.gouv.fr/affichTexte.do?cidTexte=JORFTEXT000020735788。
65. http://www.defra.gov.uk/ahvla-en/imports-exports/balai-directive/.
66. S. L. Deem, "Role of the Zoo Veterinarian in the Conservation of Captive and Free-Ranging Wildlife", *International Zoo Yearbook* 41, no. 1, 2007, p. 3-11. 全球動物園和水族館協會網站（www.waza.org）記載世界各地動物園贊助的許多計畫，是十分寶貴的網路資源。
67. 例如北美蝙蝠罹患的白鼻症（*Geomyces destructans*），許多禽鳥（如鴉科）罹患的西尼羅病毒，以及兩棲類動物的壺菌病（*Baqtrachochytrium dendrobatidis*）（私下請益於 Norin Chai）。關於加拉巴格群島，請參閱 P. G. Parker, N. K. Whiteman, and R. E. Miller, "Conservation Medicine on the Galapagos Islands: Partnerships Among Behavioral, Population, and Veterinary Scientists", *The Auk* 123, no. 3, 2006, p. 625-638. P. G. Parker and S. L. Deem, "Wildlife Health Monitoring and Disease Management: Protecting the Biodiversity of Galapagos", 收錄於 M. Wolff and M. Gardener, *The Role of Science for Conserva-*

tion, Routledge, 2012。

68. 這是一種涵蓋多學科的研究方法（One Health/Conservation Medicine programs），旨在研究野生動物、家畜、人類的健康與整體生態系統之間的相互影響。S. L. Deem, “Disease Risk Analysis in Wildlife Health Field Studies”, 收錄於 M. E. Fowler and R. E.Miller, *Zoo and Wild Animal Medicine: Current Therapy,* Elsevier Health Sciences, 2011, p. 2-7。
69. É. Baratay et E. Hardouin-Fugier, *Zoos : Histoire des jardins zoologiques en occident,* La Découverte, 1998.
70. 許多非政府組織，如 One Voice，為這些保護區的創建和發展做出貢獻。
71. 黑猩猩與珍・古德的影片可在珍・古德協會網站 http://janegoodall.ff/ 瀏覽。二〇〇六年，珍・古德協會在占地一千公頃、風景優美的 Umhloti 自然保留地內建立 Chimp Eden 保護區，它是第一個、也是南非目前唯一的一座黑猩猩保護區。基金會團隊致力幫助年幼的黑猩猩孤兒重返自然。Help Congo 協會在剛果當地也有類似的計畫。
72. 亞洲動物基金會。
73. A. Farrachi, “Le zoo de Vincennes ouvre : ça ne change rien, c’est toujours une prison pour les animaux”, *lenouvelobservateur.fr,* 12 avril 2014.
74. 請參考 “Euthanasié, dépecé et jeté aux fauves : le sort d’un girafon bouleverse le web”, *Le Nouvel Observateur,* 10 février 2014。
75. http://www.slate.fr/life/83453/girafes-zoos.
76. “Après Marius le girafon, le zoo de Copenhague tue 4 lions”, *Le Nouvel Observateur,* 25 mars 2014.
77. 二〇一四年三月二十五日，哥本哈根動物園公告。
78. 二〇一四年六月二十九日，在法國的 Arte 頻道播放。
79. 請見 one-voice.fr 網站上的專題報導：“Saison en enfer pour les dauphins” 與 “Dauphins captifs en état de choc”。
80. 《血色海灣》（*The Cove*）是一部美國紀錄片，內容描述日本和歌山縣太地町一處小海灣，當地漁民殺害超過兩萬三千隻海豚的爭議行為。這部紀錄片在二〇〇九年一月贏得美國第二十五屆日舞影展的觀眾票選獎，以及二〇一〇年奧斯卡最佳紀錄片。
81. 參見 http://www.abolition-chasse.org/chasse_chasseurs.htm。
82. 引用段落收錄於 *Le Nouvel Observateur,* “Le Bonheur”, 1988, p. 35。之後段落中關於邱吉爾和克洛斯特曼的語錄也是相同出處。

83. David Chauvet 引用於 "Chasse et écologie: le grand greenwashing", *Agora Vox,* 7 octobre 2009。

84. "La chasse, nécessité écologique ou simple divertissement", *Libre Belgique,* 13 octobre 2013.

85. 請參考：http://www.one-voice.fr/loisirs-et-compagnie-sans-violence/les-chasseurs-gestionnaires-de-la-faune-ou-comment-l-ecologie- t-elle-ete-detoumee/。

86. B. Luke, *The Feminist Care Tradition in Animal Ethics*. J.-B. Jeangène Vilmer 引用，*op. cit.* p. 129. 另可參考 B. Luke, *Brutal: Manhood and the Exploitation of Animals*. University of Illinois Press, 2007。

87. ONCFS, 1998-1999, 2001-2002, *Le Chasseur français*, juin 1999.

88. D. Chauvet, *La volonté des animaux*, op. cit..

89. M. Giraud, *op.cit.,* 2014, p. 164.

90. J. Nakos, "Théodore Monod et les protestants français défenseurs des animaux", *Les Cahiers antispécistes,* n° 30-31, décembre 2008. A. Caron 引用，*No steak.* Kindle, 2510。

91. 廢除攜犬打獵組織理事長 Armand Farrachi，收錄於 *Libération,* 10 novembre 2008. A. Civard-Racinais 引用，*op. cit.*。

92. A. Civard-Racinais, *op. cit.*, Kindle, 1402.

93. *Ibid,* Kindle, 1405.

94. Foulques Jubert, "Vénerie dans une société moderne à l'heure d'aujourd'hui : Art suranné ou Antiquité anachronique?", http://www.thedogmuseum.com/images/TPE/Venerie-final.pdf。

95. R. Gordon-Cumming, *Five Years of a Hunter's Life in the Far Interior of South Africa: With Notices of the Native Tribes, and Anecdotes of the Chase of the Lion, Elephant* [1850], Nabu Press, 2013. M. Midgley 引用，Animals and Why They Matter, *op. cit.*, p. 14-15。

96. W. Monod, *Après la journée, souvenirs et visions. 1867-1937*, Grasset, 1938, p. 36. J. Nakos 引用，"Théodore Monod et les protestants français défenseurs des animaux", *Les Cahiers antispécistes*, n° 30-31, décembre 2008。

97. C. Patterson, *Un éternel Treblinka*, *op. cit.*, p. 207.

第12章　繼續活下去

1. F. Burgat, *Une autre existence : La condition animale.* Albin Michel, 2011. Kindle, 287.
2. H. S. Salt, *Animals' Rights-Considered in Relation to Social Progress* [1894], ed. by Society for Animal Rights, http://www.animal-rights-library.com/texts-c/salt01.htm.
3. R. T. De George, "The Environment, Rights, and Future Generations", *Responsibilities to Future Generations,* 1981, p. 157-165. 俄亥俄州 Oberlin College 的前任教授 Norman Care 認為，我們不可能去愛，甚至關心未來的人類，而且「他們的利益無法引起我們的興趣」。N. S. Care, "Future Generations, Public Policy, and the Motivation Problem", *Environmental Ethics* 4, no. 3, 2008, p. 195-213.
4. M. Midgley, *Animals and Why They Matter*, *op. cit.*, p. 8.
5. P. Singer, *Animal Liberation, op. cit.*, p. 10, 31, 34, 35.
6. *Ibid.*, p. 39.
7. *Ibid.*, p. 38.
8. 根據雷根的說法，正義的形式原則規定每個人都必須得到應有的待遇，這一點毫無爭議。然而，當我們去探究他們應得的究竟是什麼的時候，爭議就出現了。關於這個問題的回答，提供了正義的規範解釋或理論，其中涉及以下三種解釋：1.至善論，主張個體應得的待遇取決於他們所具備美德的程度（例如智力）；2.功利主義，主張個體應得的待遇是對其利益（或快樂等）的對等重視；3.個體平等論，主張個人應得的待遇是對其固有價值的對等尊重。T. Regan, *La philosophie des droits des animaux,* trad. D. Olivier, Françoise Blanchon Éditeur, 1991, p. 510. 本書是作者經典之作的簡化版本，T. Regan, *Les droits des animaux,* trad. E. Utria, Hermann, 2013. 一九八三年出版時原書名為 *The Case of Animal Rights*。
9. T. Regan, *op. cit.* J.-B. Jeangène Vilmer 引用，*L'éthique animale, op. cit.*, p. 312。
10. *Ibid.*, p. 23.
11. 詳細內容可參閱 T. Regan, *op. cit*, p. 328ff。
12. J.-B. Jeangène Vilmer, *op. cit*, p. 19-20.

13. T. Regan, *La philosophie des droits des animaux*, p. 487, 497, 537.
14. F. de Waal, *The Bonobo and the Atheist: In Search of Humanism among the Primates*, W. W. Norton, 2013, p. 4, 17.
15. C. R. Von Rohr *et al.* "Impartial Third-party Interventions in Captive Chimpanzees: A Reflection of Community Concern", *PLoS ONE 7*, 2012, e32494.
16. S. Brosnan and F. de Waal, "Monkeys Reject Unequal Pay", *Nature* 425, 2003, p. 297-299.
17. F. de Waal, *The Bonobo and the Atheist*, p. 17.
18. *Ibid*, p. 186.（密爾瓦基動物園的倭黑猩猩故事，是獸醫芭芭拉・貝爾告訴 Jo Sandin 和我的。）J. Sandin, *Bonobos: Encounters in Empathy*, Milwaukee, WI : Zoological, 2007.
19. F. de Waal, *The Bonobo and the Atheist*, p. 311, 327.
20. 一九二八年九月十四日，L. Lespine 在日內瓦國際動物人道主義辦事處的講座。"Les souffrances et les droits des animaux", The Animal Defence and Anti-Vivisection Society.J.-B. Jeangène Vilmer 引用，*op. cit*, p. 248-249。
21. J.-J Rousseau, Préface au *Discours sur l'origine et les fondements de l'inégalité parmi les hommes*, Marc-Michel Rey Éditeur, 1755.
22. H. Grotius, *The Rights of War and Peace including the Law of Nature and of Nations*, trad. A.C. Campbell, M. Walter Dunne, 1901, Bk I, ch. 1, § 11. Tristam 引用，Kindle 4186-4202。
23. L. Lespine, *op. cit.*.
24. F. Wolff, *Notre Humanité*, *op. cit.*, p. 328.
25. *Ibid*, p. 328-329. 然而，Francis Wolff 也承認「工業化生產的激進形式在道德上令人難以接受，因為將動物當做產肉機器，等於是打破了普遍存在於人和畜牽動物之間的馴養（彼此互惠互利）默示契約」。
26. *Ibid*, p. 329-330.
27. *Ibid*,, p. 313.
28. M. Gibert, *op. cit.*, 2015, p. 173.
29. F. Wolff, *Notre humanité*, Kindle, 767.
30. T. Regan, *op. cit.*.

31. E. Kant, *Leçons d'éthique,* 1775-1780, Le Livre de poche, 1997, p. 391-393. 譯本經 Tom Regan 作品譯者 Enrique Utria 根據 Kant, Von den Pflichten gegenTiere und Geister 加以修改，收錄於 E. Menzer, (éd.), *Eine Vorlesung Kants über Ethik,* Berlin, Rolf Heise, 1924。P. Singer, and T. Regan 引用，*Animal Rights and Human Obligations,* Longman Higher Education, 1976, chap. l, 2。

32. P. Janet, *Éléments de morale rédigés conformément aux programmes officiels de 1866,* Ch. Delagrave, 1869, chap. XI, § 2, p. 185-192. J.-B. JeangèneVilmer 引用，*Anthologie d'éthique animale,* (dir.), *op. cit.*, p. 177。

33. 推薦參閱美國哲學家 Joel Feinberg 的論述，"The Rights of Animals and Unborn Generations" [1971], trad. H.-S. Afeissa. 收錄於 *Philosophie,* 97, 2008, p. 66-71。J.-B. Jeangène Vilmer, (dir.) 引用，*op. cit.*, p. 284-285。

34. T. Regan, *La philosophie des droits des animaux*, p. 371.

35. 例如康德所主張的絕對命令。

36. M. Midgley, *op. cit.,* p. 6.

37. J. H. Moore, *The Universal Kinship,* George Bell and Sons, 1906, p. 276-279, trad. E. Utria. J.-B. Jeangène Vilmer, (dir.) 引用，*op. cit.*, p. 228-229。

38. P. Rouget, *op. cit.* Édition Kindle, 867.

39. *Ibid.* 1090-1094.

40. 參見 E. Reus 為 Sue Donaldson 與 Will Kymlicka 的著作 *Zoopolis* 所作的介紹："Quels droits politiques pour les animaux?", *Cahiers antispécistes,* No 37, Mai 2015.

41. S. Donaldson & W. Kymlicka, *Zoopolis: A Political Theory of Animal Rights.* Oxford University Press, 2011.

42. W. Kymlicka, *Les théories de la justice: Une introduction*, La Découverte, 2003. 詳細介紹參見 E. Reus 為 *Zoopolis* 一書所作的介紹："Quels droits politiques pour les animaux? ", *Cahiers antispécistes,* No 37, Mai 2015.

43. S. Donaldson & W. Kymlicka, *Zoopolis, op. cit.* p. 98.

44. S. Donaldson & W. Kymlicka, *Zoopolis, op. cit.* p. 40.

45. É. de Fontenay 引用，*Sans offenser le genre humain..., op. cit.*, p. 115。

46. 第五二六和五二四條。

47. 文中所述法條分別為《刑法》中的 R.653-1、R.655-1、R.654-1 和 R.521-1。歸功於參議員 Laurent 的努力奔走，《刑法》和《農村法》才得以成功修法。

48. 詳細內容請參閱 *Les Cahiers antispécistes*, n° 30-31, décembre 2008。

49. Antoine Goetschel 參加 Ecolo-Ethik 於二〇一四年二月七日在法國參議院所舉辦「動物權利」（Le droit de l'animal）研討會的發言內容。

50. Jean-Pierre Marguénaud, "La personnalité juridique des animaux", 收錄於《保護動物國際法律公報》（*BJAPA*）與 *Recueil Dalloz*, 1998, 20e cahier, chronique, p. 205。É. de Fontenay 引用，收錄於 B. Cyrulnik *et al.*, *op. cit.* Kindle, 2043。

51. É. de Fontenay，收錄於 B. Cyrulnik *et al.*, *op. cit.*, Kindle, 2066-2067。

52. Audrey Garic 為 *Le Monde* 採訪整理，"Pourquoi les animaux sont toujours considérés comme des biens", *Le Monde.fr,* 17 avril 2014 與 "Les animaux reconnus comme "êtres sensibles", un pas totalement symbolique", *Le Monde.fr,* 16 avril 2014。

結語　無界限的同情心

1. 美國境內有三億把槍枝流通，每年造成約三萬人死亡，其中包括約上萬起謀殺案。

2. 二〇一二年，冰島有三百七十隻鯨遭到捕殺；日本則每年捕殺上千隻鯨。國際法庭近日譴責日本的「科學捕撈」，指出過去十五年來，日本僅發表了兩篇沒有太多學術價值的科學論文，這清楚表明日方進行的其實是商業捕撈。冰島目前僅有 Hvalur Whaling 這間公司殺害鯨豚，老闆 Kristjan Loftsson 出於原則決心繼續捕鯨，但這項作業如今已不再具有商業利益。根據國際捕鯨委員會（CBI）的報告，Hvalur Whaling 曾捕撈數百隻小型長鬚鯨和塞鯨，並將鯨肉出口到日本。Loftsson 的幾名子女出面反對這種做法，我們只能期盼捕鯨行為會在幾年後消失。除日本和冰島外，目前只有挪威和法羅群島持續捕殺鯨豚。

3. M. Kundera, *Uinsoutenable légèreté de l'être*, *op. cit.*, p. 361-366.

4. 在所有主要宗教和文化中，都可以找到「己所不欲，勿施於人」的黃金準則。若是在基督信仰與猶太教裡，該準則只涉及人類，但在其他的宗教和文化中，情況則有所不同。從公元前四世紀到三世紀，印度教的《摩訶婆羅多》

（5:15:17）教導我們：「不可以己所厭惡之道來對待他人，這就是道德的本質。」佛教提出以下問題（《法句經》5:18）：「吾人何能將不能取悅於吾人者，強加於他人呢？」耆那教指出（《十二安伽》1.11.33）：「人應以待己之道來對待眾生。」孔子曾說：「己所不欲，勿施於人。」猶太教教誨道（《妥拉：利未記》19：18）：「你不得報復，或對你人民的孩子心生怨懟；你會愛鄰如愛己。」在《福音書》中，耶穌叮囑（馬太福音 22. 36-40）：「你們要愛你們的鄰舍如同自己。」在耶穌之後的公元六到七世紀，穆罕默德強調（伊瑪目納瓦威的聖訓 13）：「任何人若不能將自己所想要的也給予他的兄弟，就不能成為一名信徒。」在道教、祆教、埃及人、錫克人、美洲原住民，以及許多其他文化中，也都有這一準則的存在（來源：維基百科，文章「Règle d'or」）。

5. A. Schopenhauer, *Le Fondement de la morale*, Le Livre de Poche, 2012, p. 97-202.
6. B. Russell, "If Animais CouldTalk", *Mortals and others: Bertrand Russsel's American Essays 1931-1935,* vol. 1, Allen and Unwin, 1975, p. 120-121.
7. 相關內容請參閱 D. Lestel, *L'animal est l'avenir de l'homme*, Fayard, 2010, p. 139。
8. M. Gibert, *Voir son steak comme un animal mort: Véganisme et psychologie morale.* Lux Éditeur, 2015, p.131-2.
9. Matthew Cole and Karen Morgan, "Vegaphobia: derogatory discourses of veganism and the reproduction of speciesism in UK national newspapers", *British Journal of Sociology* 62, no. 1, 2011, p. 142. 參見 M. Gibert, *op, cit.,* p. 134-5.
10. Julia Minson et Benoît Monin, "Do-Gooder Derogation Dispa- raging Morally Motivated Minorities to Defuse Anticipated Reproach", *Social Psychological and Personality Science* 3, no 2, 2012, p. 200-207. 參見 M. Gibert, *op, cit.,* p. 134-5.
11. M. Gibert, *op, cit.,* p. 134-5.
12. R. Larue, *op. cit.*, p. 255-6.
13. M. Gibert, *op. cit.*, p. 135.
14. J. Chanteur, *Du droit des bêtes à disposer d'elles-mêmes*, Le Seuil, 1993, p. 161. R. Larue 引用，*op. cit.*, p. 261。
15. G. Konopnicki, *Éloge de la fourrure*, Le Seuil, 1995, p. 126, p. 130- 131 et p. 135. R. Larue 引用，*op. cit.*, p. 263。
16. P. Ariès, *Libération animale ou nouveaux terroristes? Les saboteurs de l'humanisme.* Golias, 2000, p. 8. R. Larue, *op. cit.*, p. 264.
17. R. Laporte, et P. Mainsant, *La viande voit rouge*, Fayard, 2012. R. Larue 引用，*op. cit.*, p. 265。

18. *Ibid.*, p. 46.

19. Pascal Mainsant, "Arrêtons de pleurnicher devant les élevages", *Terra-femina*, 2012, R. Larue 引用，*op. cit*, p. 265。

20. R. Laporte, et P. Mainsant, *op. cit.*, p. 188. R. Larue 引用，*op. cit.*, p. 274。

21. R. Larue 引用，*op. cit.*, p. 264。

22. J. Serpell, *In the Company of Animals..., op cit.*, p. 186.

23. A. Hochschild, *Bury the Chains: Prophets and Rebels in the Fight to Free an Empire's Slaves.* Houghton Mifflin Harcourt, 2006. 文中段落是由本書摘錄的內容組成，由 Antoine Comiti 編譯（http://abolitionblog.blogspot.co.uk）。在此感謝他准予引用。

24. 最新出版的一本是 O. Grenouilleau, *Qu'est-ce que l'esclavage? : Une histoire globale,* Gallimard, 2014。

25. M. Gibert, *op. cit.*, p. 9-10.

26. Emma Lea et Anthony Worsley, "Benefits and Barriers to the Consumption of a Vegetarian Diet in Australia", *Public Health Nutrition* 6, no. 5, 2003, p. 505-511. M. Gibert 引用，*op. cit.*, p. 184。

27. Émile Zola, "L'Amour des bêtes", *Le Figaro,* 24 mars 1896. J.-B. Jeangène Vilmer 引用，*Anthologie d'éthique animale,* (dir.), *op. cit.*, p. 206。

28. 法國大約有一百二十萬名獵人，仍居歐洲之冠，但數量逐年遞減。農民每週日外出獵殺兔子的傳統獵人形象，如今已經過時：獵人大都是年齡介於五十五到六十歲的城市居民，農民的比例只剩下一〇％。年輕人對狩獵的興趣缺缺，狩獵族群的平均年齡正逐步攀升。獵人宣稱其動機是接觸大自然（九九％）、外出交際（九三％）和維護土地（八九％）。誠如廢除狩獵聯盟所強調，我們可以去思考為什麼這些人會需要獵槍……。https://www.france-sans-chasse.org/chasse-france/les-chasseurs.

29. General Social Survey 的調查結果，S. Pinker 引用，*The Better Angels of Our Nature..., op.cit.*。

30. H. G. Wells, *Une utopie moderne*, Mercure de France, 1907.

31. "L'homme et la souffrance des animaux" 節錄自 "Sermon du 3e Dimanche de l'Avent" [1908] 與 "La protection des animaux et les philosophes" [1936], *Cahiers de l'association française des Amis d'Albert Schweitzer,* 30, printemps 1974, p. 3-13. J.-B. Jeangène Vilmer, (dir.) 引用，*op. cit.*, p. 233-234。

國家圖書館出版品預行編目（CIP）資料

為動物請命：建立善待眾生的正見 / 馬修．李卡德 (Matthieu Ricard) 著；范兆延譯．-- 初版．-- 臺北市：早安財經文化，2020.10
面；　公分．--（早安財經講堂；92）
譯自：Plaidoyer pour les animaux : vers une bienveillance pour tous.
ISBN 978-986-98880-0-4(平裝)

1. 動物保育

548.38　　109002546

早安財經講堂 92

為動物請命

建立善待眾生的正見

Plaidoyer pour les animaux

vers une bienveillance pour tous

作　　者：馬修．李卡德 Matthieu Ricard
譯　　者：范兆延
特約編輯：莊雪珠
封面繪圖：江鳳娌
封面設計：Bert.design
責任編輯：沈博思、劉詢
行銷企畫：楊佩珍、游荏涵

發 行 人：沈雲驄
發行人特助：戴志靜、黃靜怡
出版發行：早安財經文化有限公司
電話：(02) 2368-6840　傳真：(02) 2368-7115
早安財經網站：www.goodmorningnet.com
早安財經粉絲專頁：www.facebook.com/gmpress

郵撥帳號：19708033　戶名：早安財經文化有限公司
讀者服務專線：(02)2368-6840　服務時間：週一至週五 10:00~18:00
24小時傳真服務：(02)2368-7115
讀者服務信箱：service@morningnet.com.tw

總 經 銷：大和書報圖書股份有限公司
電話：(02)8990-2588
製版印刷：中原造像股份有限公司
初版1刷：2020年10月

定　　價：460元
I S B N：978-986-98880-0-4（平裝）